JN309532

# 日本の植民地支配の
# 実態と過去の清算

――東アジアの平和と共生に向けて

笹川紀勝・金 勝一・内藤光博 編

ICU21世紀COEシリーズ
第8巻

風行社

# はしがき

　本書は、国際基督教大学21世紀COEプログラム（「『平和・安全・共生』研究教育の形成と展開」）の研究助成をえた、日本・韓国・中国・台湾・アメリカの研究者による国際共同研究（「日本の植民地支配の実態と過去の清算」）の研究成果である。

　この共同研究は、COEプログラムの研究助成に先立ち、2000年から始まるトヨタ財団研究助成による「植民地支配と三・一独立運動——判例の収集と分析」研究プログラムを母体としている。当初の研究プログラムの目的は、日本の植民地支配下の朝鮮半島で1919年3月1日に起きた三・一独立運動（万歳運動）に関わった知識人・学生・一般民衆に対する裁判の判例の収集と分析を対象とするものであった。しかし、研究を進める過程において、共同研究者の間で、判例の分析のためには、日本の植民地支配の実態と本質を見極めることが不可欠であるとの認識が深まった。そこで、共同研究の協力者を、さらに広く、法律学、歴史学、文学、民俗学など多様な学問領域にわたる東アジア諸国の研究者に求め、賛同いただいた研究者の協力をえて、日本の植民地支配に関する総合的な研究グループが形成されることとなり、国際基督教大学のCOEプログラムの研究助成をえることができた次第である。

　さて、本書が公刊されることになった本年2010年は、奇しくも日本の「台湾割譲」115年、そして「日韓併合」100年の年にあたる。日本は、近代化が始まる明治維新（1867年）の直後から、朝鮮半島をはじめとする近隣諸国に触手を伸ばし、日清戦争（1894年～95年）により台湾を割譲（1895年）、その後も朝鮮半島を支配しようとして圧迫と介入を続け、1905年に朝鮮の外交権を強制的に奪い、1910年に当時の大韓帝国を併合（韓国・北朝鮮はこれらを無効としている）し、朝鮮半島を植民地にした。さらに、日本の野心は、1931年の満州事変、1932年の満州国（日本の傀儡政権）建国をへて、1937年の日中戦争による中国侵略へと続く。この後1941年の太平洋戦争開戦から1945年の日本の敗戦までを含む、いわゆるアジア

太平洋戦争（15年戦争）は、まさに「帝国日本」の植民地獲得戦争であった。
　日本の敗戦とともに、台湾と朝鮮半島は日本の植民地支配から解放（韓国では「光復」という）されるが、以来現在までの65年間、東アジア地域は、日本の植民地支配による大きな「負の遺産」を残すこととなった。
　この点について、政治状況をみると、東アジア地域の政治的安定に大きな桎梏となっている台湾と中国との関係、その間の1972年の日本の中国との国交正常化とそれにともなう台湾との国交断絶の経験などがあり、現在まで続く朝鮮半島の南北分断状況（1965年に日本は韓国とは国交正常化を果たすが、いまだに北朝鮮とは国交を結んでいない）などの現状がある。
　また、東アジア地域の国々とは、さまざまな場面で、日本の「植民地支配」と「侵略戦争」が問題とされてきている。この問題は、日本の植民地支配と侵略戦争の評価をめぐる歴史認識問題、強制連行・強制労働や日本軍慰安婦問題、南京大虐殺をめぐる論争、そして1990年代から日本政府や企業を相手に賠償と謝罪を求める戦後補償裁判の噴出など、東アジア諸国と日本との間の法的・政治的問題として顕在化している。さらには、「東アジア共同体構想」が議論される場合にも、私たちは、必ず日本の「植民地支配」と「侵略戦争」をめぐる歴史的評価及びそれらに対する日本政府の法的・道義的責任の問題とぶつかる。
　これら「日本の植民地支配」を背景とする様々な問題について、いまだ日本が克服しえないでいる最大の原因は、日本が、東アジア諸国に対する「植民地支配」と「侵略戦争」という「過去」に対し、これまで真正面から向き合ってこなかったことにあるといえよう。日本の「過去の清算」なくしては、東アジア地域の平和構築と共生社会の実現は不可能である。
　こうした視点から、私たちの共同研究では、第１に、「日本の植民地支配」で実際に何が行われ、それについてどのように評価すべきかについて、朝鮮半島の三・一独立運動裁判の判例の中にみえる「日本の植民地支配」の実態の検証を中心に置きつつ、植民地法制の理解、そして反植民地・抗日独立運動を支えた「抵抗の思想」の本質や日本の植民地支配が被植民国に与えた文化面への影響などを事実に即して実証的に研究し、日本の植民地支配の本質を総合的に理解することに重きを置いた。それに関連して、

はしがき

日本の植民地支配をより深く理解するために、比較研究の視点から、台湾における日本の植民地支配の法制度と判例の分析をも視野に入れ研究を進めた。

第2に、私たちの共同研究は、こうした日本の植民地支配についての実証研究を踏まえた上で、日本の植民地支配と侵略戦争が東アジア地域にもたらした「惨禍」を見つめ直し、東アジア地域の国々と日本との「真の和解」（平和構築と共生社会の実現）の道を探ることを目指した。

以上の問題意識に立ち、本書の構成として次の5つの柱を設定した。

1．日本の植民地支配の特質を明確にし、植民地支配下での独立運動の判例分析の前提を提示するために、とくに朝鮮半島における植民地法制の検討を行った（第Ⅰ編）。

2．三・一独立運動や反植民地運動を支えた思想的背景(抵抗の思想)を探ることである。ここでは、韓国独立運動勢力の思想、日韓の文学の中で語られている三・一独立運動、日中韓の知識層の反植民地思想、台湾における政治抵抗文化を検討した（第Ⅱ編）。この点について、とくに朝鮮独立の思想を明瞭に表し、本書でもしばしばとり上げられている1919年3月1日の「三・一独立宣言書」を「資料」として冒頭に掲載した。

3．三・一独立運動裁判の判例分析と、台湾における日本の植民地支配に関連する裁判の判例分析である。ここでは、判例の中から浮かび上がる植民地支配の実態を実証的に分析した（第Ⅲ編）。

4．植民地支配により被植民国の文化がどのように変容させられたかという研究である。ここでは、朝鮮と台湾における博覧会の比較分析、日本の植民地政策における言語政策と美術文化政策を検討した（第Ⅳ編）。

5．以上の実証分析を踏まえて、日本の植民地支配と戦後補償裁判を分析することにより日本の植民地支配の法的・政治的責任を明確にすること（過去の清算）、そして東アジアの平和構築と共生社会の考察である。ここでは、日本国憲法を足がかりに日本の植民地支配の法的責任を考察し、「東アジア共同体」構想を検討した（第Ⅴ編）。

私たちの共同研究の成果は、本書に結実させることができたが、このような研究書を公刊できたことの大きな要因として、執筆者以外にも実に多くの研究者や協力者の方々の力をお借りできたことがあげられる。

とりわけ、研究の方向性をお示しいただき常に貴重なご教示をいただいた杉原泰雄先生（一橋大学名誉教授・憲法）、金哲洙先生（ソウル大学校名誉教授・憲法）、金昌洙先生（東國大学校名誉教授、歴史学）、李鍾日先生（韓国・元検察官）、Ken Shimahara先生（米国・Rutgers大学名誉教授、教育人類学）、また国際学術シンポジウムで示唆に富む研究報告をいただいた平野武（龍谷大学教授・憲法）、浅野健一（同志社大学教授・ジャーナリズム論）、國分典子（筑波大学教授・憲法）、李癸娘（中央大学教授・民俗学）の各先生、米国・ポートランド州立大学教授のMichael Clark（法と文学）、Steven Fuller（ヨーロッパ思想）、Stephan Walton（フランス植民地研究）の各先生、そして私たちの共同研究を献身的にサポートしてくださった李輔温さん（韓国の出版社・高句麗社長）と本多史朗さん（トヨタ財団）に、この場を借りて厚く感謝したい。

最後に、本書の公刊にご尽力いただいた国際基督教大学の諸先生方と事務局の皆さん、そして刊行に向け叱咤激励してくださった風行社社長の犬塚満さんに謝意を表したい。

2010年3月1日

　　　　　　　　　　　　　　　　編者　笹川紀勝・金勝一・内藤光博

【資料】三・一独立宣言書（1919年3月1日）

## 朝 鮮 獨 立 宣 言 書

　私たちはここに、我が朝鮮が独立国であることと、朝鮮人が自由の民であることを宣言する。このことを世界の全ての国や民族に告げ、人類平等の大いなる道義を明らかにするものである。このことを子々孫々にまで教え伝え、民族が自らの生を独自に営む正当な権利を永久にもつことを主張するものである。

　五千年の歴史の歩みと尊厳によって、このことを宣言し、二千万民衆の心を合わせて、このことを広く明らかにし、永遠に変わらぬ民族の不変な自由発展のために、このことを主張する。人類の良心に基づく世界変革の流れと共に進みゆくために、このことを提起するものである。これは天が命ずるところであり、時代の大勢であり、全人類共同の生存権の正当な発動であって、天下の何人であってもこれを抑えることは出来ない。

　旧時代の遺物である侵略主義、大国主義の犠牲となって、有史以来数千年を経て、初めて異民族による圧制に痛苦をなめ、すでに十年が経過した。その間、私たちの生存権をどれほど奪ったであろうか。精神の発展にどれほどの弊害となったであろうか。民族の尊厳と栄光をどれほど傷つけたであろうか。新たな力と創意によって、世界文化に貢献しうる機会を私たちはどれほど失ったであろうか。

　ああ！　旧来の無念を広く知らせ、現在の苦痛から逃れ、将来の脅威を取り除こうとするなら、また民族的良心をもって国家のあるべき姿を追求し、さらに個々人の能力を正当に伸ばし、愛しい子供たちにとって、恥ずべき現実がこれ以上続かないようにするなら、そしてその結果、子々孫々に至るまで完全な幸福をもたらそうとするならば、その最大の急務は民族の独立を確実なものとすることである。二千万の民、一人一人が心の中に刃を収め、固く決心し、人類が共にもつ気高い品性とこの時代の良心が、正義という軍隊と人道という武器を持って援護を惜しまぬ今日、私たちが進もうとすればどんなに強い者であっても挫けない者があろうか。たとえ、一歩退いても、ことを成そうとすれば、どんな志でも実現しないことがあ

ろうか。

　丙子修好条約（一八七六年）以来、日本が固く結んだ約束を時折破ったからといって、日本の信なきを断罪しようとするものではない。日本の学者は教育の場で、政治家は政治の場で私たちの王朝が代々伝えてきた業績を植民地のものとみなし、文化民族である私たちを野蛮人扱いし、ひたすら征服者の快楽をむさぼっている。しかし、私たちの永久なる社会基礎と秀でた民族の品性を無視したからといって、日本の不義をとがめようとするものではない。

　自らを励ますのに精一杯の私たちには他を恨みとがめる暇はない。現在の状況の打開に急な私たちには、過去の過ちをとがめ立てする暇はない。今、私たちがしなくてはならないことは、ただ自己の建設あるのみであり、決して他を破壊しようとするものではない。厳粛な良心の命ずるまま、自国の新しい運命を開拓しようとするものである。

　決して過去の恨みや一時的な感情によって他を妬み嫌い排斥するものではない。古い思想、古い勢力に束縛された日本の政治家の功名心の犠牲になっている。このような不自然で不合理な誤った状況を正し、自然で合理的な正道へと戻そうとするものである。当初から民族的要求によらない両国の併合であったため、結局その場しのぎの威圧と差別的な不平等と統計数値の虚飾によって、互いに利害の異なる両民族の間に永遠に和睦できない怨恨の溝をますます深めているこの現実を直視せよ。

　出来るだけ早く果敢に古き誤りを改め、正しい理解と友情に基づく友好的新局面を開くことが、相方の間に災いを遠ざけ幸福をもたらす近道であることを認識すべきではないか。

　また、恨みと憤りを抱く二千万の民をもっぱら威力をもって拘束するのは、東洋の永久の平和を保障するものではない。これによって東洋の安全と危険を左右する四億の中国人は日本に対し、恐れと疑いをますます深め、その結果、東洋全体が共倒れとなり、滅びる悲運を招くことは明らかである。

　今日私たちが朝鮮の独立をはかるのは、朝鮮人が正当な生存と繁栄を遂げると同時に、日本が誤った道から出て、東洋の支持者としての重責を全うするよう促すものである。それが一時も忘れることのできない日本の侵

【資料】三・一独立宣言書（1919年3月1日）

略の恐怖から中国を解き放つものである。また、このことは東洋の平和を重要な一部とする世界の平和と人類の幸福追求にも必要な過程となるものである。どうしてこれが、ささいな感情の問題であろうか。

　ああ、新しい世界が眼前に展開されている。力の時代は去り、道義の時代が来たのである。過去の全世紀にわたって培われ、育まれてきた人道的精神は、今まさに新文明の朝の光を人類の歴史の上に照らし始めた。新しい春は既に世界に巡り来て、万物のよみがえりを促している。過酷な寒さに人々が凍りついていたのが、かつての一時の姿であるとすれば、うららかな春風と暖かい日差しの下で、力を出しきることも今現在の一時の姿である。天地の好転した時運に接して、世界の新しい潮流に乗り、私たちは何らのためらいもなく、何ら遠慮するところもない。私たちの固有の自由の権利を護り、生命の旺盛な繁栄を心ゆくまで楽しみ、私たちの豊かな独創力を発揮して、春の気配がいっぱいの天地に輝かしい民族文化を結ばせようではないか。

　私たちはここに立ち上がった。良心は私たちと共にあり、真理は私たちと共に進む。老若男女の区別なく、暗く重苦しい古巣から力強く立ち上がり、森羅万象と共に、嬉びに満ちた復活を成し遂げようとするものである。遠い祖先の霊が陰ながら私たちを助け、全世界の新しい情勢が私たちを周囲から護っている。始めることそれが成功することである。ただ前方の光明に向かって力強くまっすぐ突き進むのみである。


　公約三章
一、今日私たちのこの行動は正義と人道と生存と栄光を切望してやまない
　　民族全体の要求であり、ひとえに自由の精神を発揮するものであり、決
　　して排他的感情により正道からはずれてはならない。
一、最後の一人まで最後の一刻まで民族の正当な意思をはっきり示せ。
一、一切の行動は何より秩序を尊重し、私たちの主張と態度とをあくまで
　　公明正大なものとせよ。

　朝鮮建国　四千二百五十二（一九一九）年　三月一日

朝鮮民族代表

| 孫秉熙 (ソンビョンヒ) | 吉善宙 (イルソンジュ) | 李弼柱 (イビルジュ) | 白龍城 (ペギョンソン) | 金完奎 (キムワンギュ) | 金秉祚 (キムビョンジュ) | 金昌俊 (キムチャンジュン) |
| 権東鎮 (クウォンドンジン) | 権秉悳 (クウォンビョンドク) | 羅龍煥 (ナヨンファン) | 羅仁協 (ナインヒョプ) | 梁甸伯 (ヤンジョンベク) | 梁漢黙 (ヤンハンムク) | 劉汝大 (ユ ヨ ゲ) |
| 李甲成 (イカブン) | 李明龍 (イミョンヨン) | 李昇薫 (イスンフン) | 李鐘勲 (イジョンフン) | 李鐘一 (イジョンイル) | 林礼煥 (イメファン) | 朴準承 (パクジュンスン) |
| 朴熙道 (パクヒド) | 朴東完 (パクドンワン) | 申洪植 (シンノンシク) | 申錫九 (シンソクク) | 呉世昌 (オセチャン) | 呉華英 (オファヨン) | 鄭春洙 (ジョンチュンス) |
| 崔聖模 (チェソンモ) | 崔　麟 (チェ　リン) | 韓龍雲 (ハニョンウン) | 洪秉箕 (ホンビョンギ) | 洪基兆 (ホンギジョ) | | |

＊この三・一独立宣言は、笹川紀勝・金勝一編著『三・一獨立運動判決精選 第一巻 内乱罪の成立如何』（高句麗、1999年）所収の兼若逸之と芹川哲世による翻訳文（747－752頁）である。

《目　　次》

はしがき ……………………………………笹川紀勝・金勝一・内藤光博　3
【資料】三・一独立宣言書（1919年3月1日）………………………………　7

## 第Ⅰ編　日本の植民地支配と植民地法制

### 第1章　植民地朝鮮の法体系と三・一独立運動
　………………………………………………鄭　肯植（田中俊光訳）19
　　Ⅰ．はじめに　19
　　Ⅱ．日本の侵略と法制　20
　　Ⅲ．植民地法制の形成　23
　　Ⅳ．法制度の変化と農民層の対応——むすびにかえて　28

### 第2章　植民地初期の朝鮮総督府の法制定策と朝鮮民事令
　　　　　第11条の改正……………………………………李　昇一　31
　　Ⅰ．はじめに　31
　　Ⅱ．植民地初期の朝鮮総督府の民事法政策　33
　　Ⅲ．朝鮮総督府法制定策の変化と朝鮮民事令第11条の改正　37
　　Ⅳ．結び　41

### 第3章　植民地支配下の「3.1独立運動」の裁判における
　　　　　法適用と以後における植民地法制の変化……朴　井源　43
　　Ⅰ．序言　43
　　Ⅱ．「3.1独立運動」裁判における法適用と問題点　44
　　Ⅲ．「3.1独立運動」以後の植民法制の変化及び影響　47
　　Ⅳ．「3.1独立運動」がもたらした課題　49

## 第Ⅱ編　植民地支配における抵抗の思想と文学

### 第4章　韓国独立運動勢力の三一運動の認識
　　　　――中国関内地域を中心に ………………………韓　相壽　57
　Ⅰ．はじめに　57
　Ⅱ．三一運動の背景に対する理解　58
　Ⅲ．三一運動失敗の原因に対する分析　59
　Ⅳ．三一運動の歴史的意味と位相に対する解釈　60
　Ⅴ．結びに　67

### 第5章　日・韓近代文学に現われた3・1独立運動
　　　　………………………………………………………芹川　哲世　71
　Ⅰ．3・1運動と韓国近代文学　71
　Ⅱ．3・1運動と日本近代文学　84

### 第6章　20世紀初頭、韓中日における知識階層の
　　　　反植民地論の性格の比較 ………………………金　勝一　101
　Ⅰ．はじめに　101
　Ⅱ．日本知識階層の反植民地論の性格　102
　Ⅲ．中国知識階層の反植民地論の性格　108
　Ⅳ．韓国知識階層の反植民地論の性格　111
　Ⅴ．おわりに　114

### 第7章　日本の植民地統治と台湾人の政治的抵抗文化
　　　　………………………………………王　泰升（阿部由理香訳）119
　Ⅰ．はじめに　119
　Ⅱ．日本統治前期における政治的抵抗者に対する軍事及び司法鎮圧　120
　Ⅲ．日本統治時代後期の政治刑法と政治的異議者　123
　Ⅳ．日本統治時代の抵抗が戦後に残したもの　126

目 次

## 第Ⅲ編　判例を通してみえる植民地支配の実態

### 第8章　3.1独立運動の判決——植民地法制研究の一つの視点
……………………………………………笹川　紀勝　133

Ⅰ．植民地裁判所の判決　133
Ⅱ．『3・1運動関係判決一覧表』の性格　137
Ⅲ．『3・1運動関係判決一覧表』の構成　140
Ⅳ．判決の研究の例　147
Ⅴ．結びとして　149

### 第9章　三・一独立運動事件における判例の分析
……………………………………リー・マージ　クリスティン　153

Ⅰ．はじめに　153
Ⅱ．三・一独立運動事件判決の概要　154
Ⅲ．判決の分析　163
Ⅳ．小結　166

### 第10章　水原地域の3.1運動と民族代表の関連性について
……………………………………………趙　成雲　167

Ⅰ．はしがき　167
Ⅱ．水原地域の3.1運動と'民族代表'　168
Ⅲ．量刑から見た'民族代表'と水原地域の3.1運動の参加者の比較分析　170
Ⅳ．まとめ　172

### 第11章　台湾における植民地支配と判例
——政策の実現と司法の役割……………………後藤　武秀　175

Ⅰ．はじめに　175
Ⅱ．台湾及澎湖列島住民退去条規の制定　176
Ⅲ．司法による領有政策の実現　179
Ⅳ．結びに代えて　185

## 第Ⅳ編　植民地支配における文化の変容

### 第12章　朝鮮博覧会（1929年）と台湾博覧会（1935年）の比較
……………………………………………河　世鳳　191

　Ⅰ．序言　191
　Ⅱ．博覧会開催の目的と広報　192
　Ⅲ．博覧会に対する眼差し　194
　Ⅳ．博覧会のパビリオン　196
　Ⅴ．結言　198

### 第13章　植民地時代の法と言語文字生活 ……………晋　永美　201

　Ⅰ．法と言語　201
　Ⅱ．植民地時代言語政策の変化　202
　Ⅲ．植民地時代言語政策の問題　206

### 第14章　日帝強制占領期（1910－1945）の美術文化政策
……………………………………………金　大烈　211

　Ⅰ．序論　211
　Ⅱ．武断統治と伝統文化の抹殺　213
　Ⅲ．文化統治への転換と美術　215
　Ⅳ．皇民化政策の強化と美術　218
　Ⅴ．結論　221


## 第Ⅴ編　日本の植民地支配と「過去の清算」

### 第15章　三・一独立運動と日本国家の「戦後補償責任」
　　　　　――立法不作為違憲国賠訴訟の可能性　……………小林　武　227

　Ⅰ．はじめに――「戦後補償」をめぐる研究課題と本稿――　227
　Ⅱ．「国家無答責」の法理をめぐって　228
　Ⅲ．立法不作為を理由とする国家賠償請求の道　231
　Ⅳ．むすびに――2002年平壌宣言と歴史的総括の課題――　235

## 第16章　日本の戦後補償裁判と植民地支配
　　　——日本国憲法と植民地主義 ……………………内藤　光博　239

　Ⅰ．序論　239
　Ⅱ．戦後補償問題と「植民地主義」の本質　241
　Ⅲ．日本の戦後補償裁判の現状と問題点　244
　Ⅳ．日本国憲法の「平和主義」の原理と「植民地主義」の清算　248
　Ⅴ．結論——「植民地主義」の克服による真の和解と東アジアの平和・共生に向けて　253

## 第17章　「東アジア共同体」構想——幻想か現実か
　　　……………………………………………………………石村　修　259

　Ⅰ．出発点　259
　Ⅱ．萌芽　261
　Ⅲ．発展　264
　Ⅳ．展望　266

あとがき ……………………………………………………内藤　光博　271

第Ⅰ編
# 日本の植民地支配と植民地法制

## 第1章

# 植民地朝鮮の法体系と三・一独立運動

鄭　肯植
（田中俊光訳）

## Ⅰ．はじめに

　帝国主義は、植民地に対して、経済体制のみならず、自分たちの支配に都合の良い法制度までも強要した。韓国におけるヨーロッパ法の受容過程は、日本による韓国侵略と軌を一にする。日本は、軍艦と大砲といった一方的な武力で韓国を脅したばかりか、法により、すなわち条約によって侵略した。1876年の江華島条約の後に数度にわたって締結された条約により、日本は朝鮮の主権を侵奪していき、1910年8月の日韓併合条約で朝鮮を併合した[1]。韓国の近代法史では、起点を1894年の甲午改革に置き、対日関係によって「改革期」（1894年5月～1895年11月）、「復古期」（1896年1月～1905年12月）、「統監部期」（1906年1月～1910年8月）に区分している。そして、その後の植民地期の法制は、統監部期の法制をベースに構築され、1945年の植民地解放まで続いた。

　植民地の法制という側面から見て、三・一独立運動が有する最も大きな意味は、本来は一部のみに適用されていた植民地弾圧法が朝鮮の民衆へと拡大適用された点にある。日本からの独立運動は、1910年8月の併合後から散発的に起こっていたが、1919年の三・一独立運動は、全国的に民衆が蜂起したという点でほかと大いに異なる。三・一独立運動は、211カ所で1542回にわたって200万人余りが参加し、約2万5000人の死傷者を出した。検挙者数も約3万人に及ぶ。これは、取りも直さず約3万人の民衆が実際に植民地の法廷に立たされて弾圧法の適用を受けたことを意味す

る。

　本稿では、1919年に発生した三・一独立運動に焦点を当て、いわゆる「武断統治期」に該当する1910年代の法制と、その基盤となる統監府期の法制、とりわけ弾圧法制について検討したい。検討にあたって、最初に韓国における近代法制の形成過程について簡略に触れ、統監部の法制について弾圧法を中心に論ずる。次いで、「朝鮮民事令」および「朝鮮刑事令」について述べ、植民地朝鮮の法制に関する概観を紹介する。そして最後に、植民地法制と三・一独立運動の関係について論じることとしたい。

## Ⅱ．日本の侵略と法制

　1876年の江華島条約締結後、朝鮮政府は日本へと朝士視察団を派遣し、その報告書を通じて明治期の日本の法制度を知った。しかし、自分たちも制度の改革に着手するという段階には至らなかった。ヨーロッパ法を本格的に受容する契機は、1894年の甲午改革である。甲午改革は、その歴史的な意義のほかに、ヨーロッパ法の受容という点で、韓国近代法史の起点となった[2]。

### 1．改革期と復古期の法制

　甲午農民戦争の制圧を口実に韓国へ軍隊を派遣した日本は、清国に対し、ともに朝鮮政府に内政改革するよう要求することを提案したが、清国はこれを拒否した。すると日本は、単独での内政改革に固執し、清国と戦争を始めた（日清戦争）。日本公使であった大鳥圭介は、朝鮮政府に内政改革案を提示したが、朝鮮政府は積極的でなかった。そのため、日本は景福宮を占領して親日政権を立て、内政改革を断行した（甲午改革）。朝鮮政府は、軍国機務処を設置し、議案と王の詔勅によって改革立法を推進した。軍国機務処は、民族主義・民主主義に則った新しい政治・社会秩序の創出を図るものであったが、結果的に日本の侵略を手助けすることとなった。

　日本は、日清戦争の勝利と改革法令の公布によっても朝鮮の内政改革に進展が見られないため、井上馨を公使として派遣し、改革を強要した。高

宗は、改革の志を掲げるため、1894年12月12日に「洪範14条」を公布した。これは、自主独立国家、国家と王室の分離、民刑法の制定、人民の生命と財産の保護などを宣言したという点で、大きな意義を持つ。次いで「公文式」（1894年11月）が公布され、法令の形式と公布の方法について定められた。その翌年には、「裁判所構成法」（1895年3月；法律1）など、70件余りの法令を公布し、改革を断行した（乙未改革）。ロシアの台頭に脅威を感じた日本は、明成皇后（閔妃）を殺害し、断髪令の公布、陽暦の使用など、再度改革を断行した。しかし、かような方法は義兵の蜂起を招き、結局俄館播遷（1896年2月）によって親日政権が崩壊し、改革は水泡に帰した。乙未改革における法令は、その数が多いばかりでなく、『大典会通』をはじめとする従来の朝鮮の法律と矛盾をきたし、不完全な形での施行に終わった。しかし、「開国」年号の使用、奴婢制度の廃止、陽暦の使用などにおいては、その後の社会に与えた影響は大きかった。

　俄館播遷によって政権を握った新政府は、改革法令のほとんど全てを無効化した。復古期の立法の基本方針は「旧本新参」、すなわち旧を本に甲午以降の新制度を参照するという復古主義であった。当時は、国外では列強が勢力の均衡をなし、国内では独立協会といった自由民権運動が盛んな時期であったこともあり、比較的に自主的な立法が数多く見られた。かような雰囲気の中、民権運動を抑制して「皇帝」を中心に近代化を成し遂げようとする動きがあった（光武改革）。その一例として、校典所（後に法規校正所に改称）の設置によって立法を主導した点が挙げられる。当時の立法の代表的なものとしては、「大韓国国制」（1899年8月）、「陸軍法律」（1902年；法律5）、「刑法大全」（1905年；法律2）などがある。また、刑法典の制定に次いで、民法典編纂の動きが見られた。復古期の立法は、「旧本新参」と「光武改革」が反映されたものといえるが、これらは形式的にも内容的にも時代の流れに適うものではなかった。

## 2．統監部期の法制

　朝鮮政府は、日露戦争の勃発直前に局外中立を宣言したが（1904年1月）、日本はこれを無視し、軍事行動自由権、条約締結干渉権などを含む「日韓議定書」を強制的に締結させた（1904年2月）。次いで、顧問政治の軸と

なる「第一次日韓協約」を締結し（1904年8月）、全分野にわたって顧問を雇った。日露戦争に勝利した日本は、保護政治の原則を確認し、これを内容に盛り込んだ「乙巳条約」（第二次日韓協約、日韓新協約）を締結した（1905年12月）。さらに日本は、これを根拠にしてソウルに統監府、地方に理事庁を設置し、朝鮮の内政を事実上掌握した（1906年1月）。

ハーグ密使事件を契機に、日本は、高宗皇帝を強制退位させるとともに韓国の軍隊を解散させ、韓国の内政を直接掌握するために「丁未七条約」（第三次日韓協約）を締結して次官政治を行った（1907年7月）。1909年には「韓国併合ノ件」を議決し、さらに「己酉覚書」に調印させて司法権を剥奪した（1909年10月）。日本は、韓国併合の最後の障壁となっていた警察権を1910年6月に剥奪し、1910年8月22日、「韓国併合ニ関スル条約」を締結して併合を断行した（1910年8月29日）。

統監部期の立法の特徴として、次の2点が挙げられる。第1に、立法主体の二元性という点である。通信事務や裁判権など、条約などによって日本が立法権を掌握した分野は、統監部が立法権を行使し、日本の勅令またはその委任によって統監部令が制定され、内閣告示の形で韓国に施行された。その他の分野における立法権は韓国にあったが、統監部が立法権を事実上掌握していた。この過程には、1906年に設置された「韓国ノ施政改善ニ関スル協議会」が重要な役割を果たしたが、「協議」とは名ばかりで、実際は統監部の諮問機関または指示伝達機関に過ぎなかった。そして、「日韓議定書」第2条で、韓国政府が法令を制定するときには統監の承認が必要と定められ、統監部が事実上立法権を有することが明確にされた。第2に、植民地化に向けた法的基盤としての法令が大幅に増加した点である。これには、独立運動を弾圧するための弾圧法や、外国人の土地所有を可能にして日本資本の進出を容易にする民事法などの制定・整備が挙げられる。また、植民統治を美化する目的で、衛生改善など社会の隅々にまで法令が整備された。

## Ⅲ．植民地法制の形成

### 1．法制の基本原則

　日韓併合により、統監部に代わって朝鮮総督府が設置されたが、統監部と朝鮮総督府、統監と総督は、基本的に機構や権限の面で大差はなかった。

　日本は、朝鮮に帝国憲法を施行せず、大権を委任された総督が統治する方針を日韓併合の前にすでに確立させており（1910年6月）、併合と同時に緊急勅令により「朝鮮ニ施行スル法令ニ関スル件」（勅令412）を公布し、併合当時の旧韓国と統監部の法令の効力を暫定的に認めた。だが、総督に立法権を付与した緊急勅令は、帝国議会においてその違憲性が問題となった。ところが、日本は、1911年に上記勅令と同内容の法律第30号「朝鮮ニ施行スベキ法令ニ関スル件」を公布し、法令体系を完備させた。これは、朝鮮総督に独自の立法権、すなわち「制令制定権」を付与し、朝鮮を日本とは異なる独自の法圏として認めたものである。かような独自の法体系により、植民地朝鮮は、台湾や他の植民地とは異なり、大日本帝国内における異法地域として存在していた。植民地朝鮮に適用された法令には、①特に朝鮮に施行する目的で制定した法律と勅令、②勅令により朝鮮に施行された法律、③規定内容上、朝鮮に当然効力が及ぶ法律と勅令、④併合当時に効力の存続を認めた旧韓国法令および日本国法令、⑤制令、⑥朝鮮総督府令、⑦警務総監部令、⑧道令、⑨道警務部令、⑩島令などがある。これらのうち、⑤とその施行令的な性格の濃い⑥が、植民地朝鮮を支配する核心的な法令であったといえる。

　日本は、表向きは植民地にも帝国憲法が適用されるという立場を堅持した。そのため、朝鮮総督に法律制定権を付与した法律第30号をめぐって、再び違憲論争が起こった。この論争は、無制限で絶対的な権力を有する天皇に関する規定のみが植民地朝鮮に適用され、それ以外は全面的に天皇の意思に委ねることで最終的に帰結した[3]。

## 2．刑事法制

　統監部期には、韓国の法制が全般的かつ大幅に整備された。しかし、刑事法の分野では、1905年に制定された「刑法大全」の後は、一般刑法を敢えて制定する必要性が提示されず、むしろ1908年の法律第19号による「刑法大全」の改正により、同法の中から非刑事法条文が削除された程度に過ぎない。

　その一方で、「保安法」（1907年；法律2）、「警察犯処罰令」（1908年；統監部令44）、「韓国ニ於ケル犯罪即決令」（1909年；勅令240）といった弾圧法を制定した。「保安法」は、日本人のみに適用された「保安規則」（1906年；統監部令10）の代わりとして朝鮮人を対象とした法規である。これは、日本の「治安警察法」（1900年；法律36）」をモデルとしたものだが、「保安法」は規制や処罰の面で強化されている。さらに、日韓併合条約の締結直前に当たる8月23日には、「政治ニ関スル屋外多衆集会ヲ禁ズル件」（統監部警務部令3）を制定し、日韓併合に反対するあらゆる政治的な集会・結社を禁止した。

　1912年には、「朝鮮刑事令」（制令11）を制定し、植民地刑事法の土台を構築した。また、統監部期の弾圧法をベースに、日本の「刑法」および「刑事訴訟法」など、日本の刑事法を依用した。その一方で、「刑法大全」の一部の条項を存続させて「朝鮮笞刑令」（1912年；制令13）を公布した。「刑法大全」の規定が存続された条文には、殺人と強盗があったが、これらは、厳刑をもって治安を確保するための措置であった。日本は、集団強盗や残虐殺人の減少など、朝鮮の民情が徐々に安定化して日本の「刑法」を適用しても治安維持上支障がないと判断した1917年12月、「朝鮮刑事令」を改正して日本の「刑法」の全条文を依用した（制令3）。そして、憲兵警察体制下において、「警察犯処罰規則」、「犯罪即決例」、「朝鮮笞刑令」といった特別刑法を通じて植民地を統治した。

　「警察犯処罰令」は、日本の「警察犯処罰令」（内務省令16）とほぼ同時に制定され、今日の軽犯罪に該当する79の罪目が列挙されている。両者を比較すると、日本の「警察犯処罰令」は、拘留と科料の上限を30日未満・20円以下としているが、統監部令では、上限を定めずに単に「拘留」・「過料」としている。また、植民地期の典型的な日常生活規制法で

あった「警察犯処罰規則」(1912年；朝鮮総督府令40)は、「警察犯処罰令」をさらに強化したものであるが、その第１条で87号の禁止規定を設け、統監部令と同様に上限を定めずに単に「拘留」・「科料」としている。これらの規則は、日本の法をベースにしつつも、大勢で官公庁に請願・陳情をする行為（第19号）、不穏な演説・図書などの掲示や朗読（第20号）、本籍や身分などを詐称して宿泊・乗船する行為（第29号）、警察官署の特別の指示や命令に違反する行為（第32号）などについては、植民地支配に抵抗する行為を規制するものであったといえる。これらは、「軽犯罪」によって独立運動活動家を「別件拘束」する法的根拠としての役割を果たした。これらの規定に対する違反行為は、拘留や過料に該当したが、実際は「朝鮮笞刑令」によって笞刑に処された。この法令は、あらゆる朝鮮人を犯罪へと追い込む網の役割をしたのである。

　日本は、犯罪事件の下層をなす多くの軽微事件について、検事の公訴提起と裁判所の裁判を待たずとも警察が即決処分を下すことを可能とする植民地型警察司法を認め、徹底した訴訟経済を図った。「韓国ニ於ケル犯罪即決令」によれば、統監部警視または警察署長・分署長は、拘留または科料の刑に処する罪や韓国の法規で笞刑、拘留または30円以下の罰金に処する罪について、被告人の陳述を聴取して証拠調べを行った後、正式の裁判を経ずに直ちに刑の宣告を行うことができた。そして、拘留を宣告する場合、必要と認められるときは、正式裁判請求期間である３日または５日間、被告人を勾留できるものとした。これについて、日本では違警罪に該当する犯罪のみが対象であったが、韓国では、笞刑、拘留、または罰金30円以下の事件までへと拡大適用された。これは、法律に基づいて被告人に科す具体的な刑罰である処断刑を基準として、一般犯罪について即決処分が可能な権限を警察に与えるとともに、身体刑である笞刑の執行を認めたという点で、植民地的な特殊性が反映されているものといえる。この規定は、日韓併合後に「犯罪即決例」(1910年；制令10)へとそのまま引き継がれたが、植民地支配の効率性を強圧的に高めるために、行政法規違反罪が追加された点が特徴である[4]。

　刑事司法において訴訟経済を図らんとする日本の植民地刑事政策は、「朝鮮笞刑令」の制定によってピークに達する。「朝鮮刑事令」の施行によ

り、「刑法大全」で定める笞刑は廃止されたが、野蛮で効率的な笞刑制度を維持するため、かような法令が制定された。笞刑は韓国人のみに適用され、通常の刑罰を笞刑に換えるものとした。笞刑の適用対象は、①3月以下の懲役もしくは拘留、または100円以下の罰金もしくは科料に処す場合のうち、住居不定または財産のない者、②罰金または科料を未納の者である。換刑処分の主体は、検事と即決官庁の長である。日本は、笞刑への換刑により、植民地支配において絶対的な恐怖の雰囲気を醸し出すとともに、最大限の訴訟経済という二重の効果を得た。また、笞刑は、監獄や即決官庁において非公開で執行された。すなわち、植民地警察は、笞刑と称して合法的に拷問を行っていたのである。「朝鮮笞刑令」は、1919年の三・一独立運動後に標榜された「文化政治」に伴い、1920年に廃止された（制令5）。

　裁判機関については、1909年に司法事務が日本へ委託され、統監部裁判所が設置された。統監部裁判所における司法事務の取扱いについては、「統監府裁判所司法事務取扱令」に基づいて通常裁判所の例に依るものとされたため、刑事手続については、1890年制定の日本の「刑事訴訟法」が適用され、合わせて刑事手続に対する特例も定められた。

　当時の日本の刑事手続の特徴は、捜査手続上の強制処分権が予審判事に集中し、捜査機関である検察や司法警察官には、現行犯など極めて例外的な場合に限ってのみ独自の強制捜査権が認められていた点にある。しかし、日本は、韓国に近代的な刑事手続を導入した瞬間から、裁判官による強制捜査権の統制という近代刑事訴訟法の大原則を徹底的に排除した。検事は、急速を要するときは、公訴提起前に限って検証、捜索、物件押収を行い、または被告人、証人を尋問し、鑑定を命令するといった処分を行うことができ、また、司法警察官に対して自己の権限内で処分を行うことができた。裁判所も同じく、軽微事件の場合は被告人の自白があれば証拠調べおよび有罪判決の理由説示を省略でき、弁護人の上訴を認めなかった。さらに、重大事件を除き、第一審訴訟手続に法律違反があっても、これが判決に影響を及ぼす程度でなければ、控訴裁判所は控訴を棄却するものとした。植民地期の刑事訴訟手続は、統監部期と大差がないどころか、むしろ改悪された面も少なくない。現行犯の場合は、検事のみならず司法警察官にも予

審判事に準ずる地位が与えられた。植民地朝鮮では、日本の刑事訴訟法とは異なり、検事に予審請求の裁量権が認められており、近代刑事訴訟法の大原則である公判中心主義が形骸化させられていた。

　植民地朝鮮における刑事法は、近代化という美名の下に日本法が依用されつつも、朝鮮の特殊な事情を尊重するという名目で特例が定められ、これが抑圧的な機能を果たした。植民地朝鮮における刑事手続上の特例は、徹底的に植民地統治の便宜を追求したものであり、近代刑事訴訟法の本質的要素を侵害したものであった。近代法令の形式のみを借りた西欧式の刑事手続が導入されたとはいえ、警察司法の拡張によってそのほとんどが解体され、人権保障を目的とする刑事手続は「もぬけの殻」となり、むしろ弾圧と処罰のみを目的とする刑事手続だけが残ったのである[5]。

## 3．民事法制

　統監部は、まず初めに土地関連法制の整備に着手し、不動産法調査会を設置して、法部顧問であった梅謙次郎を同会長に任命した（1906年7月）。不動産法調査会では、不動産慣例について調査が行われた。次いで法典調査局を設置（1907年12月）し、本格的な法整備に取りかかった。法典調査局では、法部顧問である梅謙次郎が民事法起草者に選ばれた。うち、民事法分野では、民法典編纂に先立って慣習調査が行われた。その成果が、1910年に刊行された『慣習調査報告書』である。日韓併合後、朝鮮総督府は、植民地経済の土台を構築するため、1912年から1918年まで土地調査事業を行った。この調査事業により、韓国に一物一権主義に基づく「近代的」な土地所有権が確立された。

　朝鮮総督府は、「朝鮮民事令」（1912年3月；制令7）を制定したほか、「民法」、「民事訴訟法」、「人事訴訟手続法」といった日本の民事法令を依用して、植民地の司法秩序の基礎を確立した。その一方で、朝鮮の制度、交通、慣習、民度などを鑑みて特例を設けて調和を図った。例えば、朝鮮人同士の法律行為（第10条）、権利能力、親族および相続（第11条）、不動産物権の種類および効力（第12条）については、朝鮮の慣習を法源として認めた。生活の拠り所となる家族関係や社会的慣習を急激に変化させては、反発を招くことが明らかであったためである。そのため、日韓併合後も朝

鮮総督府は、取調局、参事官室、中枢院において引き続き慣習調査を行った。これは、法源の調査という本来の理由もさることながら、実質的には同化政策を完遂させる目的で行われたものであった。日本は、同化政策を2つの方法で行った。1つは、裁判によって官製慣習を創造する方法であり、もう1つは、朝鮮民事令の改正による方法であった。民事法の領域では、慣習が法源として認定されたとはいえ、朝鮮高等法院では慣習を事実上認めておらず、同化政策を着実に遂行していた。そのため、「朝鮮民事令」第10条および第12条は、改正されないまま死文化した。

　朝鮮総督府は、民事訴訟においても制令によって特別法令を設けた。民事手続に関する最初の特例は、「民事争訟調停ニ関スル件」（1910年；制令11；1911年施行）である。その内容は、区裁判所の所在しない地域の警察署長などは、民事争訟事件において、当事者の申出により、200円以下の争訟に対して判決と同様の調停を行うことができるというものであった。これは、裁判所が広く分布していない状態で、訴訟関係人の便宜を図るための措置であったとはいえ、行政官である警察署長が裁判を担うというのは、行政と司法の分離という近代民事訴訟法の原則に背くものであった。この特例は、結局は効率的に紛争を解決・防止する点のみに主眼が置かれていたのであって、植民地司法の特性を端的に示しているものといえよう[6]。

# Ⅳ．法制度の変化と農民層の対応
## ――むすびにかえて――

　三・一独立運動は、朝鮮全土で200万人余りが参加した。そのうち約5万人が逮捕され、約2万人が検事から処分を受け、約1万人が起訴された。当時の韓国の人口が約2000万人であったことを考えれば、膨大な規模である。1919年3月1日から5月31日までに三・一独立運動関連で収監された者は、合計8511人で、その内訳を見ると、農民が4969人（58.4％）、労働者が328人（3.9％）、知識人および青年学生が1776人（20.8％）、商工業者が1174人（13.8％）、無職者が264人（3.1％）となっており、農民が

圧倒的多数を占めていたことが分かる[7]。

　多くの農民が参加した背景には、独立と国権回復への熱望、新たに制定された法や社会秩序への不適応、新道建設などの課役とこれに応じない者への制裁、さらには土地調査とその調査負担の加重などへの不満もあったと思われる[8]。しかし、最大の理由は、土地調査事業とそれに伴う土地所有権秩序の再編、さらにはそれによる慣習的な土地利用権の制約とその違反者への制裁に対する反発である。植民地支配下において最大の被害者であった農民は、自己の生存に関わる切実な要求から、三・一独立運動に積極的に参加した。彼らは、朝鮮が独立すれば、賦役も税金の義務もなく、苗圃作業や松虫駆除の必要もなくなり、海岸の干拓工事もなくなり、さらには財産が平等に分配され、国有地は小作人の所有になると信じていた。これは、単純な民族独立への意識だけではなく、1894年の甲午農民戦争時の「土地の平均分作」という理念の流れを受けたものであると同時に、新たな社会主義思想の影響によるものであった[9]。

　土地調査は、一物一権主義に則り、慣習上認められていた共同体による土地所有権・利用権を一切認めなかった。墓地の設定、薪と肥料、特産物の採取、開墾といった慣習的な土地利用権は、個人所有の土地よりも村や団体が総有する土地や山林・林野に多かった。また、従来は国有や共有の山林についても慣習上の利用権が認められたが、「森林法」（1908年；法律1）や「森林令」（1911年；制令10）の施行とともに、慣習上の利用権は否定され、さらには処罰の対象となった。かような共同体の解体は、土地調査事業と林野調査事業の進展によって一層加速し、農民が山地や共同体が総有する土地から享受する利益が減少した。墓地の設置や薪の採取などが制限されることにより、農民は多くの心理的・経済的負担を強いられた。農民が三・一独立運動に積極的に加担した理由には、かような背景があったのである。

【注】
（１）本稿において、筆者は朝鮮と大日本帝国の間に締結された条約の合法性または適法性を認めているわけではなく、議論を展開させる仮定としているに過ぎない。

第Ⅰ編　日本の植民地支配と植民地法制

（２）拙著『韓国近代法史攷』（ソウル：博英社、2002年）44－55頁。
（３）金昌禄「植民地被支配期法制の基礎」『法制研究』8（ソウル：韓国法制研究院、1995年）69－77頁参照。
（４）韓寅燮『韓国刑事法と法の支配』（ソウル：ハンウルアカデミー、1998年）24－26頁および33－34頁参照。
（５）申東雲「日帝下刑事節次に関する研究」『韓国法史学論叢』（ソウル：博英社、1991年）参照。
（６）前掲拙著、193－194頁参照。
（７）鄭然泰ほか「三・一運動の展開様相と参加階層」韓国歴史研究会・歴史問題研究所編『三・一民族解放運動研究』（ソウル：青年社、1989年）参照。
（８）土地調査事業と1914年の「地税令」の公布により、地税賦課の把握面積が80％も拡大し、地主の租税負担が増えた。また、道路や鉄道の建設などにより、土地が強制収用された。1917年には、土地と家屋を強制収用された者が自決し、彼の親族が道庁に赴いて返還を要求する事例も見られる。そのほか、各種寄付金の強要による負担も増えた。さらには、「墓地、火葬場、埋葬及火葬取締規制」（総督府令123）の強制施行により、伝統的な喪祭礼の変更が強要された。三・一独立運動当時、日本の憲兵も上記規制に対する不満に理解を示し、個人所有の山については埋葬を認めている。また、従来の特権層であった両班層にも賦役が課されたが、1912年に常民とともに道路修築の普請に動員された両班が常民と紛争を起こし、身分の徹底分離を要求している。これは、身分制の廃止と両班・常民の混淆に対する両班による抵抗であった。
（９）イム・ギョンソク「1910年代の階級構成と労働者・農民運動」前掲『三・一民族解放運動研究』参照。

第2章

# 植民地初期の朝鮮総督府の法制定策と朝鮮民事令第11条の改正

李　昇一

## Ⅰ．はじめに

　朝鮮総督府の植民政策に関して多様な分野から多くの研究がなされており、現在は支配の実状の一部を知ることが可能である。しかし、朝鮮人たちの日常生活と密接に関連する民事法に関しては、その研究がほとんど進んでいない状態である。植民法制は、植民政策の究明という点だけでなく朝鮮人らの法生活を理解していく面から見ても重要な研究主題であると言える。特に朝鮮民事令は、朝鮮総督府の法制定策を把握するためには核心的な内容であるにもかかわらずほとんど研究が成り立たずにいる。現在韓国の史学界では、植民地法を研究の対象としては注目せずにおり、法史学界において現行の民法の歴史的淵源を把握するために一部研究が進められているという実情である。

　植民地時期の親族および相続法などに関連した法史学界の研究は、日本民法と朝鮮の慣習との対立関係に注目し、朝鮮総督府の慣習法政策を'同化主義'として把握していた。日帝が朝鮮民事令第11条改正を通じて、朝鮮の慣習を日本民法と一致させようとしたという立場を取っている。植民地時代の朝鮮の慣習は、朝鮮在来のものを維持したものではなく日本民法の影響によってわい曲された姿を見せている。

　法史学的方式により朝鮮総督府の慣習法政策を分析してみると、次のよ

うな問題をあげることが出来る。まず最初に、1910年代の朝鮮慣習に対する朝鮮総督府の基本的態度は日本民法の移植ではなく慣習の法認化であり、朝鮮民事令第11条の改正を通じて日本民法依用と慣習法の再解釈という二つの面から法政策を修正して行ったという内容がよく表れなくなる。既存の研究では、日本民法依用と慣習法の再解釈とを区分できないという限界があった。朝鮮民事令第11条改正を通じた'依用'の方式は、成文法規であり朝鮮の慣習を否定して日本民法の移植を強制したものであったが、朝鮮民事令第11条改正は制限された範囲で施行された。むしろ朝鮮総督府は慣習法認化政策の下、朝鮮在来の慣習を法認したりあるいは慣習法を再解釈することによって日本の親族制度を朝鮮の慣習に結合させる方式を選択した。慣習法の再解釈を通じて成立した慣習法は、日本民法の内容とも一致せず、また純粋な朝鮮の慣習でもない、この両者が結びついた'植民地的慣習法'であった。

　二番目として、朝鮮総督府が朝鮮民事令第11条の改正をめぐり、日本本国の政府と葛藤しながらも独自に推進した慣習法政策の理解が難しくなる。これまでの研究では、日本政府と朝鮮総督府が朝鮮慣習の法制化に対して同じ態度を取ったものと把握されて来たが、朝鮮の慣習に対する朝鮮総督府の一貫した立場は'日本民法の依用'というよりは'成文法化'の推進であったと言える。朝鮮総督府にとって慣習法政策の日本民法への一致化は慣習成文化政策に内在している一つの原理であり、むしろ朝鮮慣習の成文化方針の一つとして解釈されなければならない。朝鮮総督府の慣習法政策に関する韓国法史学界の主張は、朝鮮民事令第11条が大部分慣習法の領域で残存していたという事実とも相反する。また慣習法から成文法体制で履行しようとした朝鮮総督府の法制定策が理解できなくなる。
　この論文は、朝鮮の慣習と日本民法との矛盾および葛藤が、植民地法制にどのように反映され、朝鮮総督府はどのような方向でこのような矛盾および葛藤を解消しようとしたのかを中心に叙述しようと思う。このためには朝鮮民事令がどのような原理と構造の中で形成され、朝鮮民事令第11条の'慣習'に対する朝鮮総督府の法制化の方向はどうであったのかに対する分析から始めなければならないだろう。究極的には朝鮮民事令第11

条の改正をめぐり生じた朝鮮総督府と日本政府間の葛藤が、朝鮮の特殊性を植民法制に反映させようとする過程において現れたものであったという観点から接近してみようと思う。

## Ⅱ．植民地初期の朝鮮総督府の民事法政策

　1910年8月29日に公布された'韓国の併合に関する条約'によって韓国は日本に併合されることとなった。韓国併合により日本に併合されて韓国が消滅した場合、日本の諸般法規と制度が韓国に移されなければならなかったが、日本帝国は緊急勅令第324号を公布して日本法令を朝鮮に直接施行することをしなかった。一般的に'法律'は、その統治権が有効な所で施行されるのが当然の原則であるが、緊急勅令第324号第1条によって、朝鮮は日本の領土でありながらも法的には日本本国の法律が通用せず、特殊な場合を除いては法律が施行されなかった。朝鮮総督の制令が朝鮮で施行された一般法令であり、勅令と法律は特殊な場合に限って施行された。

　朝鮮で'法律'の全部または一部を施行するには、勅令により朝鮮での施行を規定した場合、あるいは制令で朝鮮施行を規定した場合にだけ可能であった。この様に日本法令の施行は'勅令'あるいは'制令'という手続きが必要であったが、ひとまず朝鮮地域で施行される場合には制令よりは優位にあった。緊急勅令第324号に従い、朝鮮は原則的に日本本国法律の効力が及ばない地域となり、法律を要する事項は朝鮮総督の命令によって定めるという法制の2大原則が確立された。日本政府が韓国を併合したにもかかわらず日本法制をそのまま延長せずに植民地の特殊状況に相応させるという体制を維持することにしたのは、人情、風俗、慣習などが朝鮮と日本では顕著な差があるという認識と共に、日本憲法と法律を朝鮮人と共有しようとしなかったことなどと関連していた。

　緊急勅令第324号により"朝鮮で法律を要する事項は朝鮮総督の命令"で決めるようにしたため、朝鮮総督府は各種民事、刑事事件を規律する準拠法令を制定しなければならなかった。朝鮮地域を規律する民事法制が制

令として公布されていない状態で統監府の時代に通用していた日本法令および旧韓国の法令を直ちに廃棄することができなかったので、朝鮮総督府は8月29日の制令第1号で"朝鮮総督府設置に際して効力を失う帝国法令および韓国法令は、当分の間は朝鮮総督の命令でその効力を保つ"とし、大韓帝国期に公布された日本法令と韓国法令をそのまま法認した。制令第1号によって1909年10月16日に公布された日本勅令第238号"韓国人が関係した司法に関する件"が効力を維持することによって、朝鮮人には韓国法令および慣習を適用し、日本人には日本法令を適用するという統監府時期の民事原則がそのまま維持された。したがって韓国併合直後にも統監府時期に公布された韓国法令は効力を維持しており、民・刑事関連の各種法制は統監府時期の延長状態であったと言える。このような状況を反映したのが下の朝鮮民事令案である。

> 朝鮮民事令案（1910.9）
> 第1条　民事ニ関スル事項ハ民法、商法……………及其ノ附属法律ニ依ル。
> 付属法律ハ朝鮮総督之を指定ス。
> 第2条　不動産ニ関スル権利ニ付テハ民法第二編…………ノ規定ニ依ラス従来ノ例ニ依ル。
> 第3条　朝鮮人間ノ民事ニ付テハ第1条ノ規定ニ拘ラス従来ノ例ニ依ル。
> 附則
> 本令は　　日からこれを施行する

　1910年朝鮮民事令案は、統監府の時代と類似した方式で民事体制を構築することを意図していた。'朝鮮人に関しては朝鮮慣習を適用する'という趣旨と'朝鮮人と日本人外国人の間の司法に対しては日本民法を適用する'という趣旨は、1909年日本勅令第238号と同一なる精神から始まったものといえる。第1条で民事に関する事項は日本民法に基づくという'日本民法主義'を採択しているが、第3条で"朝鮮人間の民事に関しては第1条規定にかかわらず従来の例"に基づくようにした。ここで"従来

の例"とは、1909年日本政府が韓国の司法権を奪取しながら確立した民・刑事原則と関連する。したがって朝鮮人相互間の民事事件に関しては日本民法でなく朝鮮の慣習および旧韓国法令に基づくようにしたのである。

　特に上の朝鮮民事令案の理由書では、"朝鮮では韓国併合の結果、民事に関しては一般的に内地の例に従うのが当然であるが、次の事項においては例外である。"として、日本民法および商法採用の原則と共に、朝鮮的特性を植民地法制に反映しようとした内容が明らかにされている。理由書で例外としているのは全3種類の項目で"①土地に関する権利、②朝鮮人の親族および相続、③朝鮮人の間においては当分内地の例によるよりは従来のままとすることが時宜に合っていると認定"された。

　1910年9月の朝鮮民事令案は、内容上、梅謙次郎が構想した韓国法典構想を一定に継承させたものであった。梅謙次郎が構想した韓国法典は①土地に関しては韓国法に従って②身分法（親族および相続、戸籍）に関しては本国法に従って③韓国人相互間の紛争に対しては韓国法規を適用するというのが原則であった。このような民事体制は当時の日本植民法制の基本原則を形成させた。すなわち1908年8月28日に公布された台湾民事令でも同じ原則が貫徹されていたのである。朝鮮民事令第1条は台湾民事令第1条と同じ内容で、第2条と第3条もほとんど類似した内容で構成されていた。1908年の台湾民事令と1910年9月の朝鮮民事令案は朝鮮人および台湾人には日本民法の適用を原則とするのでなく旧慣主義を原則とするという点で互いに同様なる民事体制であったと見ることが出来る。

　しかし上の朝鮮民事令案は、内閣と朝鮮総督府の協議過程で廃案された。それは日本政府が植民地民事法でこれ以上旧慣主義を原則とする台湾型民事法体制を維持せず、同化主義法制を確立しようとした事情と関連していた。

〈1912年3月18日制令第18号朝鮮民事令〉
第1条　民事ニ関スル事項ハ、本令其ノ他ノ法令ニ特別ノ規定アル場合を除クノ外左ノ法律ニ依ル
（以下省略）

第10条　朝鮮人相互間ノ法律行為ニ付テハ、法令中公ノ秩序ニ関係セサル規定ニ異リタル慣習アル場合ニ於テハ其ノ慣習ニ従ル。
第11条　第1条ノ法律中、能力、親族及相続ニ関スル規定ハ朝鮮人ニ之ヲ適用セス
朝鮮人ニ関スル前項ノ事項ニ付テハ慣習ニ依ル。
第12条　不動産ニ関スル物権ノ種類及効力ニ付テハ第1条ノ法律ニ定メタル物権ヲ除クノ外慣習ニ依ル

　上記によって知ることが出来るように1912年朝鮮民事令制定の趣旨は、原則として民法、商法、民事訴訟法、その他、日本本国の現行法に従い朝鮮の現状に照らし合わせて見た時、内地法に従うことができない内容、または内地法に従うことが不便だと認められる内容に対しては、適当な除外例を設置したりまたは従来の例によるというものであった。これと共に韓国併合以後にも当事者によって適用する法規が違ったことを1912年朝鮮民事令では日本人、朝鮮人および外国人を各々区別なしに同じ法律で規律することを一般的な原則とした。
　1912年朝鮮民事令は、①朝鮮と内地は根本的な差がなく、②朝鮮の特殊な事情があるのは特別規定を設置するという法認識を基礎に制定したものであった。この原則により1910年9月朝鮮民事令案の"朝鮮人相互間には慣習を適用する"という方針が否定され、その代りに朝鮮と日本との間に特別な差がある内容に限っては特別規定を制定する側の民事法が確立された。
　これにより1910年の韓国併合当時まで日本の植民地民事法原則だった旧慣主義的民事体制は、1912年に日本民法主義を原則とする朝鮮型民事法体制が出現することにより、否定された。このような朝鮮民事令の制定により、朝鮮総督府と日本政府の朝鮮法制定策が日本民法主義を根本原則として制定したことから、一部領域に限り朝鮮慣習の容認から同化的支配へと変化していった。

## Ⅲ．朝鮮総督府法制定策の変化と
## 朝鮮民事令第11条の改正

### 1．植民法制の矛盾と共通法規制定の必要性

　1910年緊急勅令第324号により、いわゆる朝鮮の立法事項は、①朝鮮総督の命令で定めることができるようにされ、②法律の全部または一部を朝鮮に施行する必要がある場合には制令または勅令で定めることとなった。この規定によって、朝鮮が日本に併合されながらも日本の制度と法律は朝鮮地域で通用しなくなった。すなわち、日本本国の法律体制は朝鮮に拡げられて直接施行されるのではなく、制令あるいは勅令の形式を借りて（依用）実施が可能になり、朝鮮での立法行為は朝鮮総督の命令で実現されることが原則となった。すなわち、原則上、朝鮮と日本内地は互いに法令の形式と内容を別にする異法地域となった。

　しかし朝鮮での民・刑事に関する統一法令の朝鮮民事令と朝鮮刑事令では民・刑事に関して大部分"内地の法律に依拠する"という趣旨を規定した。日本民法と刑法は実質的には朝鮮で施行されていたということができるが、これは本来の形式の'法律'ではなく、制令形式で施行されていた。1912年、朝鮮民事令で日本民法を依用する方針を確立したが、それに基づく朝鮮での法律行為が、法形式が違う日本内地でもそのまま効力が維持されるものではなかった。また朝鮮民事令の適用範囲は一般的に朝鮮地域に限定されており、異法地域までその効力が及びはしなかった。当時日本の法制では日本内地、朝鮮、台湾などは各々法令を別にする別個の地域を構成していたし、各地域の法令はその施行区域が別々であった結果として一地域の法令の効果を他の地域まで及ぼすためには特別な規定が必要であった。

　1917年まで、各地域相互間の競合する事柄を調節する規定がなかったために、日本内地法の効力は一般的に植民地には及ばず、また植民地法の効力も日本内地や他の植民地には及ばなかった。例えば、①日本内地の女性が朝鮮人の男性と内地で婚姻をした場合、婚姻成立要件と効力はどの様な法律によって判断され、また離婚は可能なのか。②戸籍に関しては日本

内地、朝鮮、台湾では、その法形式と実質を完全に別にし、各地域は互いに戸籍上で孤立断絶された関係にあったが、このような状態下で婚姻、離婚、養子縁組、私生子などの原因により送籍、入籍、除籍の手続きが可能なのか。また朝鮮人は日本内地で戸籍を作ることができるのか、あるいは日本内地人が朝鮮に分家することができるのかなどの問題が発生する可能性があった。

朝鮮総督府は1915年、司法部長官の回答と官通牒などを発行して内鮮間親族問題に関し一定の対応を行ったが、日本政府の根本的な対応が必要であった。なぜなら朝鮮総督府が行使できる法的手段は朝鮮地域に限定されたので、植民地と植民本国間の共通法規を朝鮮総督府独自で制定することはできなかった。このような議論の結果として1918年共通法の公布に至った。朝鮮総督府は、共通法の制定を契機に新しい民事法政策を推進し始めた。

## 2．朝鮮総督府の慣習成文化計画と日本民法の「依用」

共通法の立法趣旨は、二重本籍および異法地域間親族問題に関する統一規定を作ることであり、植民地と植民本国間の共通的社会現象を法的に整備する所にあった。共通法は、法律の性格上、植民地にも当然効力を及ぼすので植民地法も共通法に合うように修正する必要があった。例えば、共通法第3条は"一地域の法令によって、その地域の'家'に入る者は他の地域の'家'を離れる"と規定して、朝鮮法制の変化を強制した。当時までは内鮮婚姻および養子縁組による戸籍の入籍、除籍、送籍手続きがなかったため、共通法第3条の実施はまもなく日本戸籍法および朝鮮の民籍法改正を伴うものとなった。

朝鮮総督府は、民籍法の改正の前に朝鮮民事令から改正しようとした。当時、朝鮮総督府が重点を置いていた内容は婚姻慣習の成文化を中心に朝鮮人の親族法および相続法を制令で公布するという内容であった。朝鮮総督府は、1921年1月31日に"朝鮮人の婚姻成立要件"に関する慣習を成文化した制令案を最終確定したが、この制令案は当時慣習法にだけ存在した親族および相続に関する一部規定を成文化したという点から朝鮮総督府の慣習法政策の大きな転換点であったと見ることができる。

第2章　植民地初期の朝鮮総督府の法制定策と朝鮮民事令第11条の改正

　しかし朝鮮総督府が作成した制令案に対し、内閣法制局が見解を別にした。朝鮮総督府の民事局長である原正鼎が法制局と約1ヶ月間の協議を予定して東京へと出張したが、2ヶ月を越えても法制局との合意に至ることができなかった。朝鮮総督府が提出した制令案に対し法制局は、日本民法の依用を主張し朝鮮総督府は、当時の状況から日本民法をそのまま導入するのは"善良な風俗を紊乱"することであるとして旧慣主義に立った成文化を推進していた。

　しかし朝鮮総督府は、内閣法制局との合意に至らないため、既存の立法方針を変更した。その時まで朝鮮総督府は'婚姻に関する実体規定作成→婚姻に関する手続き規定作成'の順序で共通法体制に対応しようとしたが、朝鮮の慣習の成文化に対する法制局との意見の差により実体法規制定が困難であり、朝鮮人の婚姻に関する実体規定の成文化をしばらく留保して、現行慣習を基礎として内鮮結婚に関する朝鮮側の手続き規定だけを整備する方向に方針を転換した。

　このような方針の転換は、1921年1月31日の決定事項とはもちろん、朝鮮総督府が朝鮮の慣習の成文化と戸籍法令作成に関して設定した基本原則にも反する内容であった。しかし、日本政府が1921年4月17日に戸籍法を改正して、共通法体制に対応する状態を作った後、1921年6月には、日本勅令第283号が公布され、共通法第3条を1921年7月1日から施行するように朝鮮総督府を圧迫するようになると、朝鮮総督府では、共通法第3条に対応する民籍法の改正が急務となった。

　このような議論の結果が、1921年6月7日朝鮮総督府令第99号'朝鮮人と内地人間の婚姻の民籍手続きに関する件'である。この府令は、朝鮮人の婚姻に関する実体規定は過去と同様、慣習に基づくものとし、単に朝鮮在来の慣習を基準として、内鮮結婚に関する朝鮮側の民籍手続きだけを規定、公布したものであった。その時まで、内地と朝鮮相互間の民籍の送付に関する手続きの規定が欠如していたため、共通法第3条が実施されずにいたが、府令第99号の公布を契機に共通法第3条が実施できる制度的基礎が確保された。

　この府令は、朝鮮民事令改正の転換点であると言える。すなわち内閣法制局と朝鮮総督府間の葛藤妥協の産物として、この府令が、現状に対応す

39

るものとして制定されることとなった。この府令は、親族相続慣習に対する朝鮮総督府主導の成文化が一旦挫折して、内閣主導の法制一元化原則が貫徹されたことを意味している。

　朝鮮総督府の法制化方針が、'共通法第3条に対応する臨時的民籍法規制定→朝鮮民事令第11条改正→戸籍法規制定' の順序で転換されると、朝鮮民事令第11条改正案の内容にも影響を及ぼした。朝鮮総督府は、朝鮮人の婚姻成立要件の成文化を留保して、1917年12月にすでに日本民法を適用することに確定して、改正へと方針を変えたのである。結局、朝鮮総督府は朝鮮特殊慣習の成文化という既存の方針をあきらめて、法制局が主張した内鮮法制一元化を受け入れた。これに伴い1921年朝鮮民事令第11条改正案は、近代的法制運用で必須の能力条項を依用することが決定された。

　また、1921年1月31日朝鮮総督府が計画した"婚姻成立要件"に関する法令も法制一元化原則を遵守することを確定した。しかし、1922年、朝鮮民事令第11条改正案は、すでに1910年代に朝鮮総督府が各種通牒および回答判例等を通して新慣習法として確立していた内容を中心として、日本民法を依用したという点に注目しなければならない。

　したがって朝鮮総督府が受け入れた"民法での統一"は、非常に制限された意味であったと解釈されなければならない。朝鮮総督府は、朝鮮人の親族相続に関して全般的な統一主義であったのではなく、技術的規定の能力、婚姻など一部分に限定されていたのである。1921年から22年にかけて、朝鮮民事令第11条改正案は、朝鮮総督府の意志がそのまま反映されたものではなく内閣法制局の親族相続に関する法制一元化原則に拘束された状態で進められたが、朝鮮総督府が選択した内鮮法制一元化は親族相続に関して、日本民法を最大限受け入れる方向ではなく、むしろ日本民法適用を最小限に制限する方式であったと言えるのである。

　一方、内閣法制局も、親族および相続に関して旧慣主義自体を否定したものでははなかった。なぜなら、朝鮮の慣習を法認する準拠法令の1912年朝鮮民事令では、親族相続に関して幅広く慣習法主義を採択していたし、朝鮮民事令の慣習法主義を日本政府も積極的に認めていたからである。台湾民事令でも、台湾人の慣習を法認するという原則が確立されていたので、

第 2 章　植民地初期の朝鮮総督府の法制定策と朝鮮民事令第11条の改正

当時日本の植民政策上において植民地慣習法は容認されていた。問題は、朝鮮総督府が、朝鮮人の親族相続制度を慣習法でなく、朝鮮慣習を反映した成文法令に転換しようとしたという点にあったのである。朝鮮総督府と内閣法制局間の葛藤の核心は、慣習を認容するか否かでなく、朝鮮親族慣習の存在方式および成文化方式に対する総督府と法制局の見解の差であった。法制局が主張した法制一元化は、日本民法以外の他の成文法典は許さないという、非常に消極的な姿勢として理解されなければならない。

朝鮮総督府の計画が、親族相続に関する朝鮮慣習の成文法化であったにもかかわらず、このような妥協が可能だったのは、朝鮮総督府と日本政府が共に親族相続に関して旧慣主義という共通の理解を持っていたためである。日本政府は、植民地人の法律的地位に関連しては、伝統的に旧慣主義の立場に立っていたし、朝鮮総督府存立の根拠も、旧慣主義に立っていたので、両者は1912年に互いに合意した体制を、そのまま存続する形態で妥協したのである。

# Ⅳ. 結び

朝鮮の民事法をめぐる朝鮮総督府と日本政府間の葛藤は、朝鮮の慣習を植民法制に反映させる問題と直接関連があったが、広い目で見てみると、同化政策の推進過程において植民地の特殊性をどのように反映させるかという点と関連しているのである。日本政府は1910年、旧慣主義的朝鮮民事令案を否定して1912年に日本民法の依用を原則とする民事法を採択することによって、朝鮮に対する同化的支配を公式に明らかにした。朝鮮総督府は、朝鮮社会を直接統治する担当者として朝鮮社会の特殊性、すなわち植民地朝鮮の現実に照応する法制を制定しようとする傾向を保つしかなかったし、この過程において日本政府が指向した理念型としての同化統治方針と一部衝突するしかなかったのである。この衝突を契機に朝鮮人の親族および相続に関する法制は、日本民法条項が一部依用されはしたが、全面的に依用されないままに朝鮮在来の性格を一部維持しつつ朝鮮慣習に日本民法が強く投影された植民地的慣習法として定立されたのである。

第3章

# 植民地支配下の「3.1独立運動」の裁判における法適用と以後における植民地法制の変化

朴　井源

## Ⅰ. 序言

　日本の植民地支配に対する朝鮮の独立運動は1910年8月の併合以後散発的に展開され、1919年の「3.1独立運動」をきっかけに全国的な民衆蜂起に発展した。当時、「3.1独立運動」は211ヶ所で1542回にわたって総勢200万人あまりの民衆が参加し、2万5000人あまりの死傷者を出し、検挙された者だけでも5000人に達していると見られている[1]。これは「3.1独立運動」に参加した朝鮮人たちに対する植民地裁判所の裁判資料を通して現れたものである[2]。「3.1独立運動」に参加していた朝鮮人たちは直接、植民地裁判所に立ち、大日本帝国による朝鮮への植民地支配を正当化するものであった治安法制の適用を受けた。「3.1独立運動」に関する朝鮮総督府裁判所の判決は当時の朝鮮における植民地法律の適用事例を分析し、その後の朝鮮における植民地法制の変化を研究することによって当時の植民地政策の全般を把握できる基礎資料として意味が大きい。

　「3.1独立運動」は我が民族の自主独立精神の挙族的発露であり、民族精気の結晶であった。また、「3.1独立運動」は朝鮮の開港以降、成長してきた民主的政治意識の対外的な表明であったという意味をも併せ持つ。しかし、「3.1独立運動」は政治的な目標として提示した主権回復及び民族独立を達成できずに継続かつ組織的な独立闘争のための新しい準備につながることになる。この過程において大日本帝国は朝鮮への植民地支配を強化するための法制度の整備を急いだ。一方、「3.1独立運動」をきっか

けに独立志士たちは海外において臨時独立政府を樹立し、大日本帝国に対する抵抗と独立国家の樹立のための体系的な対応を試みることになる。本稿においては、「3.1独立運動」をきっかけとする大日本帝国の植民地支配法制の中で治安維持関連法制を中心としてその適用内容とその後の治安維持法制の変化内容を見てみよう。

## Ⅱ.「3.1独立運動」裁判における法適用と問題点

### 1.「3.1独立運動」裁判における適用法制

「3.1独立運動」に対する裁判に関して、ある資料によれば、1919年3月から12月まで逮捕された人員は2万8443人にのぼる。この中で検察が扱った人員は1万9525人であり、ここから起訴された者は9441人にのぼる[3]。その根拠となった法令としては「保安法」の第7条と「朝鮮刑事令」として準用された日本の刑法上の「騒擾罪」(第106条)が多く適用された。また「3.1独立運動」に対応するために制定した「政治に関する犯罪処罰に関する件」とその他の法令違反[4]をあげることが出来る。日本の「治安警察法」(1900年、法律第36号)に根拠を置く大韓帝国の「保安法」(1907年法律第2号)は安寧秩序を維持するために結社と集会を解散したり文書や図書の掲示・公布を禁止することが出来、また政治に関する不穏な言動をするおそれのある者に対しては特定の地域から退去を命じたり、また出入りを禁止できた。当時の日本の国内法よりその規制の対象が拡大されていて、治安妨害行為を幅広く認め、その処罰もより厳格であった[5]。

日本の刑法上騒擾罪(第106条)は群衆が集まって単に暴行又は脅迫をしたことを処罰するものであり、共同の目的なしで成立する。もし共同の目的が「朝憲(国憲)の紊乱」であれば騒擾罪ではなく内乱罪(同法第77条)が成立する。国憲の紊乱には「政府を転覆させたり、政治の核心を破壊したり、領土の全部あるいは一部を支配する行為」が含まれる。「3.1独立運動」は日本からの独立をその目的としていた為、当然国憲の紊乱にあたり、内乱罪が成立する[6]。

第3章　植民地支配下の「3.1独立運動」の裁判における法適用と
　　　　以後における植民地法制の変化

　これは実際、孫秉熙とその他の民族代表者に対する裁判においても議論されていた(7)。予審の判事は内乱事件に該当するとし、朝鮮総督府裁判所令などによって高等裁判所の管轄に属すると判断した。しかし、高等裁判所は検察の意見に従い、内乱罪ではなく騒擾罪、あるいは保安法違反などに該当するとみなし、京城地方裁判所の管轄とした(8)。「3.1独立運動」の加担者の中で指導者レベルであった33人の刑罰を中心としてみると懲役3年から最低懲役1年6ヶ月の処罰を受けている。たとえば騒擾罪の首魁の法定最高刑が10年以下の懲役であり、「政治に関する犯罪処罰に関する件」違反の場合、その最高刑は10年以下の懲役であった。この二つの犯罪が併合罪であるため、最長懲役15年まで処罰できたことに照らすと、これらの刑罰は極めて軽いものであった(9)。実際、それ以前の独立運動に対する処罰に照らしてみても軽いということが分かる(10)。「3.1独立運動」は法定刑が10年以下の懲役である騒擾罪（日本国刑法第106条）ではなく、最高死刑にすることまで可能であった内乱罪（同法第77条）によって処罰できたのであり、当時検察の捜査慣行や朝鮮高等裁判所の判例に照らしても無理ではなかった。しかしながら、内乱罪ではなく、騒擾罪で処罰されている。

　このように法定刑の低い騒擾罪が適応された理由としては次の二つが挙げられる。

　まず「3.1独立運動」の加担者が多数であったため、当時の裁判制度上現実的に受け容れがたかった点である。朝鮮高等裁判所が下した内乱罪ではなく騒擾罪あるいは保安法違反などに該当するとの判断は裁判所の受容能力を考慮した結果であると言える。内乱罪は日本においては大審院、朝鮮では高等裁判所の管轄に属する（日本裁判所構成法第50条第2項、朝鮮総督府裁判所令第3条第3項）。こうなると騒擾罪によって起訴された4500名を全員高等裁判所で裁判すべき問題が発生することによって裁判所や裁判官が足りなかった当時の現実に照らすと、これは事実上の回避であったと考えられる。

　次に、大日本帝国が植民当地の真相を意図的に隠すための苦肉の策であったことが推論できる。騒擾罪の保護法益は「一つの地方での法秩序」であり、内乱罪の保護法益は「国家の存立そのもの」である。よって内乱罪

を適用するのであれば、植民地支配の正当性と「3.1独立運動」の不当性を対外的に宣伝してきた朝鮮総督府の立場とは背馳するものであった。騒擾罪を適用することになると、植民支配自体とは無関係であった地方での集団的な不満の現れに過ぎないことになる。これは植民支配の正当性と無関係であった一部の人々の行動に過ぎないことと縮小でき、処罰の程度より植民支配に対する隠蔽という象徴性が強く働いた結果であったと言えよう[11]。

## 2．朝鮮植民地司法制度の非独立性

1909年、司法事務は日本に委託され、統監府裁判所が設置されていた。統監府裁判所の司法事務の取り扱いに関しては「統監府裁判所司法事務取扱令」において「通常の裁判所の令に従う」とされていた。刑事手続に対しては、1890年の日本の「刑事訴訟法」が適用されたのであり、刑事手続に対する特例も規定されていた。しかし、特例の趣旨は最小の費用で最大の収奪を達成しようとする植民地統治の意図を表したものに過ぎなかった。

当時、日本の刑事手続においての特徴は、捜査手続上、強制処分権が予審判事に集中されており、捜査機関である検察や司法警察官には現行犯などきわめて例外的な場合だけにおいて独自的な強制捜査権が認められていた。しかし、日本は韓国に近代的な刑事手続を導入するにあたり、法官による強制捜査権の統制という近代刑事訴訟法の大原則を排除した。検事は、緊急であると認めた場合には、公訴の提起前に限って検証、捜索、物の押収をし、また予審判事は被告人、証人を尋問したり、鑑定を命ずるなどの処分を下すことができる。また検事は、司法警察官に自らに認められた処分権を行うことを命じることができる。

裁判所も同じく軽犯罪事件の場合には、被告人の自白があれば証拠調査及び有罪判決の理由説示を省略することができ、弁護人の上訴を許さなかった。また、重大事件を除き、第2審訴訟手続が法律に違反した点があっても、これが判決に影響を及ぼさなかった場合には、控訴裁判所は公訴を棄却するようにしていた。

統監府時期の刑事訴訟手続は、植民地時期にもほとんど変わることはな

第3章　植民地支配下の「3.1独立運動」の裁判における法適用と
　　　　以後における植民地法制の変化

く、むしろ悪化された。たとえば、現行犯の場合には、検察官だけではなく司法警察官にも予審裁判官に準ずる地位を付与したものであった。このように日本の刑事訴訟法とは異なり、検察官に予審請求の裁量権を認めたことによって近代刑事訴訟の大原則である公判中心主義を形骸化させた(12)。

　このような司法制度は、朝鮮総督府の総督に対する司法権の巨大な権限の付与によって大きく損われた。「朝鮮総督府裁判所令」(1910年10月諸令第6号) によって総督は、朝鮮植民地に対する裁判所の設立及び廃止はもちろん、その管轄権の変更を任意に出来るようになった。また、「朝鮮総督府裁判官及び検察官の任用に関する規定」を通じて裁判官の懲戒権を利用し、司法権の独立は形骸化されていた。結局、朝鮮総督府下での司法制度は、朝鮮民衆の司法的救済の権利を剥奪し、大日本帝国による弾圧に関する正当な権利救済の基本的な機能すら期待できなかったのである。

## Ⅲ.「3.1独立運動」以後の植民法制の変化及び影響

### 1．大日本帝国下の治安関連法制の変化

　「3.1独立運動」は、大日本帝国による朝鮮植民支配に変化をもたらした。武断政治からいわゆる文化政治への変化がそれである。しかし、植民地朝鮮に対する治安維持を口実とした弾圧法制は逆に強まる結果となった。

　まず、「3.1独立運動」の発生後、保安法だけでは足りなかったのか朝鮮総督府は「政治に関する犯罪処罰に関する件」(1919年4月、諸令第7号) を公布した。保安法と比較してみると、「政治の変革を目的に」という不明確な概念によって、犯罪構成要件の範囲を拡張しており、その量刑も保安法上「最高2年以下の懲役から」「最高10年以下の懲役又は禁固」に強化された。また、外国での犯罪も処罰することにし、海外における独立運動に対する処罰の根拠となった。ただし、この諸令は刑罰不遡及の原則によって、「3.1独立運動」を主導した者たちには適用されず、以後、旧満州やシベリア等、日本の統治権の及んでいなかった地域において活動して

いた独立運動家たちを処罰する役割を果たした。

　次に、朝鮮総督府管制中改正（1919年勅令第386号）は、大日本帝国による文化政治の始まりを表す制度としての意味を持つ。しかし、これを通じたいわゆる「検閲標準」は、文化政治下での表現の自由を侵害するものであり、逆に朝鮮民族の自由精神を弾圧する治安条項であった。実際に、これは「6.10学生万歳運動」（1926年）と「光州学生運動」（1929年）を誘発する契機となった[13]。

　三つ目、「朝鮮人旅行取締に関する件」（1919年警令第3号）は、朝鮮人の往来を制約することによって民族運動を規制しようとしたものであった。特に、1919年8月文官総督を認め、総督の軍統率権を削除し、軍事的性格は緩和されたが、朝鮮徴発令によって朝鮮総督府が徴発権を行使できるようにした。これによって植民地であった朝鮮での物資の収奪がより強化されることになった。

　四つ目、「治安維持法を朝鮮、台湾およびサハリンに施工する件」（1925年5月8日勅令第175号）を公布し、朝鮮植民地支配に対する治安法体制を確固たるものとした[14]。以後、治安維持法は改正を繰り返し、朝鮮に対する弾圧法制としての機能をより強化していった[15]。

## 2．大韓民国臨時政府の樹立と憲法制定

　「3.1独立運動」は、大日本帝国の圧制に対する抵抗である民族主義運動であった。そして、その内在的意義が「独立万歳デモ」として発揚されたものと言える。しかし「3.1独立運動」は現実的には主権回復・民族の独立という目標を達成することには失敗した。これにつき、民族精神の結晶として「3.1独立運動」の精神が、大韓民国臨時政府（The Provisional Government of the Republic of Korea in Exile）の樹立により具体化され、民族史的課題を解決しようとする努力をすることになった[16]。大韓民国臨時政府とその憲法は、すなわち、「3.1独立運動」の精神に立脚して誕生したものであり、その精神は我が民族の自主的意思に基づいた建国精神のもととなった。1910年韓日併合条約以後、独立にいたるまで、我が民族の歴史は、たとえ大日本帝国による弾圧によって抹殺の危機にさらされていながらも、「3.1独立運動」とその結果として樹立された臨時

第 3 章　植民地支配下の「3.1独立運動」の裁判における法適用と
　　　　　　　　　　　　　以後における植民地法制の変化

政府の活動は、民族史の空白を埋めたものとして評価できよう[17]。
　大韓民国臨時政府の樹立と共に制定された「大韓民国臨時憲章」（1919年4月11日公布）は10ヶ条に過ぎなかったが、韓国初の民主主義原理に立脚した近代立憲主義的意味の憲法としての意味を含んでいた[18]。「3.1独立運動」を基点とし、国内外の様々な臨時政府の活動が中国上海臨時政府（1919年4月13日樹立）を土台に統合され、1919年9月初旬、第1次改憲を通じて大統領中心指導体制として単一統合政府を樹立し、同年9月15日を大韓民国臨時政府の始政日と宣布した[19]。大韓民国臨時政府は中国の上海から重慶まで、約27年間正式の政府として存続し、今日において臨時政府の大韓民国の法統性は憲法に明示されている[20]。

## Ⅳ.「3.1独立運動」がもたらした課題

　ここまでの議論は「3.1独立運動」を契機とした植民地法制の適用と変化を中心としたものであった。一方、我が法制度分野で現在に至っても、法意識と法生活において、少なくない影響を及ぼしているという点も看過できない。
　このような点を勘案し、次のような課題が考えられる。
　まず、大日本帝国による韓国支配の不法性に対する認識である。大韓民国政府の樹立によって韓国が始まったということではなく、旧大韓帝国から韓国民の主権は潜在的に存在し、原状回復された[21]という事実を認識する必要がある。植民地時代（1910－1945）および連合軍による軍政期（1945－1948）の間、主権を現実的に行使できなった状態にいたに過ぎない。よって我々の主権は潜在的な状態（行為能力が強圧によって抑制され、権利能力だけが存在していた状態）であり続け、大韓民国政府の樹立と共に現在的な状態へ、つまり行為能力まで備えた状態として回復されたのである。よって韓国を被保護国の地位に置くことにした1905年の条約と、韓国を日本に併合させた1910年の条約は疑いの余地なくその締結時からすでに無効（null and void ab initio）であったと考える。この二つの条約は当時の韓国政府に対して日本が強迫（duress）を行って締結されたものであ

ったためである<sup>(22)</sup>。この条約は、日露戦争（1904－1905）を終えた日本の軍隊が韓国の宮城を完全に包囲した状況下において抑圧によって締結されたものであり、大韓帝国の皇帝自ら条約締結のための全権委任状を発布したことがなかった<sup>(23)</sup>だけでなく、直接、批准、署名も行わなかったことはすでに広く知られている歴史的な事実である<sup>(24)</sup>。

　次に、「3.1独立運動」が南北韓を含んだ朝鮮半島全体で同時に起きた点から、分断による北朝鮮地域の「3.1独立運動」に関連する裁判資料の分析が求められる。それにもかかわらず、北朝鮮における「3.1独立運動」に関する裁判資料はその存在自体が明らかでなく、もし存在したとしても、整理されておらず、放置されたままであろう。これはきわめて残念なことである。「3.1独立運動」当時、平壌の覆審裁判所の判決の場で、その資料が実在していたと思われているが、未だその資料の確保は出来ていない。北朝鮮の関連資料の確保と分析のため、北朝鮮の学者たちとの交流が必要であり、北朝鮮との協同研究を推進していくことが必要であろう。これは南北韓の学術交流と協力のレベルにおいて扱われるべき課題の一つである。

　三つ目、植民地支配において、現在にいたるまで我が法制と法文化に少なくない影響を及ぼしている。植民地法制は、その究極において大日本帝国下の明治憲法の天皇制絶対主義下の神権的支配構造下での本当の意味での立憲主義を実現できなかったという限界を抱いていた。一方においては、立憲主義、私的自治、外形的な法治主義等の近代法原理の韓国法制の整備に影響を与えたとはいえ、それは形式的なものに過ぎず、本質的には抑圧的であり閉鎖的な強権的権力体制であった植民地法制は、依然として私たちに悪い影響を及ぼしている<sup>(25)</sup>。日本の明治憲法の神権的、外見的立憲主義はむしろ韓国の自主的な近代法形成を制約したものであり、このような植民法制の非民主制からの脱却に向けた努力が法制度領域において行われなければならない<sup>(26)</sup>。それは韓国法制における反民族的、反民主的な要素である植民地時代の負の遺産の清算につながっていくのであろう。

　「3.1独立運動」の裁判において現れた法適用の事例は植民地時代の法制度を分析し、これをもとに韓日間の時代的・法的課題を解消していくことに対して、一つの解決のきっかけを提供してくれるのである。「3.1独

第3章 植民地支配下の「3.1独立運動」の裁判における法適用と
　　　　　　　　　　　　　　　以後における植民地法制の変化

立運動」は大日本帝国による植民地支配に対する抵抗運動として、世界的にも非暴力・平和的な独立運動の代表的な事例に当たる。法制度的側面から「3.1独立運動」によって大日本帝国の朝鮮植民地法制の修正がなされ、これは植民地政策の変化をもたらした。今日、韓日関係をめぐる法的課題は、大日本帝国による韓国支配と深く関連しており、その解決においても法的な不備又は、解釈の違いから、改善の議論が引き起こっている。「3.1独立運動」に対する裁判を中心とした議論は、私たちの法文化を改善するだけでなく、歴史的に法的懸案を解決する方向性を見つけていく上で重要な動機を与える。私たちの法的課題として、原初的に大日本帝国の韓国支配の不当性と不法性の糾明、大韓民国の法統性の継承と分断の克服、主権国家としての法文化の暢達、韓日関係の再定立などは時代的な課題であるということを強く認識すべきであろう。

　※この論文は2004年3月3日から5日まで「3.1独立運動」85年周年記念国際会議（場所：アメリカ・オレゴン・ポートランド大学）で発表したもの（朴井源「3.1独立運動の法適用と影響」、「植民支配下の法と文化」、International Forum of the Legal Research of Colonialism, 2004. 3.3-5, pp. 205-220）を修正、補充したものである。

【注】
（1）「3.1独立運動」の参加者など統計値は資料によって異なるが、ある資料には1919年3月と4月にわたってデモの回数1214回、総参加人員11万人、朝鮮人死亡者7509名、負傷者1万5849名、逮捕（された）者4万6406名に達していたと記録されている。金泳謨「3.1運動の社会階層分析」亜細亜研究、第11巻1号（高麗大学アジア問題研究所、1969年）91頁。
（2）「3.1独立運動」に関連する朝鮮総督府裁判所判決に関しては、笹川紀勝／金勝一編『三一運動判決精選』（3巻本4分冊；第1巻：内乱罪の成立の如何、第2巻（上、下）：一般犯罪とその処罰、第3巻：同時期の独立運動判決、韓日三一運動共同研究学術資料）（ソウル、高句麗社、2000年）参照。ここでは1200件にのぼる当時の判決一覧表の体系的な整理を行っている。
（3）これに関する数値は基準となる時期、資料の制限要素など、資料によって多

第Ⅰ編　日本の植民地支配と植民地法制

少の違いがある。
(4) 刑法に規定された業務妨害、強迫、詐欺、傷害、放火、器物損壊、窃盗、皇室に関する罪、公務妨害、恐喝、横領、公務妨害、殺人（未遂）、犯人隠匿、強盗、家宅侵入、不敬罪、建物損壊、公文書毀棄、偽証、区内侵入罪等があり、治安関係法制として「保安法」、「新聞紙法」、「出版法」、「政治に関する犯罪処罰に関する法律」、「爆発物取締罰則」、「銃火薬取締令」、「寄付金品取締規則」、「電信法」と「往来妨害罪」等がある。笹川紀勝／金勝一編『三一運動判決精選』（3巻本4分冊；第1巻：内乱罪の成立の如何、第2巻（上、下）：一般犯罪とその処罰、第3巻：同時期の独立運動判決、韓日三一運動共同研究学術資料）（ソウル、高句麗社、2000年）参考。笹川紀勝「3.1独立運動と行政法学（The March First Movement and Administrative Law）」韓国法社会学学会（Korean Society of Legal History）主催国際学術大会（International Symposium）発表論文、「東アジアにおける法、植民主義、近代性（Law, Coloniality, and Modernity in East Asia）」参照。
(5) 「3.1独立運動」参加者のほとんどは「政治に関連して治安を妨害した者に対しては50以上の笞刑や10ヶ月以下の禁固、2年以下の懲役に処」する第7条が適用された。以前の独立運動に対しては「朝鮮刑事令」として準用されていた「刑法大典」第195条（内乱罪）や、保安法第7条（政治に関する内容）が主に適用された。
(6) 京城地方裁判所は孫秉熙などに対し、「朝鮮の独立運動を国土において国権を排除する行為であり、朝憲を乱す行為」であるとし、内乱罪の成立を認めた。市川正明編『3.1独立運動』2（原書房、1984年）4-10頁、鈴木敬夫『法を通じる朝鮮植民地支配についての研究』（高麗大学民族文化研究所、1989年）181頁。
(7) この裁判に対する説明は鈴木敬夫・前掲書、181-184頁。
(8) 管轄決定文の主文には京城地方法院を指定しただけで、事件を京城地方法院へ送致するとの旨の内容はなく、ただその内容は理由にだけ記されていた。「事件を京城地方法院に送致する」という中味のない主文に基づき、弁護人は「この事件が京城地方法院に係属されず、また高等裁判所からも離れており、現在係属している裁判所がなく、よって事件を審理できる裁判所がないので被告人を釈放しろ」という旨の主張を行った。これに対し、京城地方法院は公訴不受理の決定をし、これに対して検事が京城覆審裁判所に控訴し、京城

第3章　植民地支配下の「3.1独立運動」の裁判における法適用と
　　　　以後における植民地法制の変化

　　覆審裁判所にて裁判が行われた。前掲書、181-182頁。
（9）有期懲役の場合、1罪の最長期の半分まで加重することができ、ただ二つの
　　罪の最長期を足したものを超えることは出来ない（日本刑法第47条）。
（10）たとえば、1918年に発生した済州島法井寺抗日事件に対しても騒擾罪など
　　を適用して、首謀者であった僧侶の金連日には懲役10年、参謀たちには懲役
　　8年、6年などを宣告した。いずれにしろ、「3.1独立運動」の加担者を軽く
　　処罰したことは明らかである。
（11）内乱罪の場合、行為態様によって首魁は死刑から単純参加者は3年以下の
　　禁固であるのに対し、騒擾罪はそれぞれ10年以下の懲役と50円以下の罰金で
　　あった。
（12）予審手続を通じて長期拘禁等が恣意的に可能となり、近代市民的法治国家
　　の原理として重要である罪刑法定主義、無罪推定の原理等の保障は大きく毀
　　損せざるを得なかった。
（13）鈴木敬夫・前掲書、192-195頁。
（14）日本においては治安維持法が1925年4月22日法律第7号として公布・施工
　　された。
（15）鈴木敬夫・前掲書、199-358頁参照。
（16）大韓民国臨時政府の史的考察に関しては李炫熙「大韓民国臨時政府史研究」、
　　国大博士学位論文、1981年参照。
（17）大韓民国臨時政府の樹立とその活動、その憲法に関してはチュ・ホンス
　　『大韓民国臨時政府史』（独立記念館韓国独立運動史研究所、1989年）11-246
　　頁。
（18）この憲章は、国体と政体を民主共和制とした点（第1条）は「3.1独立運
　　動」の意義を政治的に反映したものであり、権力分立、国民の基本権保障、
　　普通選挙権制度等を規定していた。兪鎮午『新稿憲法解義』（探究堂、1953年）
　　10-16頁。
（19）大韓民国臨時政府憲章に関しては金栄秀『大韓民国臨時政府憲法論』（サン
　　ヨンサ、1980年）参照。
（20）現行韓国憲法の前文に規定されている「3.1運動によって建立された大韓
　　民国臨時政府の法統継承」の意味は非常に大きい。つまり、大韓民国は独立
　　後の新生国ではなく、1919年に建立された大韓帝国の継承国であることを強
　　調したものである。この項目の挿入によって、大韓民国の領土である朝鮮半

53

島とその付属諸島に対する支配権の正当性を主張でき、また大韓民国の領土外に居住している旧大韓帝国の子孫に対する支配権の正当性を主張でき、ならびに彼らを我が国民として捉え、大韓帝国の権利と義務を継承するという意味を持つ。またこれは日本や北朝鮮が大韓民国の新生国論を主張できない根拠となる。金哲洙ほか『コンメンタール憲法』（法元社、1988年）15-16頁。
(21) 崔大権『統一の法的問題』（法文社、1990年）47-50頁参照。
(22) 裵裁湜「強圧によって締結された条約の性質及び効力」ソウル大学法学、10巻2号（1968年）、48-64頁；洪性化「南北韓接触以前の法的関係」国際法学会論叢、第26巻2号（1982年）、53-54頁、そして条約法に関するウィーン協約第51条参照。
(23) 乙巳条約（1905年）が強迫と強圧による「勒約」であり、皇帝（高宗）自身が政府に条約の締結を許可したことはなく、大臣たちを監禁したまま行われたものであったので、乙巳条約は不法無効であることを指摘し、アメリカ、イギリス、フランス、ドイツ、ロシア、オーストリア、ハンガリー、イタリア、ベルギーなど9ヶ国の国家元首に知らせようとしていた高宗の親書が発見され、これを通じて乙巳条約の当然無効をもう一度確認することになった。乙巳条約が無効である以上、これを前提にした丁未条約（1907年）及び韓日併合条約（1910年）も、また当然無効である。東亜日報1993年10月27日の報道参照。そして韓末宮中秘史に関して記されている「南柯録」の発見報道記事（朝鮮日報1993年11月10日）参照。
(24) 東亜日報1992年5月12日の記事及び愼鏞廈教授の特別寄稿「『虚偽文書』による朝鮮半島の強奪」；Korea Heraldの1992年6月14日の Special Report: German document found in Hungary shows 1905 Korea-Japan Treaty void 記事など参照。
(25) 韓相範「市民文化と憲法政治の問題――韓国での近代憲法制度の継受による問題を中心に」行政論叢、第28集（東国大学）56-59頁。
(26) 韓相範「韓国の法制と法学の基本課題――封建的・植民地的及び反民主的残滓清算と社会科学としての民主法学の樹立のために」亜太公法研究、第9集（亜太公法学会、2001年9月）11-32頁。

# 第Ⅱ編
# 植民地支配における抵抗の思想と文学

第4章

# 韓国独立運動勢力の三一運動の認識
―― 中国関内地域を中心に ――

韓　相壽

## Ⅰ．はじめに

　"我が独立運動家の家族たちにとっては、三一節こそ、クリスマスよりもお正月よりも、いちばん嬉しい日であった。……この日には、上海に居住する如何なる独立運動家でもみんな会うことができたし、どの政党、どの秘密団体、どの道（地域）出身の人であれ、ひいては隠れていた革命家たちでさえも、ほぼ1000人にのぼるわが同胞たちが、この日だけは一人も残らず、みんなが一堂に会し、楽しい笑顔で、三一節の歌を歌うのであった"[1]。

　1923年から1932年まで、毎年、上海韓人社会の三一運動記念式に参席した韓人のこの回想記録は、"笑う機会を持てない淋しい亡命客たちが、1年間、この日の夜を楽しみにしていたかのような"[2]、わくわくとした雰囲気をよく描いている。

　1920年3月1日午後2時、上海の静安寺路にあるオリンピック大劇場で行われた三一運動記念式には、大韓民国臨時政府（以下、臨政）の閣僚たちと居住韓人たちが参席した。この日安昌浩は、"過去1年間、日本人はこの日を無効としようとし、我らはこの日を有効にしようとして闘った。日本人の最大の問題はこの日を無効にしようとしたことであり、私たちの最大の義務は、この日を永遠に有効にすることである。そのために私たちは、昨年の3月1日に持った精神を決して忘れてはならない"[3]と演説した。彼の言葉には独立運動史上で占める三一運動の意味が含意されてい

第Ⅱ編　植民地支配における抵抗の思想と文学

た。

　1919年以来、毎年迎える3月1日は、三一運動の歴史的意味を顧み、自分自身の抗日歴程を振り返る時間であった。彼らは三一精神を中心価値として、団結と統一のための共感帯を形成したのであり、この日を独立運動の進路を模索するきっかけとした。いつの間にか3月1日は、過去を顧みて未来を眺望する、もう一つの出発点となっていた。

## Ⅱ．三一運動の背景に対する理解

　独立運動勢力は、反日独立運動の歴史的な当為性と彼らの活動に対する歴史的な論拠として、三一運動に注目した。まず、三一運動の勃発の背景としては、第一次世界大戦と弱小民族の解放、民族自決主義に代表される1910年代の国際情勢、日帝（日本帝国主義）の経済侵奪による韓人社会の植民地化とこれに対抗しながら成長した反封建・反侵略の近代民族運動の高まり、などがある。

　『アリラン』の主人公である金山は、ウィルソン米大統領の民族自決主義が三一運動の導火線の役割をしたが、"1907年にはじまった、長い間にかけて蓄積されてきた民族運動の現れであったのである。この運動の一番大きな推進力は、反日抵抗運動の活動的な中心部をなしている、国境を越えた満州での韓国民族運動であった"としており、旧韓国軍の解散以来の義兵闘争と、1910年代の在満独立軍の武装闘争を三一運動の'直接的な原因'として評価した[4]。

　また、ある独立運動家は、三一運動当時の国際情勢の影響を指摘し、"三一革命運動が爆発する1年前は第一次世界大戦の最後の決定段階であった。""各弱小民族はいずれも機会をみながら独立を図る時期を準備していた。やがて1917年にロシア革命が成功し、……被圧迫民族解放運動に対する支援を主張した。同時に、1919年1月、米国大統領ウィルソンが発表した14ヶ条の平和意見書の中で、6条から13条までの民族自決は世界の弱小民族に大きな影響を及ぼした。""1917年のフィンランドの独立、1919年のチェコおよびハンガリーの独立、オーストリアおよびドイツの

第4章　韓国独立運動勢力の三一運動の認識——中国関内地域を中心に

革命運動や、当時、孫中山先生の指導下で高まっていた中国の民主運動も、朝鮮の三一独立運動に大きな影響を及ぼした"[5]と説明した。

ところが、民族自決主義が三一運動勃発の一原因として挙げられているのには、開港以来不断に続いてきたアメリカに対する期待感がある。開港以来、執権階層および開化派の人々には、'アメリカは領土的な侵略の欲望のない国'というイメージが頭の中にあった。そしてその虚像は、"もし米日間の対立が戦争にまで広がる場合、日本が負ける可能性が高く、その機会を狙って、韓国はアメリカの支援を受けて独立できるという漠然とした期待"に発展した。その結果、'アメリカ大統領が提唱した'民族自決主義は、世界のあらゆる民族に適用されるいわば'霊薬'の如く受け止められた[6]。

このような素朴な対米観は、満州事変・華北事変・中日戦争・太平洋戦争をへて、アメリカと日本の関係が敵対的に進展するにつれ、より強烈に表出された。彼らはアメリカの存在を国際的環境の主要部分として認識したのであり、また民族の独立のためには、アメリカの役割が緊要であると判断したため、アメリカに好意的な感情を持っていたように思われる[7]。

## Ⅲ．三一運動失敗の原因に対する分析

独立運動勢力は、三一運動勃発の歴史的意味を高く評価しながらも、失敗ではあると認識した。そして、失敗の原因および背景に対する分析を通じて、三一運動以後の近代民族運動の合法則性を説明する一方、その延長線上で、自分たちの抗日運動の路線と信念を正当化しようとした。

韓国光復軍は、"主観的要因として民族自らの経験、民衆を導いていく正確な理論、群衆を指揮する強力な組織、民衆を指導していく賢明な指導者、作戦を遂行する装備をそなえた軍隊の不在"などをあげ、"客観的要因は国際環境の不利、強力な日帝の勢力のためである"という見解を明らかにした[8]。また、朝鮮義勇隊は客観的条件の未成熟、進歩的革命政党の領導の不在、群衆の武装組織の欠如などを取り上げた[9]。

すなわち、三一運動を組織化し、民衆の抗日の高まりと要求を集中させ

た近代民族運動の力強さへと進展させ得る理論と指導力の不在、そしてその求心点となるべく指導的な革命党を組織する段階にまで至らなかったこと、などがその限界性として指摘され[10]、その結果として、三一運動が失敗したと評価した。しかし、この制約性は、以後の民族運動の進路を設定するうえで、反省の基準としての役割を果たした。1920年代の学生、農民、労働運動を中心に積極化していく大衆闘争は、三一運動で明らかになった指導力の不在と進歩的革命理論や運動主体の組織化などの、問題点を克服する代案としての性格を帯び、同時に、民衆の参与が広がっていく大衆の力量の成熟を意味するものであった。特に、指導的な革命党の不在という事実が指摘されたのは、指導力を備えた主導勢力と、組織化された大衆力量の重要性に対する自覚を反映するものであった。

　三一運動を失敗したものと評価する理由は、三一運動以後、反日民族運動の主体設定ないしその評価の問題と関連があるからであろう。三一運動に対する批判的な理解は、三一運動以後の大衆運動の歴史性と合法則性を導き出すための前提であった。33人に象徴される'民族上層'の主導力ではない、全民衆的な大衆闘争の力量によって三一運動以後の近代民族運動の流れが続けられ、1930－40年代の中国関内地域の独立運動勢力も、その延長線上で彼ら自身の正当性を主張しようとした、と整理することができるであろう。

## Ⅳ. 三一運動の歴史的意味と位相に対する解釈

### 1. 独立運動の正体性の淵源

　三一運動の歴史的意味は、"我ら自身が何かを発見するようになったこと"、すなわち我が民族の正体性を確認させてくれる契機となった、という点にある。その結果、"我が朝鮮民族も堂々たる一つの独立的存在である"ということに目覚めるようになり、"我が民族の完全な解放・独立と将来の幸福と繁栄は、必ず2300万朝鮮民族の血と汗と涙の結晶でなければならない"[11]という教訓と'自我発見'の契機として反芻された。

　独立運動勢力は自分たちの運動路線および理念などの歴史性を三一運動

第 4 章　韓国独立運動勢力の三一運動の認識――中国関内地域を中心に

から発源したものと意味付けた。彼らは、"三一運動は実に全民族の総動員で、朝鮮民族解放運動の第一歩であり、世界の弱小民族の運動に大きな衝撃を与えたもの"として評価し[12]、これを自分達の抗日闘争ひいては民族運動の路線と一致させようとした。

たとえば、朝鮮民族戦線連盟は三一運動を"全民族的に統一された大いなる革命的行動として、我が民族の抗日意志が世界中に公開される"に至ったきっかけであると評価し、これは、単なる国権回復の運動に止まるものではなく、"現代的民主主義の要素を含む革命運動"であると規定した。そのため、三一運動は、"ただ朝鮮民族自身の権利のためという単純な闘争ではなく、全世界の被圧迫民族とりわけ東方被圧迫民族に共通する解放運動の一環として現われた、国際的な意義を持つ革命運動"という、'画期的'な事件であった。そうして、"以後における我が民族のあらゆる闘争は、大体、三一運動の持続的な発展であり、また、これから私たちが進んでいくべき目標も三一運動の精神を貫くこと"として、帰結されなければならなかったのである[13]。

このように三一運動は、全民族的な近代民族運動の結晶体として、その歴史的意味が確認された。独立運動勢力は、自らを三一運動の正当な継承体と自任することによって、自分自身の正当性と位相の確立に、三一運動の持つ歴史的意味を活用しようとしたのである。

## 2．全民族的な大衆闘争の始発点

独立運動勢力は三一運動を'大衆闘争の嚆矢'と評価した。三一運動の展開が深化されるにつれ、いわば'民族代表'の外勢依存的・無抵抗主義的な性向が目立つ代わりに、知識人および学生は、運動の組織化と全国的拡散へ先導的な役割を果たした。また彼らは、民衆の潜在力量を噴出させる宣伝隊としても活動した。一方、民族上層の非暴力運動路線とは別に、農民・労働者・小ブルジョアジーなどの民衆は暴力闘争の路線にでた。たとえ彼らが独自的な理念や組織という土台の上で運動を主導することは出来なかったとしても、闘争の過程で中心的な役割を遂行することによって、民族運動の力量を再配置するきっかけを作った。そして民族的・階級的な自覚は、自己理念と組織を摸索するようにする原動力となった[14]。した

がって、三一運動が大衆の自覚と闘争力量の成長の契機となったばかりでなく[15]、その結実として、近代民族運動の質的な発展が可能になったと考えた。

'上海'韓国独立党も1934年に三一節を迎え、三一運動で発現した"大衆的直接行動は、あらゆる部門活動の総合的かつ発展的形態であり、大衆をして革命に対する大衆自身の革命力量を測定させ、自信感を持たせる唯一の方法であり、戦闘的組織の有力な前提であり、なによりも、最も有力なあらゆる部門活動の発生と進展における真の基準であり、同一な他国の運動を推進し、その連帯関係を拡大させる動力で、敵をして恐縮させる有効な手段なのである"という[16]内容の記念式辞で、三一運動の挙国(族)的な性格と大衆の直接的で積極的な参加を高く評価した。

そして、三一運動は、6・10運動や光州学生運動などへと続く、日帝下の国内民族運動の流れにおけるその始発点として位置づけられた。趙素昂は、三一運動の動力となった'各階級の政治的協同'は、"6・10運動、光州学生運動などの大衆的政治運動においても、その運動形態を偉大かつ壮烈にする一つの原因となったのであり、将来の大衆的政治運動においてもやはりそうであろう"とし[17]、身分と階級を越えた三一運動の全民衆的性格が、1920年代の大衆運動の主な動力となったと評価した。

朝鮮義勇隊は、三一運動が"強盗の日寇をして、朝鮮民族に対し少しの譲歩も得られずにしたばかりでなく、同時に朝鮮民族をして貴重な経験的な教訓を得させたことで、以後、新しい闘争方式により、三一運動という未完成の遺業を完成するために、より深くて頑固な革命運動を持続的に展開するようにした"足場になったと規定してから、6・10運動、光州学生運動、原山大破業、そして朝鮮義勇隊の闘争などがすべて、"三一運動の輝く継承であり、発展である"と、その歴史的意義を強調した[18]。

## 3．大韓民国臨時政府樹立の根源

独立運動団体が三一運動の継承体と自任した事実は、臨政の位相をめぐる独立運動勢力の間の競争状況とも関係していた。まず、三一運動と臨政樹立の問題は、独立運動の正統意識ないし本流意識とも不可分の関係にあったのである。独立運動の'大本営''総領導機関'としての臨政の位相

第4章　韓国独立運動勢力の三一運動の認識──中国関内地域を中心に

を守り、信奉してきた右派の民族主義勢力は、臨政の樹立を三一運動の歴史的所産と認識したのであり、臨政を三一運動の継承体として設定し、臨政の権威の守護を自任した。

　1930年代末期、中国関内地域の右派民族主義勢力の協同戦線である韓国光復運動団体連合会は、"33人の名義ですべての国民の意を代表し、""つづいて13道の代表を選び、臨時政府を組織して臨時憲章を制定、宣布した"と[19]意味付けた。また、日帝の敗北が眺望された1944年、重慶で行われた三一節の記念大会では、"三一革命を導いた全国代表によって組織された大韓民国臨時政府は、やむなく中国の境内に移転するようになった"とし[20]、三一運動の継承体としての臨政の位相を確認した。

　臨政を三一運動の歴史的所産と理解する認識は、日帝末期にいたると、独立運動勢力一般の共感する所となり、より広まっていった。臨政の権威を認めることに吝かだった朝鮮民族革命党のある党員でさえ、"三一運動は全国的に普遍化したのみならず、同時に早い速度で海外の朝鮮同胞たちの所在地にまで波及した。いちばん先に、上海に集まっていた多くの革命先輩、すなわち李承晩・安昌浩・朴殷植・李始栄・金九・盧伯麟・李東寧など諸々の先生たちは、韓国臨時政府を組織し、一面では国際外交を主宰し、また一面では国内運動を指導し、広く国内外の志士らから熱烈な支持を獲得した"といい[21]、臨政樹立の三一運動との継起性を認めた。

　このような1942年度の朝鮮民族革命党党員の三一運動に対する認識は、太平洋戦争という国際情勢を背景に形成された、中国関内地域の独立運動の状況と直接的な関わりがあった。つまり'不関主義'を標榜し、臨政に対し冷笑的・批判的立場を堅持していた朝鮮民族革命党の系列は、1941年、朝鮮義勇隊主力の華北への移動と、これによる中国国民党政府の政策変化、そして韓人独立運動の新たな進路としてクローズアップされた、臨政を軸とする協同戦線の結成要求、などに直面した。アメリカと日本との開戦、中国の積極抗戦路線の採択などの情勢の下で、独立運動の状況は臨政を求心点とする団結を促し、結局、彼らは1942年に臨政に参加した。したがって、彼らの臨政に対する評価や解釈もまた、前のそれとは違った論理で説明されなければならなかった。朝鮮民族革命党・朝鮮民族解放同盟などの反臨政勢力たちも、臨政の歴史性を肯定的で積極的に解釈しはじ

めた。三一運動と臨政の樹立とを継起的・必然的に把握する論理には、こうした状況の変化が含蓄されていたのである。

### 4. 民族国家建設の土台

　日帝末期に至ると、三一運動の歴史的意味は、光復後の民族国家建設の理論的土台として位置付けられるようになる。1944年、朝鮮民族革命党中央執行委員会の名義で発表された記念宣言では、"いまは我らの反省すべき時刻である。私たちは徹底的に反省し、三一大革命のうち、全民族の心よりの団結精神を発揚しなければならない。特に、持続的に三一大革命の掲げた全民族の団結、倭寇統治の転覆、民主国家の建設という三大原則を堅持しなければならない。"そして"我が民族の解放運動をして、明るくて平坦な道へ進むことができるようにすることこそ、ほかならぬ、今年の三一節における最も具体的で重大な任務なのである。"とした[22]。

　ほぼ同じ時期に韓国独立党も、三一精神の継承すべき責任として、三一節の民主的運動力量を拡大・集中すべき責任、三一節の結果として誕生した最高機関と民族正気を集中すべき責任、同盟軍と合作し、三一節の革命を完成すべき責任、世界中の被圧迫民族と共に、世界的な民主政治の典型を作るべき責任、韓国自身の民主国家および三均制度を合理的に実現すべき責任、極東各国の反日勢力と合流して東方民族をして独立、自由の権利を均霑するようにすべき責任、建国大綱の原則および方案を相当の段階で試行すべき責任、何よりも先に敵の日本を国境の外へ駆逐し、東京・大阪など大都市を占領し、友邦の公論で決定した敵の投降条件を一日も速く受け入れるようにすべき責任、などを指摘した[23]。

　日帝の敗亡と祖国の光復が展望される時点で、中国関内地域の代表的な独立運動政党である両党の三一運動記念宣言は、三一運動の歴史的意味が、三均主義・建国綱領などとあわせて、やがて樹立することになる近代民族国家の基本理念として提起されたことを、確認してくれる。

### 5. 民族協同戦線運動の精神史的基盤

　協同戦線運動の求心点としての三一運動の歴史性は、1920年代の末期と1930年代の初期に特に強調された。すなわち、韓国独立党関内促成会

連合会に代表される1920年代末期の協同戦線運動と、全国連合陣線協会に象徴される1930年代末期の協同戦線運動の失敗に対する反省と自覚は、三一運動の記念行事に直接的に反映された。

　三一運動精神の継承意識が協同戦線運動の触媒となったことは、1939年3月1日の記念行事をきっかけに活発になった団結の動きを通じても明らかである。中国国民党の重慶市党部の講堂で開催された記念式には、200人あまりの韓人および国民党政府の関係者が参席した。金九の記念辞、金枓奉の三一運動に関する略事報告、そして国民党政府と中共八路軍の東北救亡総会代表の記念辞、などの順で進行されたこの日の行事は、"全民反日統一戦線を拡大・鞏固にし、現段階の朝鮮革命の唯一の戦略任務とすべきことを確認する。""中国関内と東北、沿海州、米州および各地域の朝鮮人民および反日団体と同胞全体の統一団結を積極支持する。""中国の抗日力量を中心として、東アジア全体の反日、反ファシスト大同盟運動を積極推進する"という決意案を採択することによって<sup>(24)</sup>、三一運動の記念行事が、韓人勢力の団結と統一を決意する瞬間であったばかりでなく、韓・中両民族の国際的連帯の主要な媒介としての役割を果たしたことを確認している。

　中国国民党政府の団結催促と協同戦線運動の時期的必然性に対する共通認識のもとで、1939年の三一運動の記念行事は格別な意味を持っていたのである。以後、金九と金元鳳を中心とする協同戦線運動が具体化され、二人は5月に「同志・同胞諸君に送る公開通信」を発表し、協同戦線運動に火をつけた。この年8月、綦江では韓国国民党・再建韓国独立党・朝鮮革命党など右派民族主義勢力と、朝鮮民族革命党・朝鮮民族解放同盟・朝鮮革命者連盟・朝鮮青年前衛同盟など左派民族主義勢力が参与した韓国革命運動統一7団体会議が開催された。その結果、9月の末、全国連合陣線協会という協同戦線を誕生させるに至ったのである。

## 6．国際的連帯の中心軸としての役割

　これとともに、三一運動の歴史性は韓・中連合戦線の連結の輪としての役割を果たした。三一運動の記念式場は韓・中間の国際的友誼で漲った。1926年に広州で行われた三一運動の記念式は両民族の連帯の姿をよく見

せてくれる。この日の行事には、旅粤韓人会会員36名と黄埔軍官学校の航空局・広東大学の童子軍・青年軍人連合会・省港罷工委員会・全国総工会代表および何香凝、越南民族運動家13名、などが参席した(25)。

当時、広州地域の有力な韓人団体であった旅粤韓人会と、黄埔軍官学校内の共産主義組織である青年軍人連合会および、この地域の中国人労働運動団体の代表をはじめ中国で活動中の越南民族運動勢力をも網羅した記念行事は、三一運動が確保している東方被圧迫民族解放運動の象徴性が表現される機会であった(26)。

また、1943年に延安の中国共産党および八路軍の抗日根拠地で行われた、華北朝鮮独立同盟の三一運動の記念式場には、"一人の青年戦士が朝鮮国旗を持ち上げて朝鮮版図の上を走る"大型の絵が掛けられ、'中・韓民族は団結して日本帝国主義を打倒しよう''三一を記念して朝鮮人民は闘争の精神を発揮し、祖国の解放を勝ち取ろう'という内容の、中国語および韓国語の標語が会場の四壁を飾った。この日の行事には、鄧発、呉老、黄華、肖三などの中共元老たちと、インドネシアおよび日本人反戦運動家たちが参席したのであり、これらの国際的連帯を強調する演説が行われた(27)。

両民族の間の連帯意識は、三一運動と五四運動との相互比較を通じていっそう具体化された。『独立新聞』の論説は二つの運動の類似性を指摘し、"我が大韓国民は祖国を光復する目的で徒手革命を開始し、三一運動が発生したのであり、中国人民は国権を修復する思想で日貨排斥を熱唱し五四運動が発生したが、その動機が学生界から始まったことはいずれも同じである"(28)と評価した。

このように三一運動は、韓・中の共同抗日の繋ぎ役としてのみならず、国際的連帯中心軸としても機能した(29)。そうして三一運動は、第一次世界大戦、ソ連社会主義革命を契機に広がった世界被圧迫民族の反帝国主義闘争が'猛烈に突進していた時期'を背景としたため、三一運動そのものが世界被圧迫民族運動の一環だったのであり、東方被圧迫民族解放運動の主要な部分となったのである(30)。臨政の外務長の趙素昂は、"三一節は東方の弱小民族が日本帝国主義に反抗した第一声である。""三一節は世界第一次大戦の閉幕を告げる音であり、世界第二次大戦の開幕の言葉であっ

た。"(31)と表現した。

## V．結びに

　今まで見てきたように、独立運動勢力は三一運動を開港以来蓄積された国権守護運動の歴史的経験が集結されたものと認識した。同時に、三一運動の意味を自主的な近代民族国家樹立運動の新たな出発を告げる信号と解釈したのであり、反侵略、反ファシズムを標榜した東方被圧迫民族の解放運動の嚆矢と受け止めた。彼らの三一運動に対する認識と継承意識は、独立運動の環境変化に照応しながら確認・表出された。特に、1942年以降の統合臨政の体制下における３月１日は、自主・解放・建国に対する決意を再確認する瞬間となった。

　独立運動勢力は三一運動の背景として、開港以来の反封建・反侵略民族運動の過程で蓄積された民族力量と、第一次世界大戦・弱小民族の解放・民族自決主義と代表される1910年代の国際情勢の変化をあげた。そして、大体において、三一運動を失敗したものと把握したが、これは決して三一運動の歴史的意味を低く評価したことを意味するものではなかった。これは失敗原因の分析を通じ、三一運動以後に高まった大衆運動を、近代民族運動の合法則性という側面で評価しようとする認識を反映したものであった。すなわち、少数の民族指導者層ではなく、挙国的な大衆闘争の力量が三一運動以後の反日民族運動を導いていった牽引車だったのであり、その延長線上で、1930－40年代の中国関内地域の独立運動勢力も、合法則的な正当性を確保することができたのである。そして三一運動を独立運動勢力における正体性の淵源として重視したのであり、大韓民国臨時政府の樹立を三一運動の歴史的所産として評価することに同意した。

　あわせて、日帝末期に至ると、三一運動の歴史的意味は解放後の民族国家建設の理論的土台と位置付けられるようになる。そしてこうした側面は、解放政局においても継承的に発現された。1946年の三一運動の記念行事がソウル運動場と南山公園で別々に行われた事実は、左右翼勢力の間の分裂が現実化したことを知らせるものであったが、これは逆説的に、三一運

第Ⅱ編　植民地支配における抵抗の思想と文学

動の歴史性が、民族国家建設運動勢力の正統性をめぐる論争の人質となることを暗示するものであった。

さらに彼らは、三一運動の継承を標榜することで、これを民族協同戦線運動の結実を導き出すための団結の求心点として、積極的に活用したばかりでなく、韓・中両民族を中心とする東方被圧迫民族の国際的連帯を可能とした、国際正義の普遍的価値として位置付けられたことを確認することができた。

まさに三一運動の継承意識は、反日独立運動の現場で鍛えられた近代民族運動の結実であり、独立運動家たちの苦悩と省察とが滲み出る時代精神であった。彼らの歴史認識は流麗な文章で整えられてはいなかったが、力と情熱が流れていた。独立運動勢力の抗日力量が徹底した歴史意識によって支えられたため、反日独立運動が近代民族運動としての自分の姿をなしえたのであろう。韓国近代史の内面に流れている反封建・反帝国主義という、独立運動勢力の歴史意識が注目されなければならない理由も、ここにあるというべきであろう。

【注】
（1）金明洙『明水散文録』（三形文化、1985年）79頁。
（2）前掲書、81頁。
（3）「上海の三一節」『独立新聞』1920年3月4日。
（4）ニム　ウェイルズ、ジョウハ訳『アリラン』（ドンヨク、1984年）56-57頁。
（5）李貞浩「三一大革命運動簡史」『朝鮮義勇隊』41期（1942年3月1日）5頁。
（6）高珽烋「三一運動と米国」『三一民族解放運動研究』（青年社、1989年）435-438頁。
（7）曹旻「第1次世界大戦前後の世界情勢」前掲『三一民族解放運動研究』60頁。
（8）「三一節二十二週年紀念宣言」『光復』1巻2期（1941年3月20日）4頁。
（9）「朝鮮義勇隊為三一紀念敬告中国同胞書」（1942年3月1日）、『新華日報』1942年3月1日。同様な理解線上で、ある進歩的な独立運動家は第一に、当時日帝の勢力が韓国の革命力量を超えたのであり、あわせて有力な国際的援

第 4 章　韓国独立運動勢力の三一運動の認識──中国関内地域を中心に

　　助がなかったこと、第二に、当時、革命を指導すべき新興民族資産階級の力
　　量が薄弱だったこと、第三に、全民族内部団結の不足と厳密な群衆組織の欠
　　如、などを失敗の原因としてあげた（澄宇「紀念三一与我們的任務」『朝鮮義
　　勇隊』41期、10頁）。
（10）指導力の限界性と関連してある研究成果では、開化派、愛国啓蒙運動家、
　　ブルジョア民族主義者たちが自身の地主的属性、物的土台の脆弱性といった
　　社会階級的限界と外勢依存的態度、民衆の運動力量に対する過小評価などに
　　よって、民族運動を実質的に指導することができず、そのため三一運動がブ
　　ルジョア的な性格の運動であったにもかかわらず、民族代表などブルジョア
　　勢力が実質的な指導力を発揮することができなかったと分析した（池秀傑
　　「三一運動の歴史的意義と今日の教訓」『三一民族解放運動研究』、1989年、
　　29-30頁）。
（11）「三一運動の教訓」『独立』1944年3月1日。
（12）国史編纂委員会『韓国独立運動史』五（1968年）758頁。
（13）「三一運動第19周紀念宣言」（1938年3月1日）社会問題資料研究会編『思
　　想情勢視察　報告集9』（京都、東洋文化社、1976年）29頁。
（14）鄭然泰・李智媛・李潤相「三一運動の展開様相と参加階層」『三一民族解放
　　運動研究』256-257頁。
（15）三一運動を自身の大衆的自覚の主な契機と心得た金山は、「これが私にとっ
　　てははじめて政治意識に目覚めるようになった切っ掛けであった。大衆運動
　　の力が私の存在を根底から搖さぶった。私は一日中町を駆け巡り、どんなデ
　　モにも参加して喉が痛いほど声をあげた。」（『アリラン』50頁）と言った。
（16）「第15週三一紀念節に臨んで」『震光』2－3号合刊、2頁。
（17）前掲「第15週三一紀念節に臨んで」2頁。
（18）「朝鮮義勇隊為三一紀念敬告中国同胞書」『新華日報』1942年3月1日。
（19）「韓国三一節略史大略」『韓民』1期1号（1940年3月1日）5頁。
（20）「韓国独立宣言25週三一節紀念大会宣言」（1944年3月1日）秋憲樹編『資
　　料韓国独立運動』1（延世大出版部、1971年）302頁。
（21）李貞浩「三一大革命運動簡史」『朝鮮義勇隊』41期（1942年3月1日）6
　　頁。
（22）「第二十二週年三一節紀念宣言」『資料韓国独立運動』2、236頁。
（23）昂、「三一節と韓国独立党の任務」『独立評論』1944年3月1日。

第Ⅱ編　植民地支配における抵抗の思想と文学

(24)「紀念三一節中韓民族携手前進」『新華日報』1939年3月2日。
(25) 大韓民国国会図書館編『韓国民族運動史料：中国篇』(1976年) 585頁。
(26) 東方被圧迫民族運動の一環として三一運動の意味を与える事実としては、1924年3月1日上海の僑民団主催の祝賀会で「インド独立運動団体の祝賀文と祝辞、フィリピン独立運動家の祝辞があった」という記事(『独立新聞』1924年3月29日)と、1931年南京の中央大学で行われた記念式でインド代表が演説した事実(南京『中央日報』1931年3月2日)などをはじめ、関連資料を容易に発見することができる。
(27)「在延安朝鮮友人紀念三一革命」『解放日報』1943年3月2日。
(28)「われらの三一運動と中国の五四運動」『独立新聞』1922年7月1日。
(29) 1943年重慶での三一運動記念行事で国民党政府の有力人物である邵力子は「韓国の独立の完成は一つの重要な事件である。したがって韓国に対する日本の併呑は侵略者が国際公法および国際信義を損ね始めたことであり、世界平和と国際信義を再建するためには侵略悪魔を打倒しなければならない」という要旨の演説をし、つづいて重慶駐在のチェコ、ポーランド、米国、英国の代表らから「韓国革命の成功を希望する」祝辞があった(重慶『大公報』1943年3月2日)。
(30) 鉄山「三一運動的革命的意義」『朝鮮義勇隊通訊』5期(1939年2月) 4頁。
(31) 素昂「三一節為遠東民族解放之第一声」重慶『大公報』(1943年3月1日)。

第5章

# 日・韓近代文学に現われた3・1独立運動

芹川　哲世

## Ⅰ．3・1運動と韓国近代文学

### 1．初期文人達と3・1運動

3・1運動に直接関係した代表的文人には李光洙を始め、『創造』派の金東仁、朱耀翰、田栄沢そして『廃墟』派の廉想渉があげられる。

「己未独立宣言書」の起草者崔南善と並んで、1910年代二人文壇時代を築いた李光洙（1892〜1950）は、1915年二度目の日本留学に来た。早稲田大学高等予科（1年半）を経て、大学部の文学科哲学科に入り本格的な文筆及び創作活動を始めるが、総督府の機関紙であった『毎日申報』を拠点として、啓蒙的な論説や最初の長編近代小説と言われる「無情」、「開拓者」（1917）を書き、「2・8独立宣言書」の執筆をしたのが1919年1月、2月の初めには上海に亡命する。5月に第一高等学校仏法科1学期を終えた朱耀翰（1900〜1979）が上海で合流し、二人で『独立新聞』の編集を担当する。『独立新聞』には多量の文芸作品が発表されたが、その中には70余首の詩が数えられる。その中で李光洙の作品は4首、朱耀翰の作品は5首が発表されている。李光洙の詩では1920年10月から11月にかけて起こった、北間島一帯の朝鮮人大虐殺（庚申大討伐乱）を詠んだ、「間島同胞の惨状」（1920.12.18）があるが、ここでは『新韓民報』（1919.9.6　ハワイ）に発表された「腕を切られた少女」を紹介する。

〈万歳！　万歳！〉

美しい漢城の少女が叫ぶ時
日本兵の刃が彼女の両腕を突き刺し
〈万歳！　万歳！〉
美しい漢城の少女が叫ぶ時
若い血しぶきが山河に向かって吹き付けた
〈万歳！　万歳！〉
銃剣に突き刺された蓮の花のような少女の唇は
〈万歳！　万歳！〉
太陽の出ない日は血に染まった少女の同胞を照らし
地に落ちた腕には太極旗が握られた
〈万歳！　万歳！〉
霧のような彼女の血のしずくは万歳の叫びとなって
東海の八洲が彼女の痛みを知るであろう
〈万歳！　万歳！〉
漢城の子供達よ哀れなこの妹の墓を
自由の花と血の涙で飾れよ

　金東仁（1900〜1951）は、1914年1年先に東京の明治学院中学部に留学に来ていた朱耀翰より1年下で勉強を始める。父親の死や結婚のために一時帰国し、再渡日するも、通っていた中学校は中退し、川端画学校に籍を置いたりした。1918年春頃からアメリカや中国にいた朝鮮の独立運動家たちは朝鮮の国権を回復し、独立を認めさせるための活動を開始したが、独立精神に燃える在日留学生たちも相互に連絡を取り合い、独立運動の準備に取り掛かっていた。この年の12月29日には東京の朝鮮基督教青年会館に集まり朝鮮の独立のために決起することを決議した。李光洙を始め金東仁・朱耀翰、田栄沢もこの集会に出席、翌年2月8日の全留学生を招集しての「2・8独立宣言書」の発表に及んだ。金東仁はこの月、以前から計画していた新文学運動を起こすことを目的として、朱や田と共に最初の文芸雑誌『創造』を発刊した。3月1日ソウルで独立運動が勃発するや帰国するが、弟の金東平の要請で独立運動に関する檄文を書いたことにより逮捕され、3ヶ月の監獄暮らしをすることになった。この時の獄中での経

## 第5章　日・韓近代文学に現われた3・1独立運動

験を作品化したものが「苔刑」(1922〜1923) である。

　田栄沢 (1894〜1968) は1912年青山学院中学部4年に編入し、高等学部を経て1918年4月には神学部に入学していた。2月8日の運動にも積極的に関わり、3月1日運動が起こるやすぐ帰国し運動に加わる。『創造』に発表した「運命」(1919.12)、「生命の春」(1920.3〜7)、「毒薬を飲む女」(1921.1) 等の小説により、初めて3・1運動を作品の中に取り入れた作家として評価できよう。

　「運命」「生命の春」「毒薬を飲む女」は、いずれも3・1運動後制作発表された作品で、どれも田栄沢自身とその妻蔡恵秀の身辺近くで起きた事件を題材にしている作品である。2・8独立宣言事件に直接間接にかかわった彼ら『創造』同人は、誰もが3・1運動の渦中に巻き込まれざるを得なかった。金東仁は帰国後出版法違反の罪で懲役6ヶ月執行猶予2年の宣告を受け、3ヶ月の服役暮らしをし、朱耀翰は臨時政府が上海に樹立されたのを聞いて、密かに上海に脱出した。田栄沢は3月末に帰国し平壌にいたが、婚約者蔡恵秀が3・1運動の先鋒になって活躍中、婚約式 (4月29日) の翌日逮捕され、9ヶ月の宣告を受け、平壌監獄に服役するという事件が起きた。妻は服役中に妊娠がわかり、臨月になったこと、その上流行性感冒・肺炎が重なり、1920年1月末か2月の初めに仮出獄し、やがて出産する。玉星と名づけられた最初の子供は、3ヶ月後の4、5月頃栄養不良により死亡する。

　「運命」の主人公呉東俊は万歳事件で監獄に囚われの身となり3ヶ月たっても、差し入れどころか面会に来る人一人としていない孤独の中にいた。以前親が妻という名目で一金30ウォンを支払い娶った女がいたが、愛情を感じなかった。大学をでた後知り合ったHという女を愛するようになった。Hに全てを捧げた彼は、獄中でも彼女に対する愛の空想と、その間変心でもしたらという不安に焦燥を覚える。100日後出獄した彼は恋人Hを訪ねるが、結局Hの心変わりを知る。その後東俊はあらゆる女性に対する幻滅の感情を持つようになり、徹底したニヒリストになる。

　この作品に対して金東仁が、"朝鮮文壇成立以来の佳作の一つ"(『創造』巻末"雑評")と評したことは有名である。金東仁は東俊の出獄後とHとA (Hと同じ音楽学校生) の恋愛成立過程、そして何よりも東俊の獄中での煩

問をよりはっきり描く必要を強調した。それは金東仁自身の経験した獄中生活、一番描きたかったことを田栄沢が不十分ではあるがやってくれたからであろう。後に金東仁は「苔刑」（1922〜23）の中で彼自身の獄中体験を淡々と描くことになる。

「生命の春」は前記した作者の体験である主人公（羅英淳）の夫人（李英善）が仮出獄する前後の事情と、入院して瀕死の線上をただよう間の経過及び彼ら夫婦の内面的生活のあれこれを詳細に描いている。3・1運動後逮捕、拘禁された人物たちが経験した苦痛と試練を、その家族及び周囲の人々が共に受けた心理的不安を通して提示している。

羅英淳は万歳事件で"新婚の衣服を脱ぎ捨て指輪をはずし"日本警察の手に引かれて、既に8ヶ月収監されている妻に会うために面会を申請する。4時間たってやっと面会が許可され、妻の姿を見た英淳は獄中で病気にかかりやせこけた顔に驚き、刑務所長に外で治療させてくれるように懇願するが拒絶される。非常に失望した彼は帰家して虚脱感に陥り妻への幻想にさ迷うことになるが、妻の妹銀淳の真心のこもった慰労と気の置けない対話に、どうにか心を収拾する。その後奇跡的に全快し退院を祝う席に、文芸誌の同人T（金東仁）が訪ねてきて英淳を連れて外出する。その間妻の英善は夫がキリスト教に対して熱が冷めた代わりに文学に傾くのをひどく心配するようになる。

この作品には田栄沢の若き日の文学か宗教かの葛藤が暗示されている。主人公英淳が修道院に入ったルターを思いながら歩いて行く途中、ふと荘厳でありながら何か未練がましい暮れ方の夕焼けを見るが、この時彼は次のような衝撃を心に感じる。

　　彼は果たしていつ見てもひどく美しいその自然美にこらえることの出来ない憧憬と愛着を感じ、しばらくの間エクスタシー（恍惚状態）の中に没入した。そしてその瞬間の影像を、その自然をどうにかして自らの手で表現してみたいという、きわめて強いそしてむくむくと沸き上がる芸術的衝動を悟り、それゆえ全身の血が一度沸き立つような力と、真の芸術家が一人味わうような喜びと満足を感じた[1]。

第 5 章　日・韓近代文学に現われた 3・1 独立運動

　本当を言えば、文学と宗教の葛藤は少なくともあの聖職者を目指して青山学院に入学したときから彼にはなかったはずである。文学か宗教かの二者択一の問題ではもちろんなかったであろうし、"文学家として宗教人になるのか、宗教人として文学家になるのかの問題"[2]でもなかったはずである。文学者でありながら基督者であること、基督者でありながら文学者であることは、彼の中においては渾然一体となっていた筈である。

　題名「生命の春」は、後の最初の作品集『生命の春』（1926. 11）の題目にもなり、また論説集『生命の改造』（1926. 5）の題にも暗示されているように、作者の"生命"への思いを強く意識させるものがある。それは後にふれるように"死"を前提としての"生命"の理解方法である[3]。作中にある銀淳の歌う賛美歌の一節には"十字架の後に勝利あり、死が過ぎ去り復活来たれり、死の冬過ぎ去れば、生命の春が巡り来たらん。[4]"とあり、死を通しての生命の春の到来が暗示されている。

　作品冒頭に引用されている、旧約聖書の雅歌（2 章 8～14 節）は美しく繰り広げられる田園牧歌調の愛の歌であるが、自然界の美しい草木を隠喩として男と女の愛と性が歌われている。この部分は家にこもる女を外へ誘い出そうとする男を、女の側から描いている。しかも誘う男そのものを直接描かないで、誘われる女の口を通して、しかし実質上ほとんど男の動きと言葉を伝えるという手法を用いている。男は二度繰り返して、"わが愛するものわれに語りて言ふ、わがともよわが美しき者よ起ちていできたれ"（10, 13）と誘うが、一向に出ようともせず家に閉じこもる女を"磐間にをり断崖の匿處にをるわが鳩"（14）と呼んで、せめて"なんじの面を見させよ、なんじの聲きかしめよ"と哀願するに至る（14）。二度繰り返す"起ちていできたれ"にはさまれた部分は、冬が過ぎ春となり野山に鳥と花が舞うようになった自然界の活況を描き出している（11～13）。つまり自然界の生命の成長や成熟につれて人間の男女の愛も性も同じように芽生え育ち稔りを結ぼうという、自然と人間との一体感、自然の喜びと男女の喜びとの交流が表明されている。

　物理的には男の誘いに応じず家に籠もり切りの女は、しかし男に無関心なのでも冷たいのでもない。彼女はとっくに"山をとび岡を踊りこえて来る"男の足音を耳さとく聞き取っている（8）。男が家の回りをうろつき、

愛する彼女の顔を見ようとうかがっている、その身の動きから熱い視線に至るまで、感じ取っているのである (9)。

　雅歌の大半を語るひとりの男とひとりの女とは、決して単なる男と女ではなく愛し合う男女であること、しかも単なる恋人同士ではなく、結婚しようとしている男女、又結婚したばかりの男女であることは明らかである。結婚を中心とした男と女の愛の歌である。作品冒頭のこの雅歌の引用はまさに作者田栄沢と妻蔡恵秀の愛の歌ではなかったのか。苦難を通しての生命、春の訪れを示したかったのではないであろうか。

　「毒薬を飲む女」は作品末尾の作者の言葉にもある如く、"監獄暮らしをしている間に妊娠した子供が栄養不良で生まれて3ヶ月目に死んだのを記念するために書いた"[5]もので、3・1運動を経た後、作者夫婦にとって、一番衝撃的であった初子の死を悲しむ心情を書いたもので、当局の検閲を逃れるために、寓話的、超現実的手法を用いている。

　　地獄のような真っ暗な部屋の中ではどこの片隅からなのか、時々うんうんと病み苦しむ声のような音がもれて来る。狂った犬の唸り声がおよそ100里外から聞こえてくるようであった。かさっとの音も無く夜は過ぎていった。さっと止まって足を踏ん張って立った。万物が寝についた。昼間思ったりやっていたことを再び繰り返して復習しようと、人々はそれぞれ汚い淫らな夢を見ている。穴がぶつぶつとあいた蚊帳の中に、彼の横には頭が獅子の頭のようで鼻がにょきっと高い男が横になっているが、平たく開けた口をにやにやさせる。にこっと笑う。大きな部屋では死体が二、三起き上がって二言三言ぶつぶつ何か言う。再び何の音もしない。そりゃみんな偽りだ。そんなものはみんな悪魔たちだ。人を愛するなんてことは偽りだ。太陽はだまって我が道を行く。絶壁のような真黒な空がこんな言葉をささやく[6]。

　このような作品の雰囲気は3・1運動と関連させてみると、初子の死、死体、真暗な夜、狂犬の吠え声、偽りなどの言葉が表そうとするものは、為政者の弾圧に苦しむ当代社会の現実を告発する息苦しく絶望的な空間と結びついている。たとえ、積極的に闘争的な人物を主人公にたてたり、具

体的な時代の現実を果敢に表現することはなかったとしても、その周辺で起きた様々なことどもを通じて、当代社会の矛盾と生の苦しみを自然に表現したと見られる。

「石英の小石」(『自由文学』1960.9)は私（金）が近くの防空壕に住む崔福男という老人から聞き出した話の形式をとっている。夜になると一度は老人を尋ねるのが私の日課になっている。老人はもともとは京畿道抱川の人であるが、解放直後からこの防空壕に住みつきもう10年を越す。息子一人がいたが日本時代に徴用にあって行方不明、妻も病死して故郷には甥や遠い親戚がいる。独立自尊が主義であるが近所の人達にも評判がよい。少年の頃崔少年にはポンネという仲の良い女の子がいた。家同士も一つの家族のようにつき合っていた。崔少年が17、ポンネが16になり、両親が二人の間を心配し始めた。ある日学校からの帰りつやつやして細長い石英の小石を二つに割って二人で一つずつ持つことにした。お互いにいつまでも忘れないでいようというしるしであった。3年の歳月が過ぎポンネに結婚話がもちあがると、崔は二人で村から逃げ出すことにするが、途中でつかまり留置場に送られる。巡査に石英の小石を見せるが相手にしてくれない。ポンネは結局巡査の妻になってしまう。その後崔も巡査になる。日本人巡査の下にはいるが、心だけは真っ直ぐでいようと決心する。独立万歳事件が起こった時、崔は水原堤岩里派出所に勤務していたがそれは次のように描かれている。

　　「万歳、万歳、大韓独立万歳。」
　礼拝堂で万歳の声が騒々しく響いてきた。初めは何事かとめんくらって日本人巡査もぼうっと見物していた。
　　「捕まえろ、捕まえろ！　ヤソの奴らを捕まえろ。牧師捕まえろ。」
　本署の指示を受けた署長巡査は目を充血させて飛び掛かった。
　3月1日が過ぎかれこれ一週間が過ぎた。本署から同僚巡査一人と日本人巡査一人が来て、崔福男は巡査服を脱がされがんじがらめに縛られ引いてゆかれた。
　そしてその後ろの堤岩里礼拝堂は信者が一杯つめられたまま入口に釘付けされ、火が放たれ、中にいた信者が全て灰になった。

第Ⅱ編　植民地支配における抵抗の思想と文学

　　「先生これを見て下さい。これがその時拷問で出来た傷です。」老人は腕とわき腹に大きな傷跡があるのを服を脱いで見せた[7]。

　年老いた伝道師と男女学生何人かにあらかじめ連絡して逃したという罪で巡査罷免はもちろん、鼻に水を入れられたり、腕と足に棒をさし入れてひねられたりあらゆる拷問を受けたのであった。その後故郷を離れ全国を放浪、両親も死に天涯孤独となった。ポンネと逃げようとしてつかまり、頭に来て巡査にはなったが、人一人なぐったこともなくどろぼう一人つかまえられず、焼き殺されそうになった同胞5人を救ったというのが崔老人の自慢でもない自慢であった。
　しばらく崔老人の姿が見えないと思って、ある日防空壕を尋ねると、顔立ちの整った老婦人が一緒にいて妻だと紹介される。春になり妻が死んだという崔老人の話を聞き、葬式の準備をして朝尋ねてみると、崔老人も妻のポンネの横で死んでいた。ポンネの手には小さな石英の石が握られていた。私（金）は奥さんを葬ろうと準備していた葬儀の費用で二人の老人の亡骸を一緒に安置して、忘憂里墓地に合葬した。
　崔老人は元気な時は福徳房で周旋屋をやったり、夏ならうちわ作りの商売、冬は飴屋など、年とってからも座って竹かごを編んだり、近所で壁紙張りをしたり、花畑を見てやったりかせぎもした。いつでも道をきれいに掃除して、子供たちは自分の子供のようにかわいがるので、近所のかかあたちは食べ物を持っていったり、キムチをやったり、病いの時は粥を作ったり、薬まで与えた。"崔老人は私達の町の福の神だ"というのが近所の人達の言葉であった。崔老人の隣人愛の精神と共に、何よりも特異なのは作品の一部ではあっても、堤岩里教会の放火・虐殺事件（4月15日）が取り上げられたことである。本文にある通りの状況で29名が犠牲になったこの事件[8]は3・1独立運動の象徴的な事件といわれるが、ほほえましいロマンスとも言えるこの作品の中にさりげなく描かれているところに共感が持てる。
　廉想渉（1897〜1963）は1913年麻布中学校2学年に編入後は聖学院中学校、京都府立第二中学校を経て、1918年10月慶応義塾大学文科予科を中退後は、京都で記者生活をしていたが、1919年3月6日大阪の朝鮮人労

働者を率いて大阪天王寺公園にて独立運動を企図したが、直前に逮捕され3ヶ月間拘束された。彼には3・1運動を直接扱った作品はないが、中篇「万歳前」(1924)において3・1運動前年の1918年を背景に民族の悲哀とその中で妥協し生きてゆく恥辱にまみれた人間群像を描き、長編「三代」(1931)においては、3・1運動が終わった1920年代植民地朝鮮の現実を大胆なパノラマ的技法で描いて見せた。富の周辺に群がる寄生虫のような人物たちの堕落相と旧世代の時代錯誤的で偽善的な生き方に鋭い批判を投げかけた。

## 2．海外に紹介された3・1運動

　この項では19世紀末に生まれ学生の身分で3・1運動に参加、日本警察に手配され一人は米国、一人はドイツに亡命しその地で作家活動をした二人の人物を紹介する。二人に共通するのは、いずれも自叙伝的な長編小説の中で、3・1運動が外国脱出の大きな契機となり重要な意味を持っていることである。

　姜鏞訖（カンヨンフル）(1898〜1972)は咸南の洪原出身で、咸興の永生中学校を卒業後、12歳の時東京に渡り高校2年に編入、アルバイトをしながら4年間通った。東京では李光洙や玄相允、崔八龍などとも交流があった。姜はすでに漢詩とハングルで書かれた自家版の詩集2冊を持つ詩人であったが、雑誌『太陽』に匿名で文章を寄稿などもしていた。

　16歳で帰国、故郷に近いところにあった、あるミッションスクールに通ったのはネイティブスピーカーに直接英語を習い、米国に行く方法を探すためであった。17歳でミッション系の女学校で日本語と数学を教えたが、1919年3・1運動が起きた頃は上京し、プロテスタント伝道初期宣教師の夫人Mrs.H.G.Underwoodが『天路歴程』を翻訳する仕事（1920年刊）を手伝っていた。

　彼の英文で書かれた自伝小説『草堂（THE GRASS ROOF）1931』第2部第21章"万歳"には、3・1運動に参加した経緯が詳細に描かれている。

　時の大韓帝国皇帝高宗毒殺説の真偽から始まり、全国から弔問のためにソウルに集まった群衆を利用して、独立運動を始めた指導者たちの様子、

それをかぎつけることの出来なかった日本当局の様子が記されている。葬儀の日の３月４日を避け、行動開始が３月１日に繰り上げられ、独立宣言文が午後２時に初めて市内各地で朗読され、デモは必ず徒手空拳で行い、万歳という声だけを使うことが周知徹底された。「私」は約束の時間にパゴダ公園の群集の中にもぐり込み、宣言文の朗読される演壇の近くに立ち朗読に耳を傾けた。

> 彼の声は、一編の散文詩と言えるような美しく霊妙な宣言書を、時には深い感情を込めた歌を歌う如くに高い声で読み上げた。人々はこわばった顔で拳をぎゅっと握り締め緊張していた。
> 「万歳！　万歳！」
> 宣言書の朗読者が先唱すると、ついに群集の喊声は巨大な波濤の如く沸き起こった。
> 「万歳！」
> 彼らは怒ったようであった。大勢の人たちのポケットから太極旗が出て来た。旗を持たない人たちは、帽子・チョゴリ・袖・ハンカチなど彼らの持っているものは何でも振り回した。涙が幾重にも流れ落ち、顔面はひどく蒼白であったり真っ赤であったり、胸がみな張り裂けんばかりであった[9]。

次に、明月館での昼食の席に集った33名の民族代表が宣言書を朗読し、各署名者たちが短い演説の後、日本警察に電話をかけ自首する様子が描かれる。

> 私はその明月館の前を通り過ぎながら、今静かに拷問を待っている我々の指導者たちを思い、有らん限りの声で「万歳」を叫んだ。（中略）日本人消防隊・騎馬隊と小銃分隊などが官吏たちと合流し、声を張り上げる群集を撃ち、取り押さえたりしたが、その日響き渡った喊声は悲劇だけに満ちていたわけではなかった。それは途方もない喜悦に満ちた叫びであったし、涙は苦しみに満ちたものではなく、歓喜にあふれたものであった[10]。

第 5 章　日・韓近代文学に現われた 3・1 独立運動

　「私」は示威の途中騎馬隊の手鉤に引っ掛けられ、鐘路警察署に連行された。警察署で「私」は12歳から20歳までの他の少年たち13名と一緒に小さな監房に入れられた。審問官の前で「私」はだんまりを決め込んだが、角木で打ちたたかれ、5日ほど勾留の末、釈放された。作中、堤岩里虐殺事件は次のように記述されている。

　　ある日私が机に向かっていると、以前私が翻訳の手助けをしていた米国婦人の息子ホレイス氏（注：アンダーウッド2世）がその夫人に言うことには、日本人たちが理由もなく村人たちを虐殺し、村を焼き払ったという報告を確認するために、水原地方に行くということであった。ホレイス氏は即刻米国領事と共に出発した。彼はひどく気分を悪くして眉をひそめて帰って来た。「聞いていたことよりもずっと残酷でした。」と彼は周囲の人たちに話をした。「日本人は韓国人を虐殺しました。まず私はその一帯を、誰も調べることが出来ないようにしている憲兵たちの目を盗むために、山を越え何マイルかを遠回りしました。破壊された村の一つである堤岩里に行った時は何の制止も受けずにその村を見て回り、この写真を写しもしました。もともと39軒あった所に8軒だけが残っていました。灰の山にはキムチのかめがいくつかだけ残っていました。魂が抜けたような表情でむしろに座っていた寡婦たちと子供たちは私が韓国語で話しかけても何の答えもありませんでした。そうこうするうちに一人の少年が話をするのを聞いてみると、軍人たちが来てキリスト教徒や天道教徒である成人男子はみな村の教会に入り義務的に話を聞くように命令しました。男たちが全員集ると外の軍人たちは紙を張った窓に向かって銃弾を打ち込みながら教会のわら屋根に火をつけました。二人の女は彼らの夫のいる教会に入ろうと努めましたが射殺されてしまいました。村には武器を持った人は一人もいませんでした。私は舒川にも行きましたが、そこには42軒の中でやっと8軒だけが残っていました。そこの老女たちはみな仕事に興味を失い無関心となり、子供たちは野で草の根を掘って食べていました(11)。

第Ⅱ編　植民地支配における抵抗の思想と文学

　ある日かねてから尊敬していた独立運動家朴水山から、自分が上海に行くので一緒に脱出できればアメリカへの道が開けるかも知れないと聞き、朝鮮脱出を図り、約束の奉天に辿り着くが朴水山とは会えずに、西洋行きを助けてくれるという人たちがいるロシアのトムスクに行く決心をする。途中、列車の中でスパイの嫌疑をかけられチタで下ろされ、日本人刑事に捕まり故国に連れ戻され、ひどい拷問を受けながら数ヶ月を監獄で過ごした。
　二度目の監獄暮らしの後、「私」はソウルの郊外で静かにアメリカ行きの機会をうかがっていた。ある日のこと、新聞で4名の孤児を連れているルターという男が来月休暇でアメリカに行くという話を読み、即座に彼を尋ね、自分を小間使いとして使ってくれるように頼み成功する。故郷の両親に別れをつげ、横浜を経てアメリカに向かった。船中「私」は過去を振り返り感慨にふけるのであった。

　以上、作品の叙述順序に即して作者の渡米までの経過を辿って来た。第1部は作者の「私」（作中では韓青坡という名で登場するが、詩人朱耀翰の雅号韓青山から取ったものか）の幼年時代を扱った部分で、古典詩人尹善道の「五友歌」など韓国古典詩歌が豊富に引用されているのが特色である。第2部は、「私」が西洋思想である新学問を学習する中で、3・1運動に荷担し追われる身となるや、宣教師の助けで渡米に至る過程を描くが、主人公（作者）の透徹した民族意識が反映され、侵略的な日本当局の残虐性が暴露されている。第1部同様文中に韓・中・日を含む数多くの西洋の詩句が引用され、「己未独立宣言文」全文と作者が後に翻訳出版する韓龍雲の詩集『ニムの沈黙』からの翻訳が目を引く。この作品は出版されるや批評家たちの激賞を受け、独・仏を始め十数ヶ国語に翻訳された。渡米後の作者はボストン大学で医学を、ハーバード大学で英米文学を専攻、ローマ・パリ・ミュンヘンの各大学で研究生活を続けた後、ニューヨーク大学・ロンアイランド大学・エール大学などで英文学・比較文学を教えた。その間一時帰国し、ソウル大学で教鞭を取るも再び渡米し、1972年に世を去るまで、英文による『東洋詩集』(1939)、『世界短編傑作選』(1947)などの他、数冊の小説を執筆した。『草堂』は1947年に金星七により第1部のみ

第5章　日・韓近代文学に現われた3・1独立運動

韓国語に翻訳され、1975年に張文平により完訳出版された。

　李彌勒（イ ミルク）（1899～1950、本名李儀景）は黄海道海洲出身、京城医学専門学校中退（1919）。3・1運動に苛担し日本警察に手配され、上海とフランスを経て1920年ドイツに亡命した。ミュンヘン大学で動物学・生物学・哲学を学び、1931年から作品活動を始める。1946年自伝小説『鴨緑江は流れる』（DER YALU FLIESST）を発表し、大きな反響を呼び、ドイツ文壇の注目を浴びた。流麗で簡潔なドイツ語で韓国の風習と山河・人情を叙情的な筆致で描いたこの作品は、ドイツの各新聞雑誌に度々抜粋連載され、英・米で英訳版も出版され、『タイムズ』などを始め、数多くの新聞に書評が載せられた。韓国には田恵麟（1960）・韓鳳欽（1975）による翻訳がある。その他、『物語』・『鴨緑江からイザール河まで』・『おかしな方言』などの作品集の他に、随筆を始め韓国の歴史・文化・政治に関する散文、『韓国語文法』などを残した。ミュンヘン大学の東洋学部で漢学と韓国語文学を講義し、1950年世を去った。

　『鴨緑江は流れる』は1・2部に分かれ、全24章で構成されていて、〈スアム（故郷で共に育った従兄）と一緒に遊んだ頃〉から、〈パリでの赤く燃える郷愁〉に至るまで、各章ごとに題目が附されている。黄海道のある両班の家庭を背景に、開化期の様々な様相と新しい世界に対する憧憬を、美しくも静かな明るい筆致で描写した一人称、自伝小説である。

　日本の侵略の残忍性を、歴史の証人として作者は小説に込め、世界に告発している。しかも静かな観照の目を持って、かすめるようにじっくりと描いている。次は京城医専の学生として3・1運動に加わった場面の描写である。

　　私が正午を少し過ぎてパゴダ公園に行った時は、すでに警官たちに包囲されていて、塀の中は手のひらほどのすき間もなく、人がいっぱいであった。私はわずか10歩もさらに進むことが出来なかった。私は塀の端に立って、さらに多くの学生たちが入り口を通ってあふれかえるのを眺めた。急に深い静寂が広がり、あずまやの演壇からある人が独立宣言書を高らかに朗読するのが目に入った。内容を聞き取るに

は私はあまりに遠く離れていた。瞬間、沈黙が広がると「万歳」という叫び声が天地を揺るがし、途絶えることがなかった。小さな公園が振動によって爆発してしまいそうであった。空中に様々なビラが舞い、群集は公園からあふれ出て、街に向かって行進して行った。(中略)この民衆蜂起はその間、風のように大都市から小都市に、そして市場や村にまで広がって行った。大学生たちと中学生たち、次に商人たちが立ち上がり、次に労働者と農民が、そして韓国人官吏たちまでもこの示威運動に参与した。総督府は苦境に追い込まれ、続けて日本軍隊の派遣を要請した。軍隊は10年前わが国が併合された当時のように、夜であれ昼であれ行進して来た。至る所で血が流れていた。キリスト教徒が大勢住んでいたある村では、全住民を教会に閉じ込めておいて、生きたまま焼き殺した。古い監獄と留置場が拡張され、新しいものが続けて建てられた。そして警官たちは夜となく昼となく拷問を加え続けた。ソウルにいた大学生たちは、4度目の示威を最後に、地下に潜伏し、この運動の秘密行動に繰り出した。私はビラ製造の部門を担当した[12]。

　この作品は、批評家によって、人種や民族の差別なく、人生の最高価値は正直さと善良さにあることを表現していると激賞され、また、彼は異邦人にも我々と外界との利害関係においては、自分のものを放棄するのではなく、むしろ自己のうちを深く掘り下げ実践して行くところに魅力がある、と評価された。
　この作品における'鴨緑江'は韓国人の精神的故郷であり、また支柱として全ての韓国人の感性と思考が始まる根源の河、その胸の中に常に流れている、両親の祖国に対する郷愁と精神的源としての意味を持っている。

## Ⅱ．3・1運動と日本近代文学

　3・1運動は、日本の朝野において非常な衝撃を与え、同時に多くの関心を集めたが、日本側の報道管制のため日本人に知らされたのは、2週間

第5章　日・韓近代文学に現われた3・1独立運動

以上過ぎた後であったというし、吉野作造・柳宗悦・柏木義円・石橋湛山、それに朝鮮在住日本基督教会の一部の牧師など少数の運動への理解者を除く、大多数の日本人は3・1運動を「騒擾事件」としてしか認識することが出来ず、朝鮮人に対する排外主義的な敵愾心を深めただけであった。またこうした態度は4年後の関東大地震の時の大虐殺事件につながり民族的偏見を一層助長させていったのである。

　3・1運動を作品の一部ではあっても歴史的視点として取り上げた作品には、湯浅克衛（1910～1982年）の「カンナニ」（『文学評論』1935. 4. 後に講談社刊『カンナニ』1946.11収録）、梶山季之（1930～1975）の「李朝残影」（『別冊文藝春秋』1963. 3. 後に『李朝残影』文藝春秋新社、1963. 8収録）、小林勝（1927～1971）の『朝鮮・明治52年』（新興書房、1971. 5）、角圭子（1920～）の『朝鮮の女』（サイマル出版会、1972）等があげられる。本稿ではその中でも特に、作品中に堤岩里虐殺事件が取り入れられている「カンナニ」と「李朝残影」を中心に紹介する。

## 1．湯浅克衛の「カンナニ」

　「カンナニ」の作者湯浅克衛は香川県善通寺に生まれ、朝鮮で警察署に勤める事になった親に連れられ1916年水原に移住、1927年京城中学校を卒業後、東京へ移住するまでそこで暮らし、1919年の3・1運動を朝鮮で最も示威の激しかった地域の一つである水原で目撃した。湯浅の作品は水原を舞台にしているものが数多くあり、水原が非常に重要なモチーフになっている。「カンナニ」発表時の初出誌には甚だしい伏字があり、また作品の後半分にあたる46枚分が削除され、その全体像を見ることが不可能であったが、戦後の創作集『カンナニ』により、伏字と削除の部分が復元され、若干の異同の問題は残るがほぼその全体像を見ることが出来る。以下、その内容を紹介する。

　「カンナニ」は最上龍二（12歳）という日本の少年と李橄欖（カンナニ）という朝鮮の少女（14歳）を主人公に3・1運動を背景としながら、詩情豊かな少年少女の世界を描いた作品である。

　世界大戦が終わって間もない頃、朝鮮の水原に移住して来た龍二はカンナニという朝鮮人少女と親しくなる、巡査の父親が水原の李根宅子爵邸の

第Ⅱ編　植民地支配における抵抗の思想と文学

請願巡査を兼ねていたため、一家は子爵邸の一隅に間借りしていたが、李根宅子爵の門番の娘がカンナニであった。二人は仲がいいので日本と朝鮮両方の少年たちから、何かにつけていじめられたり、はやされたりする。次は将来大人になったら婿と嫁になる事をお互いに約束する場面である。

「ああ、いいねえ、どうしたらお嫁さんになれるか知らん」カンナニは溜息ついて眼をつむるのである。オンニョナーも眼を輝かして、「五十円よ、五十円よ」と云つた。「家の姉さんはね、五十円で買つてもらつたの、お婿さんが買つてくれなきゃあ……」カンナニは龍二の脇の下をつつきながら、「ね、龍二」と問ひかけた。「五十円で買つてくれる」「ああ大きくなつたら」「大きくなつたら、龍二、五十円持つとるか知らん」さう云つて、花嫁の方を憑かれたやうに見入つた。「龍ちゃんのお嫁さんなるのなら、カンナニ、ただで行つてあげなさいよ」オンニョナーが云つた。「街中有名な仲善ぢゃないの」カンナニはふいに上衣の帯紐を顔に当て、見る間に顔を赤く染めた。土塀の傍に逃げて、しゃがみ込んで、「オンニョナーのいぢわる」と云つた。オンニョナーは止めなかつた。「龍二は日本人だもの、お金がなくつても結婚式できるよ。龍二は大きくなつたらお金持になるよ、日本人だから。カンナニは幸せな奥さんになる、ね、カンナニは幸せ者よ」(13)

龍二はまえは「学校中で有名な陸軍大将志望」であったが、朝鮮に来てからは「朝鮮を征服した豊臣秀吉みたいな英雄になりたい」と思い、朝鮮では総督が一番偉いと聞いてからは、「熱心な総督信者になり」、朝鮮の子どもたちを「可愛がり、手なづけて皆にあがめられ」ようという夢でいっぱいだった。しかしその夢も、カンナニとの出会いによって、とかくしぼみがちであった。なぜならカンナニは父から、「日本人大嫌ひ、憲兵一番嫌ひ、巡査、その次に嫌ひ。朝鮮人をいぢめるから、悪いことするから」と言われたり、「巡査の子と遊んぢやいかん」と言われていて、カンナニもその気でいたからである。龍二は「日本人は悪いことはせんのぢや、天皇陛下が治めてゐなさるから、伊勢の大神様が見てゐなさるから」と懸命に反論するが効果はなく逆に説得される始末であった。

86

私の家でも——とカンナニは云ふのである——家を潰された。持ってゐた田畑はいつの間にか新しい地主のものとなってゐた。そんなはずはないから刈り入れをしてゐたら、巡査がやって来て父をらうやに入れ、父がやってゐた書堂は、悪いことを子供等に教へるからと戸を釘づけにしてしまひ、子供たちを無理やりに普通学校に入れてしまつた。それで父は昔出入りしてゐた李根宅に頼んで門番にしてもらってやっと暮らしてゐる[14]。

　学校では、カンナニは「植村と云ふ、おぢいさんの先生」が一番嫌いであった。不愉快な神功皇后の「三韓征伐」の話や、豊臣秀吉の「朝鮮征伐」の話の時は、他の朝鮮の生徒と「申し合はせたやうにペチャクチャと私語をとばし」たりしたので、先生は「頭から湯気をポッポとたてて」、「そんなことだから、お前たちは国を失ふのだ。ひねくれ者奴」とどなるのだった。
　ある７月の大雨の日、大洪水がやってきて、河にはマクワ瓜や胡瓜や西瓜が流れていた。龍二は、ここで必死になってマクワ瓜をとろうとする朝鮮の少年たちの行動がどうしても理解できなかった。「チャンスナー」と呼ばれていた少年は、流れに足をすくわれて水の中にもぐり、浮き上がった時には、「必死の努力で抱きしめてゐた大きなマクワ瓜を眼の上高く差し上げて見せた」が、とうとう溺死してしまった。龍二にはたかがマクワのために必死になる理由がどうしてもわからなかったが、カンナニはその理由を教えてくれなかった。しかし後に、「朝鮮の人たちの大部分は、米の飯などはおろか、満州粟や稗さえ満足には食べられ」ず、夏には「マクワを常食にし、朝昼晩ぶっ通しで食べ」ることを知り、「それさへ子供たちには中身が容易に食べられ」ず、「大人が食べた残りの皮を子供たちは、頭にのつけて、楽しみにして持って歩き、なぶりながら少しずつかじ」る程惨めな生活をしている現実を知った。二人の友情は、市場や華虹門、北池などの、水原の風物を背景にする形でますます深まっていったが、その中で龍二はカンナニを通して朝鮮を少しずつ理解していった。
　そんな中、日本の「悪太郎」少年たちが、学校帰りの朝鮮少女をおそい、いじめるというような事件が起きたり、事件は次から次へと起こったが、

第Ⅱ編　植民地支配における抵抗の思想と文学

　そんなある日、水原で「朝鮮独立万歳」の声が起こった。それを見にカンナニと一緒に出かけた龍二は、カンナニからモンロー主義や民族自決主義、更に朝鮮の独立の話を聞かされ、カンナニと一緒に万歳を叫ぶ。

　　「龍二、モンロー主義つて知つてる」カンナニは突然訊いた。「知らない」龍二は答えた。カンナニが知つてゐることを知らないのは何か淋しかつた。「アメリカのウイルソン、ウイルソン大統領が云つたよ。モンロー主義、民族はじけつすべし」何のことだかわからなかった。「朝鮮は独立できるよ。独立万歳とみんなで云ひ合つてゐたら、ウイルソンが飛行機で助けに来るのだつて」「飛行機で？」「ああ、飛行機で。ああ、いいねえ、龍二、飛行機で助けに来るのだつて」あちこちの小丘では人たちが立ちあがつて独立万歳をとなへた。それが山によせてきて、ウオーとはねかへつてゐた。カンナニは、両手をあげて、「マンセー」とやつた。龍二も、手をあげて、「万歳」とやつた。「カンナニはマンセー、朝鮮の言葉だから、龍二はバンザイ、日本の言葉だから。いいねえ。一緒にやらうよ。さうしたら朝鮮は独立できるよ」(15)

　しかし、まもなく鎮圧に現れた日本兵によって銃が乱射され、教会に逃げ込んだ朝鮮人は教会もろとも焼かれる。龍二とカンナニの語らいも、これが最後となってしまった。それは「白衣の集団」を追う日本の軍隊で街が混乱を極めた時、カンナニが行方不明になってしまったからである。事件の直後家に戻らないカンナニのために、龍二は父と一緒にカンナニを探しに回るが、カンナニはついに見つからない。その代わりに、錬武台付近でカンナニが龍二の為に作っていた小銭袋が血塗れになって落ちているのを発見する。これを見た龍二は、「カンナニを殺したのは、きっと軍刀を振り回したをじさんたちに違ひない」と思った。
　「カンナニ」は比較的多くの朝鮮人にも読まれたという。それは作者自身いつも故郷として思い続け、その隅々まで精通していた水原が異常な情熱をもってリアルに描かれたことと、作品全体が「朝鮮の四季を背景に、風俗を取り入れて」詩的に形象化されたことに惹かれたからに違いない。

また作者が「独立を希む朝鮮の人たちの心に胸うたれ、泣きながら」書いたひたむきな姿勢があったからであろう。又この作品は作者が24歳の時書いた処女作で、「私は事件の時には尋常科2年生であったが、幼い心に焼きついた人心と情景はなかなか色濃いものがあった。なかでも水原は、3・1騒擾史上でも、最も激化したところで、郡内にあった教会焼打ち事件も、その最たるものであった。[16]」という作者自身の言葉にあるように、直接的な体験によったものである。作品中の朝鮮人が逃げ込んだ教会が焼かれる場面は、堤岩里虐殺事件を思わせ、少女カンナニの死は、柳寛順のイメージとも重なっている。水原の3・1運動の記録によると、3月1日の大規模な示威以降、「約半月間の小康状態が続いたが、3月16日の市の日を利用して八達山の西将台に数百名が集まり、また東門の中の錬武台にも数百名が集まって示威をした」という。カンナニと龍二が八達山に登ったのは、ちょうど一時小康状態を経て運動が再燃した時期にあたるであろう。京畿道の運動は事件の連絡がよく伝わらなかったようで、ソウルの運動と歩調が合わずに、道内の中心部であるソウルの大示威運動が波紋を起こし、漸時近くから遠くへと伝播していった。京畿道地方は殆ど2ヶ月にわたる粘り強い運動が続けられ、日帝の弾圧が激しくなるとあちこちで衝突が起きた。中でも示威が目立つのは主にソウル以南の各郡であり、その中でも堤岩里虐殺事件をもたらした水原郡の運動が代表的であった。水原では3月23日から4月15日まで、示威回数が27回、示威群衆数が1万1200名、被害状況は996名の虐殺、889名の重傷者、1365名の検挙者を出すなどの厳しい弾圧が行われた[17]。作中の「龍二、ウイルソンは来ないねえ。独立も駄目なのだろうか」というカンナニの言葉のように、3・1運動は独立の目的を達することなく敗退した。カンナニの死は、そのまま3・1運動の挫折を意味したのである。

## 2．梶山季之の「李朝残影」

梶山季之は1930年ソウルで生まれた。父は当時、朝鮮総督府の土木関係の技術官僚（技官）であった。1943年湯浅克衛と同じ京城中学校に入学4年生の時敗戦を迎える。1958年頃からルポライター生活に入り、週刊誌のトップ記事を受け持ち、スクープ記者としての名をはせた。1961年

記者をやめ、ミステリー、産業スパイ・ポルノ小説を発表しはじめ、次々とベストセラーを生み出してゆく。一般には産業スパイ・ポルノ小説の作者というイメージが強いが、1963年「李朝残影」が直木賞候補に上ってからは、「朝鮮・韓国もの」を粘り強く発表し終生のテーマとするようになる。その朝鮮・韓国への関心は日本に引揚げて来て後のことであるが、朝鮮ものの作品をライフワークにしようと思ったのは植民者の息子である自分の中に朝鮮・韓国の欠落があるという認識に達し、それを見出すためにそれを小説の世界として描き出すことを終生のテーマとしたようである。ベストセラー作家となる前から、古書店を通じて集められた厖大な朝鮮関係の資料（現在はハワイ大学に寄贈されている）は、そうした自分の中の欠落に気づいた梶山の精神的な補償作用とも言われる。十数編を数える朝鮮ものの作品の中で特に有名なのは、薛鎮英という創氏改名を拒否して死んだ実在人物をモデルに書いた「族譜」と、ここで取り上げる「李朝残影」である。両作品とも韓国で映画化され評判になり、『The Clan Records－Five Stories of Korea』というタイトルで英訳（「族譜」「李朝残影」など5編を収録、ハワイ大学出版部、1995年刊）もされた。この2編は韓国語にも翻訳されている（『世界文学の中の韓国』巻6、正韓出版社、1975年）。

　梶山の柩に納められた彼の著書は、ベストセラーとなったどの本でもなく、『李朝残影』であったという。次に作品のあらすじを記す。

　時代背景は太平洋戦争の前夜である。青年画家、野口良吉は、朝鮮の廃れ行く匂いや色彩、風物に並々ならぬ愛着を抱いて、それを画題としてひたすら追い求めている。父親は朝鮮に昔、軍人として赴任して来て、1920年に軍人をやめて以来、現在までソウルで旅館業に専念していた。彼はその両親の一人息子でソウルで育ち、美術学校を卒業後は私立女学校の絵画教師の傍ら、好きな画を描いて暮らしていた。野口はある偶然から医大の助教授・朴奎学を知り、朴の好意によって、妓生の金英順と出会う。英順は李王朝時代の宮廷舞踊を舞う、まれな舞姫であり、日本人には絶対に体を許さないとうわさされている貞潔な妓生である。

　野口は英順の舞い姿に魅せられ、それをなんとしても描きたいという想いにとりつかれる。しかし英順はそれを拒否する。彼の熱意と朴のとりなしによって、ようやく彼女は心を開き徳寿宮の青い芝生の上で、天衣無縫

かつ嫋々として艶美に舞う。野口は魅せられたように絵筆をふるい、1年余をかけて完成させる。しかしその直前、予期せぬ事態に逢着する。野口が英順に、アトリエで彼の父親が軍人姿で母親と写っている写真を見せた時のことである。彼女は手にしたアルバムを激しく投げつけ、憤然として彼の前から姿を消す。

　英順の怒りの原因がどこにあるのか、野口は必死で追う。そして1919年の3・1運動（作中では「万歳騒動」）との関連がうかびあがり、父の蔵書の一冊「朝鮮騒擾経過概要」というパンフレットの記述から、事の真相は立ち現れてくる。その冊子には、京畿道における民衆の蜂起とそれに対する弾圧の模様にふれて、こんなくだりがあった。

> 　当時、来着セル発安場守備隊長は、現況ニ鑑ミ、暴動ノ主謀者ヲ剿滅スルノ必要ヲ認メ、四月十五日、部下ヲ率イテ堤岩里ニ至リ、首謀者ト認メタル耶蘇教徒、天道教徒ナドヲ集メ、二十余名ヲ殺傷シ、村落ノ大部分ヲ焼棄セリ……云々[18]

　やがて、判明することだが、記述の中の発安場守備隊長が野口のかつて軍人であった父であり、その手によって虐殺された20余名の一人が英順の父であった。焼き払われた村は、英順の生まれ育ったそれであった。事実を知って、野口は愕然とする。

　英順を描いた野口の絵は「李朝残影」と題され「鮮展」（朝鮮美術展覧会展）で特選第一席に入選する。しかし、晴れがましい時間もたちまちにして暗転する。憲兵隊からの介入があり、「李朝残影」という題名は李王朝が今なお生きついでいるかの印象を与えるからよくない、改題しろと迫られる。留置場での責め苦にあって野口は、憲兵隊の要求を入れようと、いったんは心動かす。だが、そんな折だった、3・1運動における堤岩里虐殺事件と英順の関係を知ったのは。野口は決然と翻意する。題名は改めない、特選を取り消されても構わないと宣言する。その瞬間、憲兵に殴打されて、彼の体は横転し、激しい苦痛を味わう。しかし、その苦痛は、「決してただの苦痛ではなかった。金英順の顔が幻のようにすぐ近くにあった。」

第Ⅱ編　植民地支配における抵抗の思想と文学

　「李朝残影」には、似たような題材を扱いこの作品の原型となった「霓の中」(1953)という作品がある。女主人公薛玉順は3・1運動の犠牲者の遺児である。父親は運動直後亡命のため豆満江越境を図り失敗して捕らえられ消息を絶った設定になっている。彼女をモデルとして日展特選となり、かつ同棲した主人公の画家梶は玉順に「あんたは憎くないよ。だけど日本人だから憎いよ」と言われ、「自分の愛情でもっても支えきれぬ血への憎しみに、やりきれない失意を味わ」い、そんな不幸な玉順を救うために、日本人として贖罪したいような決意に迫られるのである(19)。「李朝残影」では主人公野口と女主人公金英順の関係が両者とも父子二代にわたって堤岩里虐殺事件を媒体として明確に設定されており、宮廷舞踊、妓生の生活などについてもより詳細に描かれ、朴奎学という知識人を登場させるなど、小説として厚味をもたせている。また主人公同士の恋愛を安易に成就させていない点も小説としては成功しているように見える。そして何よりも軍隊のみならず、官憲の横暴振りを浮き出させて見せ、主人公をして、「あの堤岩里の虐殺事件、そして放火事件も日本の軍隊では起こりうるのだということを、身を似て体験」(20)させ、憲兵の理不尽な要求に対して「否」を宣言させるところに、作者の植民地人への贖罪感を貫こうとする意思を読み取ることが出来よう。

　梶山は日韓国交回復後韓国を訪れた最初の文人である。活き活きとした現実の韓国社会に対する同時代的な関心と観察はルポライターとして出発した梶山にとって当然のことではあったが、その熱意は単なる少年時代のノスタルジアではなく、植民地支配責任の一端を負っているという強い自覚があったからである。1961年韓国のジャーナリスト張俊河からの招請状をもらった返書で、梶山は韓国を訪問出来たら是非会いたい人物として、自殺して族譜を護った薛鎮英の遺家族とともに、日本軍憲兵に虐殺された堤岩里事件の目撃者、または研究家を列挙し、「私は日本が、貴国を植民地としていた時代の、過去の罪をえぐりだし、日本の人々に知らせたいと思います。私は日本と韓国とが、新しい友情で結ばれるためには、先づ過去の非を十分に認めることから出発すべきだと考えました。その反省の資料として、それらの人々と会い、直接に話をききたいと思ったのです。(21)」と記している。

## 3．小林勝と角圭子

　小林勝は1927年朝鮮の慶尚南道晋州に生まれ、敗戦までほぼ17年間、少年期の殆どを植民者の子として育った作家である。ほぼ20年間にわたる創作活動は、自らの朝鮮体験との仮借ない戦いであった希有な生涯であったといえる。『朝鮮・明治五十二年』は、3・1運動が新聞記事の形で作品に挿入され、構成を重層化させている。運動の蜂起から1ヶ月ほどの状況を背景に、その蜂起が刻々と周辺に広がっていき、示威とそれに対する弾圧がどんなに熾烈なものであったかをドキュメンタルに伝えるだけでなく、3・1運動が壬辰倭乱における民衆の蜂起の伝統をひきついだ朝鮮民衆の抵抗であり、それへの弾圧が文禄・慶長の役から引き継がれてきた日本による侵略である、という認識を明確に示している。朝鮮人実業学校の書記・大村ら日本人たちの意識と行為を、その存在自体が悪であることからまぬがれない植民者の姿を抽出することによって描き出している。大村は自分の境遇に投げやりな心情を抱いて異邦での生活を送っていたが、その大村のようなものでも山奥の町に朝鮮民衆の決起が迫った時、全く無意識に猟銃を発砲し、気づいた時には何人もの朝鮮人を殺害する、そのような場面を描くことによって、植民者の中でも疎外される立場にあった一日本人の意識深くにねむる歪んだ根性をえぐりだして見せた。

　角圭子（本名石山芳）はロシア文学を専攻する作家・評論家である。『朝鮮の女』は慶尚南道の僻村を舞台に「私」（鄭英姫）の6歳の時点から始まり、前半では喜烈祖母、後半では「私」を中心に朝鮮の女たちの生き様を通して植民地下にある民族の悲哀と痛憤をみつめようとした作品である。特に前半で、日本人への憎悪を人一倍胸のうちに燃やしている喜烈祖母が、3・1運動に遭遇した時も、ためらうことなく民衆の蜂起の列に加わり、夜は村の男たちがかがり火をたいて独立を叫んだ時にも彼女は幼い英姫の手をひいて丘の上のあずまやへ連れていき、あかあかと燃え盛る炎を見せる。翌朝、日本人憲兵がやってきて、市の日に独立万歳を叫んだかどで連行され、やがて全身に無残な傷跡を刻み付けられて、戸板に乗せられて帰ってきた。喜烈祖母は警察で拷問された折、「なんどでも死んでやる」と叫んだという。数日後彼女はすさまじい発作を起こし倒れる。喜烈祖母の烈しさのうちには、哀しみと抑えきれない恨みがあった。日本人で

第Ⅱ編　植民地支配における抵抗の思想と文学

ある作者が朝鮮の女を一人称で主人公に設定し、3・1運動だけでなく様々な出来事や女たちの姿を描いた印象的な作品となっている。

## 4．近代詩の中の3・1運動

　最後に、堤岩里虐殺事件が起きると日本人として誰よりも先に堤岩里を訪問し、『福音新報』に「ある虐殺事件」という詩（ジョン・ミルトンの「ピエモンテの虐殺の報を聞き」に示唆され書かれた作品で、ミルトンはアルプスの山中の農村で12世紀以来住み、反ローマ教会的な信仰を守っていたバルド派の人々が、1655年にサボイ公の軍隊によって虐殺された報に接し、この14行詩を書いた。[22]）を寄稿した、英文学者である斎藤勇の詩と、それを読み「殺戮の跡」を発表した斎藤庫三（藤沢市の牧師）、そして北朝鮮で生まれ少女時代3・1運動を目撃し、現在も詩作を続けている秋野さち子（1912～　）の作品を紹介し不十分ながらこの稿を閉じる。


　　　　　　　或る殺戮事件

　　　　　　　　　　　　　　　　　　　　　　　　　斎藤　勇

　　　それはトルコ領アルメニアの蛮行でない。
　　　三百年前ピエドモントにあつた殺戮でない。
　　　アジア大陸の東端に行はれた惨事である。
　　　永遠の平和を期する会議中の出来事である。
　　　我等の愛する祖国に於いては、
　　　　人種差別を撤退すべしと、
　　　所謂志士がいきまきどよめいた時だ。

　　　五大列強の一たる君子国の方伯(つかさ)は、
　　　　其託された領土の民が結束して起ち、
　　　　君子国官憲の圧制を唱へ、
　　　　一個の人として与へらるべき自由と権利を
　　　　要求するため示威運動を行つた時、

畢竟西洋から来た邪教の迷はす所と、
剣を按じて、布令をまはした。
某月某日会堂に集るべしと。

そこは都を離れた淋しいひな里、
木造りの粗末な教会堂が立っている。
白い着物をつけた土地の人々、
或る者は大病の老いたる父を離れて、
或る者は産褥(さんじょく)に入りし妻を残して、
或る者は辛くもその日を過すたづきを去って
今日は日曜でもないのになぜ集るか、
お布令のためだ、厳(いか)めしい憲兵のためだ。

集る者二十三十、中には基督を信ぜぬもいた。
官憲は詰(なじ)つた、なぜ暴動に加はつたかと。
ああ己れの母国が滅びて不平なきを得ようか。
しかも当局者が善政を似て慕はしめずば、
誰れが喜んで屈辱と侮辱とを忍べよう。
しかも若し、武断と暴力とを用いて、
民の慴服をこれ計る為政者ありとすれば……。
基督の徒は、官憲に対(むか)つて、
信教の自由を要求したかも知れない。
その言激越の調を帯びたとしても、
偶像礼拝を強ひられる者に、
それはいけない、不柔順だとどうして言へよう。

忽ち砲声、一発、二発……。
見るまに会堂は死骸(むくろ)の堂宇(ほこら)。
尚あきたらずして火を似て見舞ふ者があった。
赤い炎の舌は壁を嘗めたが、
官憲の毒手に斃れた亡国の民を——

第Ⅱ編　植民地支配における抵抗の思想と文学

　　西洋邪教を信ずる者を——
　　憚る如く、恐るる如く、守る如く、
　　彼等の死体を焼き払はない。
　　それと見て、風上の民家にも火をつけた、
　　燃える、燃える。四十軒の部落は、
　　一として焼き尽くされざるはない。
　　君は茅屋(ばうおく)の焼跡に立つて、
　　まだいぶり立つ臭気が鼻につかないか。
　　乳呑み児をだいた儘の若い母親、
　　逃げまどうて倒れた年よりなどの
　　黒焦げになつた惨状が見えないか。
　　何、ヘロデの子殺しよりもひどくないといふのか。
　　ピエドモントやアルメニアのより人数が少いといふのか。
　　島原や長崎あたりの昔の事もあつたといふのか。
　　君子国にはそんな例が珍しくないといふのか。
　　もしこれをも恥とすることなくば、
　　呪はれたるかな、東海君子の国。

　　ある新聞は簡単に伝へていふ、
　　併合国土の基督教徒は
　　群り集まつて騒擾を起し、
　　これが解散を命じた官憲に反抗したので、
　　暴徒の死者二十、焼失家屋十数戸と。
　　又或る新聞は一言半句之を記さない、
　　さながら春風に吹きちる花(こち)を見るやう。
　　　　　　　　　　　　　　　　（一九一九、五、六）
　　　（大正八〔一九一九〕年五月二二日、第一二四七号）『福音新報』

第5章　日・韓近代文学に現われた3・1独立運動

　　殺戮の跡―――斎藤勇氏「或る殺戮事件」を読みて
　　　　　　　　　　　　　　　　　　　　　斎藤庫三

ここ都離れし淋しきひな里、
赤き煙りのひまに月は出でぬ。
よべまでは楽しかりし家族の群も、
今は家もろ共に黒焦げとなりて、
焼け残りの中に燻る。
　　　　　　くすぶ

ありし日の村の春、はたクリスマス、
喜び集ひし会堂も今は影なく、
共に祈りし純朴の姿も今やいづこ、
見よ、主イエスキリスト、
燃え残りの跡を弔ひ歩く。

焼かれし人々の霊は天に登りぬ。
されど残りしこの残虐の跡やいかに。
火をつけ、砲を向け、殺戮せし人々のために
見よ、主は燻る煙の中に祈る。
彼等は去り行きてその影も見えず。

静かに燻り燻る燃え残り、
遙かに青き赤き月の光、
移りゆく惨憺たる地上の文明、
荒廃極りなき跡をいかに照らす。
さはれキリストは永遠にいます。

審判も宣告も遂には彼の手、
慰めよ、慰めよ、神を捨つるな、
頼れ、頼れ、とこしへに彼に、

第Ⅱ編　植民地支配における抵抗の思想と文学

　　復讐も鬱憤もただ優しき愛に収め祈れよ。
　　　　　　　　　　　　　　　　　　（一九一九、五、二五）
　　　（大正八〔一九一九〕年六月一五日、第一二五一号）『福音新報』

　　　　楊柳のようにゆれた手
　　　　　　　　　　　　　　　　　　　　秋野さち子
　　　　　一九一九年三月一日　朝鮮全道に
　　　　　独立運動（万歳事件）が起こった

　　その朝　おかっぱのわたしは
　　三ッ編のおさげの子と門の所で遊んでいた
　　向うから　先頭の両側に
　　白地に巴を描いた旗を持ち
　　冠をつけた白周衣(つるまき)の人達が列をつくり
　　歩調を整えて進んで来る
　　音頭をとる人が何かを唱えると
　　一斉に両手をあげて「マンセーイ」と唱和する
　　一団が通りすぎると第二団が来た
　　それには老人もいた　子供を負ぶった女も
　　（背中の子供達は何を見たのだろう）
　　少し乱れた足どりで同じように
　　両手をあげて「マンセーイ」と唱える
　　ゆれる手から手へ虹がかかる

　　母は無言でお守りをわたしの肌につけ
　　屋敷内の官僚(やんばん)の主婦(おもに)にわたしを預けた
　　母の眼は何かの決意に耐えていた
　　その家の女の子と同じ
　　美しい上衣(ちょごり)と裳(ちま)を着せられて
　　わたしは泣くのをこらえていた

その頃は南北の隔てがなく
白衣の人達はひとつの柵を抜こうとしていた
旗の邑は松明となり
眼の中から咆哮が吹き出していた
黒い冠と白周衣(つるまき)はこの国の男の正装
正装は勁い魂の行進であった

西鮮の三月は寒く
杏の花もまだ咲かない
ゆるやかな山なみ　青碧の屋根
やさしい人達のなつかしさが撓(まと)う成川の地で
六歳のひたむきな瞳に刻み込まれたもの
おとなになって知り得たなどとは言えない
暗く深い痛みの切れはしを嚙みしめる
「マンセーイ」を唱えて
楊柳のようにゆれた手
その手から手へ
祈りが虹となって立ちのぼった
白い行列を忘れない

詩集『北国(ほっこく)の雪』（昭57）所収

【注】
（1）「生命の春」（『田栄澤全集〔以下'全集'と記す〕』①、牧園大学校出版部、1994）、p.141
（2）宋河春「ヒューマニズム文学の模型」（『韓国小説文学大系』④、東亜出版社、1995）、p.484
（3）李在銑『韓国現代小説史』（弘盛社、1979）p.258参照
（4）「生命の春」（全集①）p.111
（5）「毒薬を飲む女」附記（『田栄澤創作選集』語文閣、1965、p.318、「創造」初出のものはこの"附記"はない。なお『田栄澤創作選集』収録の作品には何箇所か改作が試みられている。

(6)「毒薬を飲む女」(全集①) p.149
(7)「石英の小石」(全集②) pp.119〜120
(8) 韓国基督教歴史研究所『韓国基督教の歴史』Ⅱ、(基督教文社、1990) pp.40〜41
(9) 姜鏞訖『草堂』張文平訳(『世界文学の中の韓国』② 正韓出版社、1975) p.420、424〜425
(10)『草堂』前掲書pp.426〜427
(11)『草堂』前掲書pp.433〜434
(12) 李彌勒『鴨緑江は流れる』韓鳳欽訳(『世界文学の中の韓国』①正韓出版社、1975) p.345、347〜348
(13) 湯浅克衛『カンナニ』(講談社、1946) pp.10〜11
(14) 前掲書pp.26〜27
(15) 前掲書pp.88〜89
(16) 前掲書p.230
(17)『韓国現代史』④(新丘文化社、1973) pp.250〜252参照
(18)『李朝残影――梶山季之朝鮮小説集』(インパクト出版会、2002) p.80
(19) 前掲書p.118、116
(20) 前掲書p.88
(21)『積乱雲 梶山季之――その軌跡と周辺』(季節社、1998) p.381
(22) "On the Late Massacre in Piedmont" John Milton
　　平井正穂訳編『イギリス名詩選』(岩波文庫、1990) pp.84〜87参照
　　西川杉子『ヴァルド派の谷へ』(山川出版社、2003) pp.5〜9参照

第6章

# 20世紀初頭、韓中日における知識階層の反植民地論の性格の比較

金　勝一

## Ⅰ．はじめに

　19世紀の後半、韓中日三国はいかに前近代的社会から近代化された資本主義社会への移動を実現できるかという問題と、いかに欧米列強の侵入に抵抗して国家の独立を保障し、半植民地的な民族危機を克服するかという問題をめぐって衝突した。

　かかる問題を解決するため、韓中日三国の知識階層は総力を傾けていた。その中で、西欧的近代化に適応するため、もう社会的基盤を形成していた日本は、韓中両国よりすでに近代化が進められていた。これに比して、中国は中体西用‐東道西器等の論理により、自国の伝統的な自矜心を維持しながら、西洋の近代化的要素を接木させる方策を取った。しかし、かかる方策はあまり効果を上げることができず、半植民地国へ進んでいった。かかる状況で中国と日本の動向をさぐりながら自活を考えざるをえなかった朝鮮は、効果的な方策を考えることもできず、植民地国へ転落していったのである。

　かかる時代的な環境変化の中で、韓中両国の知識階層は、植民地・半植民地への転落を懸念しながら、反植民地論を主張し始めた[1]。これに対して日本の知識階層は、段々暴悪になる日本帝国主義の行為を見ながら、未来の日本に対する不安を感じ、反植民地論を展開し始めた。しかし、そのような努力にもかかわらず、結果的に韓中両国は日帝の植民地‐半植民地国になり、かれらの圧迫を受けざるをえなかった。これに対して周辺国

に苦痛と被害を与えた日本は、結果的に敗戦のうえで、歴史的罪人になってしまったのである。

かかる韓中日三国の歴史的矛盾は、今日、地域間の協力共同体を締結しながら競争力を高めている国際社会の現状に、逆行する主な原因になった。故に、21世紀東アジアの協力共同体を実現するためには、その核心的な役割を遂行すべきである韓中日三国の歴史的な矛盾が、まず解決されなければならないのである。

それのため、韓中両国が植民地‐半植民地国へ転落する直前の危機状況に逢着していた20世紀初頭における韓中日三国の知識階層の反植民地論の性格を比較分析するのも一つの方法ではないかと思う。なぜなら、歴史を見る三国間の視角差の原点がどこにあるかを捜すことができると思われるからである。

## Ⅱ. 日本知識階層の反植民地論の性格

清日戦争と露日戦争の勝利と韓国併呑により、帝国主義の強国になった日本は、日本帝国主義思想が一層強化された時期であった。多くの日本国民は欧米帝国列強との不平等条約を甘受すべきであった苦痛の中で、いまアジア諸国を侵略する立場になり、国際帝国主義列強の隊列に参与することができたと思って、みずから日本が世界の一等国に発展する時期に至ったと自慢することになった。

かかる状況下で、各階層の帝国主義に対する認識、植民地に対する認識はどうであったのか、またこの認識の根底には、どのようなものが潜在していたかを明らかにするのは、日本帝国主義が膨脹できた源泉を把握する重要なカギになると思う。

この時期、日本で反植民地論を主導した個人や団体は、社会主義者・基督教人・文学人・無政府主義者等と集約される。

まず、社会主義者が主張した反戦の趣旨をみよう。

"戦争の目的は、植民地及び新市場の拡張に在り、福利を受くる者は、

## 第6章　20世紀初頭、韓中日における知識階層の反植民地論の性格の比較

唯だ政治家資本家であり、多数労働者は、能く何事もなすことができない"[2]

といった。かかる社会主義者の認識は、一見、反戦・反植民地論的な面も含んでいると見えるが、あくまでも階級間の利害関係に重点を置かれた主張である。即ち、社会主義の理論に立脚したイデオロギー的な要素がもっと強調されたのであり、実際に、帝国主義に対する強烈な批判意識は非常に弱かったといえよう。

勿論、1905年に締結した'保護条約'の論調には、"其の皇帝と其の人民を憐れむ、吾人は彼等今日の心事を思って涙なき能はず"[3]といい、"遂に朝鮮をして日本の被保護国たらしめたり、嗚呼、吾人、言うこと能はず、書くこと能はず、唯だ悪む"[4]、といいながら、日本の強圧によって締結された「保護条約」に対して、同情心を現わしていた。かかる態度は弱小国に連帯意識を表明したプロレタリア国際主義者の任務感から出て来たことに過ぎなかった。

1907年朝鮮王朝の「ハーグ特使事件」に対して憲政本党を始め、野党さえも朝鮮に対して強硬論を提示した。そうすると社会主義者であった木下尚江・堺利彦・西川光次郎・田川大吉郎等は、「社会主義有志会」をつくり、韓国侵略に対する質疑文を採択し、帝国主義政策を批判しながら韓国の自由独立を要求した。さらにかれらが出刊する『社会新聞』『日刊平民新聞』『新紀元』等を通じても侵略反対の主張を高めた。

しかし、かれらのかかる主張はきわめて少数意見であったので、日本国民の耳にはほとんど聞こえなかった[5]。また、それ以外の社会主義新聞では、「社会主義有志会」の決意さえ掲載しなかったし、「ハーグ特使事件」に対しては、正式な評論さえしなかったという事実から見ると[6]、社会主義者の反戦・反植民地論は、実質的にかれらの思想的基調に根拠した宣伝工作的な面が、もっと強かったのではないかと思う。

かかる社会主義者に帝国主義思想が入って来たのは当然の帰結であった。時間が過ぎると、かれらの思想の中には、徐々に優越思想と指導者意識が澎湃していった。このような状況で、植民地論に賛同する部類が現われ始め、社会主義系列の新聞では、大国主義・国権主義を主張する論説が

第Ⅱ編　植民地支配における抵抗の思想と文学

載り始めた。これらの論調には、客観的に侵略を肯定する見解も現われた。その代表的な論説が、『平民新聞』の英文欄に掲載された「Our Best Policy In Korea」（朝鮮統治の最良策）である。即ち、

　"われわれがいまとらなければならないのは、朝鮮から何を得ることかではなくて朝鮮人たちがかれら自身の天然資源を活用するためになにをなさねばならぬかである。もし諸君が桃や柿の豊かな守護を得ようと思えば、諸君はまず田をたがやさねばならない。これこそわれわれがいま朝鮮に採用しようとしている政策である。"[7]

これは植民地の国民を蔑視する帝国主義的論調であった。かかるかれらの意図をもっと明確に示したのが、次のような主張である。即ち、

　"八道の志士仁人よ、代は過ぎたり、時は後れたり、何時まで国家に恋々たる、政府にたよる諸君の境遇は、今明白に無政府党になるべし社会主義者になるべし"[8]

である。これは被抑圧民族が民族独立闘争をなぜ行うのか、その本質的な課題がなんであろうかを十分理解しなかった見解であるといえる[9]。かかる面は、第2インターナショナル七回大会に参加した加藤時次郎が、植民地問題を議論しながらも、韓国問題に対しては全然言及しなかった点とも連関する。

　しかし、このような面を見せながらも社会主義者は、当時までには日本帝国主義の韓国侵略に継続して反対した面があった。このようなかれらの態度が急激に変ったのは、安重根義士の伊藤博文狙撃義挙以後のことであった。この義挙以後から、かれらの態度は急変し、日本帝国主義の韓国併合を容認し、'同化政策'を支持する方向に急旋回した。この状況を克明に見せたのが、当時の社会主義系列の『週刊社会新聞』に載せられた「日韓併合と我責任」という題下の論説であった。

　"日韓合併は事実となった。之が可否を云云する時ではない。今日の

第6章　20世紀初頭、韓中日における知識階層の反植民地論の性格の比較

急務は朝鮮を治むるに当り巧妙なる手段方法を用いることである。彼等が同化するかしないかは問題ではない。朝鮮人に是非共与へなければならない物が一ある。此一を与へざれば彼等は我に禍するかも知れぬ。厄介物となるかも知れない。其一とは何であるか他なし日本帝国臣民としての独立である。"(10)

　即ち、かれらにはプロレタリア革命だけが目標であり、弱小国家の独立問題には、まったく関心がなかったことを代弁したのである。
　かかる社会主義者の急激な意識変化は、これまでの反戦・反植民地論者としてのイメージを大きく削減させることになった。このように清日戦争以後からずっと主張されてきた反戦・反植民地論及び併合反対論が、かれら内部の思想的な葛藤の間に流れ込んだ帝国主義的な大国主義及び指導者意識を、段々高めていったことを示している。これと共に'大逆事件'という大弾圧の中で、自分自身の危機感に束縛され、自身の存在を完全に失なってしまったともいえよう。
　それが韓日合邦と前後し、社会主義者が'韓国人の同化'を主張するようになった背景である。合邦以後には、反帝・反侵略という立場での批判は完全に消滅し、かれらのイデオロギー的策略の一つであった韓国人民との連帯構想もなくなり、さらに、となりの国民に対する人間的な同情心さえ失ってしまったのである。
　反戦・反植民地論を主張した代表的な団体として基督教界がまた挙げられる。基督教界の知識人の中で、柏木義円ように合併を批判した人物もいるが、基督教界の幹部であった海老名弾正・植村正久等は、社会主義者と同じに合併を支持した(11)。かかる基督教界の韓日合併に対する支持背景は、露日戦争以後、基督教界の韓国問題に対する見解表明で分かる。露日戦争以後の基督教界の韓国問題に対する反応は、極めて少なかったが、その中で韓国問題に対して若干でも論説を載せたのが『六合雑誌』であった。
　この雑誌の社論に掲載された「韓国に於ける基督教の伝道」の内容は、露骨に韓国を蔑視しながら、韓国支配のため伝道すべきであると主張した(12)。このような主張は、韓国での伝道のため朝鮮総督府から資金援助

を受けたからと弁明するが、以後ソウルで駐在しながら活動する牧師らの論説で、植民地支配に賛同する意思が確認できる。

　　"理勢の然らしむる所、仁に外れ、義に外るマキアベリズムの発現に非ずし、実に人倫的帝国主義の発動に外ならざる"[13]

　このような論理は、宗教的な良心さえなかった基督教界であったことを示している。勿論、かれらが日本組合基督教会系列の一部であるとしても、これは基督教精神を誤解した日本基督教界の当時の状況を代弁していたといえよう。
　これを確認してくれた人物が、日本基督教界の代表的人物であった内村鑑三である。内村鑑三は、清日戦争までは主戦論者であった。かれは清日戦争に対して、"朝鮮の独立と安全を維持し"、"中国に対してわれわれと協力して東洋の改革に従事すべきである"といいながら、'正義の戦争'であると主張した。そのような状況の中で、勝利の結果として領土と賠償金の獲得に熱狂している日本人の姿をみた以後から、日本帝国主義の行態に対して失望し始めた。かれは『近時雑感』で、清日戦争は'義戦'ではなく、'掠奪戦'であったといいながら、"日本人は忠君であり、愛国であると言えば、かならず外国と闘うべきであると教育を受けてきた。"と自虐した[14]。これをきっかけにして、かれは非戦論者になるが、かれの初期の認識は、植民地論を擁護する立場であった。これが日本基督教界に大きな影響を及ぼして、彼は、朝鮮を合併するのが、当然の正しいあり方であるという認識を広めたひとりであったのである。
　このように良心的であった日本知識階層も、清日戦争の時には大部分、天皇制政府の植民地政策を擁護する国粋主義的な意識構造を持っていたのである[15]。これを代表的にみせたのが石川啄木である。
　石川啄木は日本現代文学に新鮮さを与えた反戦論者で、日本民衆の良心を代表する人物であるが、明治43年冬を前後して思想的な大転換をするまでは、同類の国家主義者にすぎなかった。当時まで、かれは非常に好戦的な日本帝国主義政策の擁護者であった[16]。かれは伊藤博文の追悼文で、下のように描いている。

## 第6章　20世紀初頭、韓中日における知識階層の反植民地論の性格の比較

　　"独逸の建国はビスマークの鉄血政略に由る。而して新日本の規模は
　　実に公の真情により形作られたり、「吾人は温和なる進歩主義」と称
　　せらる公の一生に深大の意義を発見す然り、而して吾人の哀悼は愈愈
　　深し、唯吾人は此哀悼によりて、事に当る者の其途を誤る勿らん事を
　　望まずんば非ず。"(17)

　かかるかれの帝国主義者に対する態度は、かれが被害国国民の心情を理解しなかったことを示しながら、かれの思想と主義が民族国家主義及び帝国主義に依拠して形成されたことがわかる。このような点で、かれが韓国の合併に至り、「9月の夜の不平」という題目の詩を通じて、韓国の悲運を悲しみながら帝国主義の横暴に反対する思想的な大転換をしても、支配民族の詩人であるという評価を免ずるには限りがあると思う。
　一方、社会主義者でありながら、無政府主義を主唱した幸徳秋水も、反戦・反植民地論には限界があった。即ち、かれの反植民地論には正確な理論と方向がなかったことをしめす。かかる点は民族問題に対する正確な方針を持っていなかった無政府主義自体の問題でもあるが、"国家的観念の否認"という観念だけで、植民地的屈辱を脱け出すことができるというかれの思想体系は、空想的であり、非科学的であると評価すべきであろう。即ち、

　　"之を世界の歴史に稽へて、自国の将来を憂慮する時、朝鮮をして永
　　遠の屈辱より超脱せしむる只だ一途あることを自覚するならん、「国
　　家観念の否認」即ち是れ也"(18)

　かかる観念体系の中で、かれが提示した韓国民族の解放のための実践的方向は次のようである。即ち、

　　"今日の朝鮮は、豈に古代の猶太に非ずや。……之に注ぐに超国家の
　　大思想を以てし、之を導くに人類同朋の大熱情を以てし、天が亡国的
　　朝鮮に待つ所の職分決して忽にすべからざることを覚らしめんか、他
　　年一日此の半島の一角より、他に平和を齎すべき一大豫言者の音響を

107

第Ⅱ編　植民地支配における抵抗の思想と文学

聴くことなきを保すべけんや。"[19]

といった。かかる実践方向はやはり支配民族としての無政府主義者であったことを示している。ここで幸徳秋水の反植民地論の限界が感じられるのである。

その外にも、韓国に対して温和主義者であると知られている犬養毅や、'日鮮同調論'に批判的であった歴史学者の白鳥庫吉等も、結局、合邦の時点に至っては、従来の批判的な立場から一変し、韓国を一国として認めなかったとか[20]、合併を日本史上で特筆すべきの大事件であると自分の見解を披露した。このように合併に同意したのは、日本知識階層の二重性を代弁するものといえる[21]。

# Ⅲ. 中国知識階層の反植民地論の性格

義和団・自立軍・恵州起義等、主体と目標と方法が異なっていた三つの武装蜂起が、続いて起きた20世紀前後は、中国近代史の展開に大きな意義をもたらした二つの現状があった。

一つは帝国主義勢力の中国に対する浸透と強化による、中国の半植民地化の状況の可視化であった[22]。かかる過程で、守旧派の官紳階級は、盲目的な排外主義者から対外妥協者へと変身した。かかる変化は、列強政治力の北京中央への浸透を示すものであり、帝国主義勢力が中国内部に深く入って来る地盤を形成する機会を与えたのである。

二つは、かかる半植民地化への深化過程で、新たな革命勢力の台頭が始まったという点である。その代表的な例が、景廷賓とその一派であった。かれらは守旧派の民族陣営からの脱落と義和団弾圧の過程を通じ、みずからの運動方向を「扶清滅洋」から「反満滅洋」へと自覚的な転換を追求した[23]。また、光緒帝の内政改革の旗幟のしたで、康有為と梁啓超を頂点とした自立軍の武装蜂起を、アメリカ大陸で注目していた華僑らが、この自立軍がむしろ逆賊として誤認され、弾圧を受けていることを知り、中国人がいくべき方向は、改革ではなく、革命の道であると思い始め、康有為

第6章　20世紀初頭、韓中日における知識階層の反植民地論の性格の比較

等に呼びかけるようになったという点である(24)。

　しかし、かれら守旧派と改革派の国際的視角は、依然として中華主義史観に止まっていたから、中国が迎えている危機に対しては実感しなかったままであった。そのような意識の中での改良主義ないし改革主義は、当然限界があったので、かかる局面を打開しようとする新たな意識を持つ先駆者らが現われ始めた。その代表的な先駆者は、大体三つの派にわけられる。即ち、守旧派と改革派の対立の中で、客観的に中国の現実危機を見て、帰国と共に統一戦線を訴えた留学生系列と、革命を旗幟として登場した孫文を中心とした革命派、そしてかかる革命派の矛盾に対して、新たなイデオロギーの応用を通じて、当時の乱局を打開しようとした共産主義系列等が、かれらであった。

　この三つの階層は、比較的国際的な流れに注目しながら、中国の現実を観察していた。その中で、かれらは中国が半植民地化されていく現状を見て、反植民地論を主張しながら新たな中国の建設を訴えたのである。

　まず、留学生系列の現実認識を代表的に見せてくれた人物として、日本に留学していた陳天華が上げられる。当時、かれの政治的認識は、19世紀末以来進行して来た「帝国主義侵略の激化＝中国の危機」という公式の中で形成された。即ち、列強の中国に対する野心を最大の危機的要素とみて、かれらに対する敵愾心を燃えさせたのである。それと共にかれは強固たる中央政権の確立がまず重要であると強調しながら、それのためには国内のすべての勢力が一致団結し、帝国主義勢力に抵抗すべきであるといった。いわゆる救国統一戦線の結成を訴えたのである(25)。しかし、かれの現実感は当時の政治状況と合わない感性的救国論ないし反植民地論であったといえよう。

　これに対して中華民族革命の先駆者であった孫文は、専制王権を否定し、共和革命を樹立すべきであると主張した。このような主張は、今までの論理とはまったく異なった次元での救国論ないし反植民地論であった。しかし、かれにおける問題は、かれの革命論の鑑が日本の明治維新であったということである。なぜなら、革命を成功的に導いたにもかかわらず、自身の意図のままに新中国を導くことができなかったからである。

　かれの一番大きなまちがいは、明治維新を研究する過程で、明治維新が

第Ⅱ編　植民地支配における抵抗の思想と文学

起きた歴史的過程に対してはほとんど研究せず、ただ日本社会の変化だけをみてこれを理解しようとしたことである。そのため、かれは日本勢力を利用して本国の統治者を窮地に追いやる革命を選択した。これは結果的に中国を半植民地国家に転落させる一番大きな要素になったのである[26]。

かかる孫文のまちがいは、かれの日本に対する認識不足から始まったのではなく、むしろよく認識したのが問題であった。即ち、日本を利用しようとした考え方から出て来た問題であった。その面からいうと、かれの策略は実用主義的策略であったともいえるが、かれの目的と手段が調和するためには、一定の条件が必要であったにもかかわらず、そのような条件を作ることができなかったという点からいえば、孫文の革命力量は限りがあったといえよう[27]。そのため、孫文の反植民地運動は、すぐ終止符を打たなければならなかった。かかる影響は、以後、国民党の全体に及び、国共対決の基本構図を形成させ、終局には日本の植民地である満州国の建立をもたらしたのであった。

かかる国民党の矛盾的反植民地論に対して批判を加えたのが、中国共産主義の大父といわれる李大釗であった。かれは始めから

　　"帝国主義の侵略から国内のすべての問題は、その一つ一つが質的に重大なる問題になっている。これが民国建設の前途を暗いものにしているといい、かかるすべての問題が国民党が主導する新政局から縁由する"

と主張した[28]。即ち、民生を豊かにするためには、平和的に統一された祖国建設が必要であると強調したのである。それのためには、人民自身の力による政治、人民自身が守るべきの民権の争奪、豊かで幸福な生活の実現を念願すべきであるといった[29]。

かかる李大釗の主張は、国共合作を通じて帝国主義勢力に抵抗するための統一戦線が実現する前に、まず人民が前面にたって人民自身が持つべき権利を争奪すべきであるという内容である。これを見ると、かれはまだ当時中国の現実と国際的な流れに対して十分な認識がなかったといえよう。

かかるかれの思考と主義は、以後の国内戦争の変化と共に人民の力に依って国民党に抵抗していったのである。そして、かかる人民の力を自分の方に引っ張るため、国民党が等閑視していた反帝国主義運動を広げながら、農民民族主義を煽り、自分の勢力基盤を広めていったのである。かかる点で共産党の反植民地論も、結局は中国内で自分の政治基盤及び勢力を鞏固にするための一つの方法として唱えられたといえる。即ち、根本的に帝国主義侵略に抵抗するための反植民地論ではなかったといえよう。

かかる中国知識階層の反植民地論は、国内での政治的闘争に対抗するための一つの方便として台頭したのであり、根本的に5.4運動以後現われた反帝国主義運動とはまったくその性格が異なることがわかる。そのような知識階層の認識の上で、中国が半植民地国へ転落してしまったのは、そんなにおかしいことではないであろう。

# Ⅳ. 韓国知識階層の反植民地論の性格

19世紀後半に入り、朝鮮社会は大々的な危機を迎えることになった。それは自主的な立場で国内の諸般問題を解決しながら、共に外勢の侵略に対して賢明に防禦しなければならない難しい状況を迎えていたということである。かかる危急状況を解決するため、三つの動きが現われた。一つは、開化思想を現実的に実行しようとする動きであり、二つは、外圧の勢力に反対する伝統保守主義者である斥邪衛正思想の流れであり、三つは、自主と改革を同時に要求した民衆思想の流れであった。

しかし、開化派は改革の課題をある程度遂行したが、外勢に迎合する自己矛盾を現わし、斥邪衛正思想は外勢に対する強固な抵抗は遂行したが、国内の改革にはむしろ妨害する勢力になった。これに対して民衆思想の流れは、大勢を掌握するための勢力を形成することができなかった。

このような混乱の中で、1910年日本の植民地に転落してしまったということは、この三つの部類の運動がすべて失敗したことを意味するのである[30]。

かかる20世紀初頭の状況の中で、これら三つの階層を代表する韓国の

第Ⅱ編　植民地支配における抵抗の思想と文学

知識階層は、どのような論理を持って反植民地運動を展開していったのか、その性格に対して考察しようとおもう。

　開化派の先頭走者であった金玉均は国家独立と民主改革を唱えた先駆者であった。このため、かれは君主を中心とする社会改良を主張したが、その改良のモデルとして孫文と同じに明治維新を相手にした。かれも孫文のように明治維新に対して研究もしないままその形式だけを見てこれをモデルとして改革を追求した。それで日本の援助と協助に基づいて行ったのが甲申政変であった。

　ここで孫文の立場と異なった点は、日本の対内的な近代化を成功させるために行った明治維新は、帝国主義の対外的侵略に対抗するための一つの方法であったが、かかる対外的侵略を金玉均はある程度認めたのに対して、孫文の認識にはかかる認識がなかったという点である[31]。即ち、日本が取った対外的な侵略を通じて、対内的な近代化を促進させた相扶相助的な補完関係の二重構造を認めたという点である。当時朝鮮は日本と西欧帝国主義の勢力外にも、清朝との伝統的な従属関係が存在していたので、改革派が中国の干渉を排除するためには、日本の中国に対する攻撃を認めなければならなかったからである。かかる時代的状況で現われた改革派の反植民地論は、微弱なる自己勢力にたよって改革という時代的使命を果たさなければならなかったという自己矛盾を持つ理論であった。

　これに対して衛正斥邪派を代表する崔益鉉の反植民地論は次のような論旨であった。即ち、

　　"倭人は逃亡した開化派を10年抱えて育ち、わたしたちに変化が現われた機会を乗り、開化派らを後車に乗せて、まず軍士で威嚇し、かれらに権勢を取って専制するようにし、始めから最後まで陰謀に協力し、2回3回保護しながら隠匿させたのに、古今天下にかかる悖悪な兄弟がいるか。……請うのは、まずかれらが公法をまもらず条約に背反したことと、隣国を冒瀆し、逆賊を助けた罪を問い、同盟国に知らせ、かれらの政府にも文章を送り、天下が倭人の罪が天地間に容納されないことであるのを明確に知られるようにすると、万国の公共の見聞があるかぎり、いかに討罪し、憤慨し、憎悪するのを共にしようとする

者がないであろう(32)。

　かれらは、明の滅亡以後、朝鮮だけが中国の文化伝統を継承した天下唯一の文明国であるという排他的文化自尊論と、東洋の儒教文化が西洋の'物質文明'より優秀であるという立場から、開化派の行動を売国行為と看做した徹底的な伝統保守主義者であった。それにもかかわらず、日本帝国主義の侵略に対応するため、万国公法と条約文案を動員した機動力を見せている。しかし、具体的に国際法が如何に利用されているか、また、法に対する十分な知識もなく、単純に自身に有利な解釈を動員して帝国主義に抵抗したのは、かれの反植民地論の限界を見せているのであろう(33)。これら両大勢力に対して、民衆に反植民地論を訴えた知識人としては、歴史学界の代表者であった申采浩と仏教界の代表者であった韓龍雲が上げられる。

　申采浩は20世紀初頭に韓国が処していた状況を克服する方法として、富国強兵の近代的国民国家の樹立が必要であると主張した。これのために、かれは進歩主義的な改革意識と国権の自主性を確立するための開化自強思想を重視した。かかる意識改革のための方法でかれは教育を強調した。特に、国史に対する新たな認識を通じて民族文化に対する自矜心を植えるのが一番重要であると考えた。そのため国史に対する新たな解釈を試図したが、即ち、"歴史というのは我と非我との闘争記録である"と定義したのがそうである(34)。即ち、かれは韓国史の発展原動力を、"我が民族と非我である他民族との闘争である"と規定したのである。それから、かれは日帝という異民族と闘って勝利できる精神的基盤を構築するのに努力した。

　即ち、'優存劣亡'という国際競争下で生き残るためには、"民族精神で構成された有機体的国家、いわゆる'精神上の国家"を作ることであった(35)。換言すれば、民族主義に立脚して近代国家を指向しようとする自覚と実行が行われていなかったら、帝国主義の支配から脱け出すことができないと強調したのである。

　これに対して、韓龍雲が主張した反植民地論は、仏教的包容性を基盤とした大乗的な論理であった。即ち、"自由の公例は人の自由を侵略しないことの限界である。それから侵掠的自由は没平和の野蛮自由になり、平和

の精神は平等にあり、平等は自由の相方をいう。故に、威圧的な平和は、ただ屈辱になるので、真の自由は必ず平和を伴うのである。自由よ！ 平和よ！ これらは全人類の要求であるのだ。"[36]といい、日帝が韓半島の侵略を主導しながら言う自由とは、'没平和の野蛮自由'と非難した。また、

> "所謂強者、即ち、侵掠国は軍艦と鉄砲が多ければ、自国の野心壑欲を忠する為、不人道・滅正義の争奪を行いながらもその理由を説明するには、世界或は局部の平和の為であるという等、自欺欺瞞の妄語を弄して、巌然に正義の天使国に自居するのに、例えば、日本が暴力で朝鮮を合併し、二千万民族を奴隷と取扱いしながら朝鮮を合併したのは、東洋平和の為であり、朝鮮民族の安寧と幸福の為であると云々するのが是である。"[37]

といい、朝鮮の合併が東洋平和のためであるという日帝の主張を'自己欺瞞的妄語'と詰責した。

このような反植民地論は、論理の整然性や、自己論理の主体性の確立という点では、非常にすぐれた主張であったが、大勢を掌握できる勢がなく、拡大することもできなかったという限界上で見ると、朝鮮の植民地化を防ぐには力不足であったといえる。

## V．おわりに

韓日合邦以前までの日本の知識階層は、一般的に'脱亜論''大東亜共栄圏の精神'等にとらわれていた。その原因は近代化を成功させ、欧米に抵抗できるアジア唯一の国家になったという自矜心にあった。従って、天皇制政府のアジア政策に対して、知識階層は日本帝国主義の後援者となったのである。そのような状況で、清日戦争と露日戦争を経過しながら日本政府の行態に懐疑を持ち始めた一部知識階層は、徐々に日本の未来に対して不安感を感じ始め、反戦・反植民地論を斉唱するようになったのであ

## 第6章　20世紀初頭、韓中日における知識階層の反植民地論の性格の比較

る。

　しかし、かかる知識人は極少数であり、大部分の知識階層は依然として植民地政策の擁護論者で活動した。そのため、これら反植民地論者の主張は、自ら発行する雑誌及び機関紙だけに載せたので、日本国民にはほとんど伝えることができなかった。さらに、自分たちが盲従していた主義・主張による反植民地論であったので、日本政府及び国民に及ぼした影響は非常に弱かった。

　中国の知識階層は、中華主義的伝統思考に基づいた反植民地論であったので、国際的な流れには合わなかった。そのため、帝国主義の侵略に対する対応は、効果的ではなかった。そのような状況で起きた清日戦争は、当然日本の勝利に終わった。しかし、この戦争の失敗は中国知識階層に大きな波紋を呼び起こし、徐々に中国の暗澹たる現実を克服するための代案が提示され始めた。そのような代案には大体二つの系統があった。一つは、既存の政治体制をそのまま維持しながら富国強兵を達成し、帝国主義に対抗しようとする系統であった。もう一つは、既存の政治わく（政体）を替え、立憲君主制の形式下で、改革を推進しようとした勢力であった。しかし、かかる代案は当時の中国の危機状況を克服するのには、限りがあったと見る勢力が現われた。これが革命を通じて歴史的転換を図ろうとした革命勢力であった。しかし、これらの勢力は非常に弱かったので、既得権層を顚覆するのには限りがあった。かかる現実をみていた米国と日本の留学生系列は、国内勢力の統一戦線の構築を訴えるようになった。この影響で大衆路線の力が現われ始めたが、この力は政治界に利用され、結局、国共対決という両党政治の構図だけを生み出し、半植民地運動に対しては効果的ではなかった。そのため、韓日合邦と前後する時期における中国内での反植民地論は、植民地に対する認識自体が足りなかった中国知識階層であったから、深い考慮に基づく主張はなされなかった。ただ、民族主義的立場で帝国主義侵略を警戒する程度の植民地論だけがあったといえよう。

　韓国の知識階層は、かかる中国知識階層よりは、はるかに深刻な次元で反植民地論を展開していった。それは日帝の韓国侵略がもっとも明確であり、同時に被害程度が非常に深刻だったので、当然な結果であったと言える。ただ、かかる主義と主張が統一されず、理論的にも限界があったので、

第Ⅱ編　植民地支配における抵抗の思想と文学

効果的ではなかった。

　保守勢力の場合は、儒教的思考を中心に国内の改革を主張したが、これは国際的な流れを等閑視したので、初期から現実的な危機を克服するのには、限界を持っていた。これに対して改革勢力は、国際的な流れに対する理解に基づいて、積極的な改革を推進したが、力に限りがあったため、日本に妥協しようとした。故に、国内的抵抗にぶつかって成功できず、むしろ日帝の植民地化をけしかけるかたちになってしまったのである。

【注】
(1) 韓国と中国の場合、この時期において主張された反植民地論は、まだその意味が明確に定立されなかった時点であったので、この論文で称する反植民地論という単語は、反帝国主義論ないし反外勢論的な意味も含んでいると周知してほしい。
(2) 幸徳秋水「社会党の戦争観」『週刊平民新聞』明治37年8月21日。
(3) 『光』第1巻第2号、明治38年12月5日。
(4) 西川生「日韓約款成る」『新紀元』第2号、明治38年12月10日。
(5) 吉岡吉典「明治社会主義者と朝鮮──日韓反対闘争によせて」『歴史評論』第178号、参照。
(6) 平田賢一「朝鮮併合と日本の世論」『史林』第57巻3号の注13）を参照。
(7) 石母田正「幸徳秋水と中国」『続・歴史と民族の発見』（東京大学出版会、1953年）。
(8) 『熊本評論』明治40年8月5日。
(9) 石母田正・前掲書参照。
(10) 「日韓合併と我責任」『週刊社会新聞』1910年9月15日。
(11) 松尾尊兌「日本組合基督教会の朝鮮伝道」『思想』1968年7月。呉允台『日韓キリスト教交流史』68、参照。
(12) 三竝良「韓国に於ける基督教の伝道」『六合雑誌』明治42年5月1日。
(13) 山田保「朝鮮の併合と宗教問題」明治42年10月1日。
(14) 内村鑑三 "Justification for the Korean War," The Japan Weekly Mail（鹿野政直『日本の近代思想』、岩波新書、2002年、57頁）．
(15) 久保井規夫『入門朝鮮と日本の歴史』（明石書店、1988年）、82頁。
(16) 石母田正「啄木について補遺」『石母田正著作集』第15巻（岩波書店、

1990年）223-225頁。
(17) 石母田正・前掲書、263頁。
(18) 石母田正・前掲書、328頁。
(19) 石母田正・前掲書、329頁。
(20) 『東京日日新聞』明治43年8月25日。
(21) 平田賢一「明治社会主義者と朝鮮──日韓反対闘争によせて」『史林』第57巻3号、199頁。
(22) 「辛丑条約」第10条。
(23) 章炳麟「駁康有為論革命書」『太炎文録初篇』巻二。
(24) 康有為「答南北美洲諸華僑論中国只可行入憲不可行革命書」『不幸而言中不聴則国亡』。
(25) 「猛回頭」『鄒容与陳天華的思想』（上海人民出版社、1957年）参照。
(26) 兪辛淳「日帝と反植民地の民主運動──金玉均と孫中山の対日関係の比較」（韓国民族運動史研究会『韓国独立運動史の再照明──日帝侵略と愛国啓蒙運動』、1992年）164頁。
(27) そのような条件というのは、大衆の支持をえたということと、かかる支持をえるための実践過程で、自身の劣悪な政治勢力を拡大発展させるべきであったが、日本勢力を引っぱって来たから、むしろ自身の力量を減少させることになったのである。かかる悪循環は以後にも続いた。
(28) 「隠憂論」『言治月刊』第3期、民国13年6月1日。「大哀篇」『言治月刊』第1期、民国13年4月1日。
(29) 「大哀篇」『言治月刊』第1期、民国13年4月1日。
(30) しかし、かかる運動が完全に終幕を告げたのではなく、これらの思想と精神が、以後反植民地運動に継承されながら独立運動の母体に転化していったのである。
(31) 兪辛淳・前掲論文、163頁。
(32) 「請兎逆復衣制疏」（1895年6月26日）、『勉菴集』巻4。
(33) 糟谷憲一「甲午改革後の民族運動と崔益鉉」『韓国開化史の諸問題』（一潮閣、1986年）236頁。
(34) 申采浩『朝鮮上古史』丹齋申采浩紀念事業会『丹齋申采浩全集』（螢雪出版社、1979年）。
(35) 申采浩・前掲書、参照。

第Ⅱ編　植民地支配における抵抗の思想と文学

(36) 韓龍雲「朝鮮独立の書」『나라사랑（愛国）』第2集（正音社、1971年4月）145頁。
(37) 韓龍雲・前掲論文、146頁。

第7章

# 日本の植民地統治と
# 台湾人の政治的抵抗文化

王　泰升
（阿部由理香訳）

## Ⅰ．はじめに

　1919年、朝鮮では「三一事件」が起こった。参加者たちは「独立万歳」と叫びながらデモ行進を行い、朝鮮半島全体でのデモ参加者数は延べ約200万人に上った。この事件は日本植民地支配の残酷な鎮圧を起因とするが、日本からの「独立」を勝ち取ろうとする朝鮮の人々の抗日運動の主軸となるものでもあった。4年後の1923年、朝鮮と同じく日本帝国の植民地だった台湾でも、台湾全島に影響を及ぼした「台湾議会事件」（通称「治警事件」）が起こった。しかし異議を唱えた台湾人は、体制内で植民地議会の設置を要求したにすぎず、植民地行政首長の民選を要求するには及ばなかった。これは「自治」の主張としては不完全で、表面的には「独立」とは一線を画したものだった。なぜ当時、台湾での抗日は「独立」を求めることがなかったのか。「台湾独立」を主張することで、台湾社会における日本政府への不満を動員する力とはなりえなかったのか。

　台湾人が日本という「外来政権」に対してとった戦いの姿勢と方法は、日本の台湾統治初期の歴史に起因し、その影響は1930、40年代、そして戦後（1945年以降）にも及ぶ。以下、時系列で重大政治事件及び統治当局の法律的処置を縦軸に、また当時の思潮または政治、社会条件等を横軸にし、日本が台湾で50年間行った植民地統治及びその法的措置を解き明かし、如何に台湾社会固有の特質に対し、当時そしてその後、台湾人民が外来統治者に抵抗する意思および行動目標と戦略、即ち「政治抵抗文化」を

形成したかを見ていく。

　台湾の人口移動には極めて複雑な歴史があるため、族群（エスニックグループ）に関する定義をしておく。本稿でいう「台湾人」とは、日本の統治開始前に中国より台湾へ移住してきた漢民族及びその子孫、及び漢民族化した先住民族の平埔族を指し、これらは日本統治時代には法律上「本島人」と称され、台湾の総人口の約9割を占めた。したがって、本稿で「台湾人」と定義するものには、当時台湾に居住していた日本人（法律上「内地人」と称す）、及び日本統治下1930年の霧社抗日事件の当事者でもある山地先住民族の高山族（法律上「蕃人」または「高砂族」と称す）は含まないものとする。また第二次世界大戦後の台湾社会に関し、本稿で言う「台湾人」には、日本の植民地支配を受けたことがない戦後中国から台湾に移り住んだ「外省人」は含まない。さらには、日本統治時代の台湾人とは、今日のホーロー（福佬）、つまり客家の両族群のことであり、戦後台湾総人口の85％を占めていた。これに人口の13％の外省エスニックおよび「先住民族」を加えたものが現在の「台湾人民」である。

## Ⅱ．日本統治前期における政治的抵抗者に対する軍事及び司法鎮圧

### 1．政治的抵抗の形態及び成因

　日本統治の初めから後述する1915年の西来庵事件までを、台湾史においては通常「武装抗日時期」と言うが、台湾人政治抵抗者はいったい何のために戦ったのだろうか。自らを漢民族とする台湾人は、種族文化上「夷」とみなす日本人に対し、元来好感は抱いていなかった。また、満州族が建国した清朝により台湾に派遣された漢民族系官僚は、漢民族の法により台湾を統治したのに対し、日本帝国は日本の官僚により台湾を統治したため、台湾の庶民は日常生活において「異民族による統治」を受けたと感じた。加えて、日本が台湾に持ち込んだのは西洋型近代国家統治体制だったため、これもまた台湾人にとっては「異体制統治」であり、当初は適応が困難だった。

第7章　日本の植民地統治と台湾人の政治的抵抗文化

　武装抗日時期の台湾には、西洋型「ナショナリズム」はほとんど存在しなかった。清朝統治下の台湾はいくつかの小さな地域社会に分かれていたため、台湾に住む漢民族には「共同体意識」が欠けており、「漳州人」、「泉州人」、「客家人」等といった排他的な族群意識のみが存在した。「台湾人」という観念は、台湾の漢民族が日本の統治を受けるようになってから、日本人に相対するものとして生まれたもので、この点、数百年に及ぶ李朝統治下で一政治共同体が形成された後、日韓併合前にすでにナショナリズムの影響を受けていた朝鮮人と大きく異なる。

　この時期の武装抗日は、清朝統治下の台湾の漢民族による「武力抗官」の形態の延長と言え、対抗する相手が日本政府であるがために「抗日」と称された。これを率いた者たちは、庶民の郷土を守るという気持ちを異民族への敵意に向けさせ政治的動員を行った。こうした武力抗官が究極に行き着くところは、「替天行道」（天に替わり道を行う）を拠り所とし、自らを天子に命じ、「改朝換代」（統治者の交代）だった。

## 2．台湾の政治的抵抗者に対する日本の法的措置

　地方の群集を頼み日本軍や官警に武力攻撃を行う台湾人の抗日形式に対し、台湾総督府は刑事法規を定めることで対応した。まず挙げられるのは1898年制定の「匪徒刑罰令」だ。これは政治的抵抗者を強盗集団と同様に扱うという汚名を着せるもので、匪徒行為を死刑に処すほか、法令公布以前のものにまで遡及させた。また、中華帝国が元来有する隣人を連帯処罰する「保甲制度」も採用した。「巻き込まれること」を嫌う一般民衆は武装抗日者を匿わなかったことから、抗日者たちは孤立無援となった。日本植民地当局は取り入れたばかりの西洋近代刑事訴訟手続きを修正し一審終結の臨時法院を設け、予審手続きを踏まずに公判に付すことも可能としたほか、被告人に弁護人を付けなくてもよい等、被告人の手続き上の保障規定を設けず、匪徒罪の判決を下した。

## 3．軍事鎮圧が刑事司法制裁による「恐怖政治」に勝る

　日本植民統治当局は、従来からの武力抗官形式を採る政治的抵抗者を、近代国家の司法制度により処罰することはそれほど望まなかった。日本政

府の公式統計数字によると、1895年から1902年の間で、殺害された「匪徒」（正真正銘の強盗も含む）のうち、正式な法的手続きを経た者はわずか4分の1のみだ。日本は恣意的な殺戮を厭わず、植民地統治に抵抗を企てる者を威嚇した。

　この軍事鎮圧が主であった時期（1895-1902）に、当時の台湾総人口の100分の1にあたる約3万2000名が日本統治者により殺害された。平均して約25名の台湾人青年男子のうち1名が抗日行動で命を落とした計算になる。これでも台湾人は外来の侵略者に勇猛果敢に抵抗していないというのだろうか。これほど多くの命を犠牲にしても、なお何らの希望も見えないのが、台湾人にとって最もつらくやりきれないことではないか。こうした尊い人命の犠牲と引き換えにきたのが、後述する日本植民地統治者の統治権威確立後成立した厳しい法律による鎮圧だった。

### 4．西来庵事件に対する刑事制裁及び威嚇

　西来庵事件は、日本統治者が台湾で最後に匪徒刑罰令を適用した事件だ。この抗日事件の首謀者の一人余清芳は、「諭告」において「大明慈悲国奉旨本台征伐天下大元帥」と自称していることから見て、前述した「替天行道」、「改朝換代」を求める政治的抵抗だったと言える。台湾総督府は1915年、台南地方法院に臨時法院を開設し、余清芳及びその手下の公開審理を行った。この台南臨時法院に送られた匪徒事件は、検察官により不起訴となった者303人、起訴1430人、うち866人に死刑判決が下され、（全体の約60％）、有期刑453人、無罪86人だったが、極刑が多かったことから帝国議会を震撼させた。政府は大正天皇の即位を機に恩赦を行い、死刑を宣告された者は、すでに執行済みの95人（余清芳を含む）を除き減刑となった。他の首謀者江定等計272人に関する案件は、臨時法院が閉鎖されたことから、台南地方法院において一般の刑事訴訟手続きを経て審理が行われ、221人が不起訴、起訴51人中死刑は37人（江定を含む、全体の約73％）、有期刑15年以上が12人（約24％）だった。日本統治当局がやや取締りを縮小しはしたが、抗日行動の指導者へは手を緩めなかったことが見て取れる。

　無差別虐殺を行うことで一般民衆を威嚇し、武装蜂起者を「面倒を起こ

す者」とみなすことは、日本の鎮圧手法の一つだった。西来庵事件では、日本の軍警が余清芳等をかくまった噍吧哖付近の村人たちへの報復のため「噍吧哖大虐殺」と称される村の焼き払いを行ったと伝えられている。真実がどうであれ、こうした言い伝えの存在は、それだけで一般民衆を恐れさせるのに十分であり、これこそが日本植民統治当局が欲していたものだった。

## Ⅲ．日本統治時代後期の政治刑法と政治的異議者

### 1．政治抵抗型態及びその成因

1920年代より、台湾人政治エリートは日本による植民地統治に対し、戦う目標と戦略を策定しなおした。これは日本統治時代後期の台湾社会における主観的、客観的条件の変遷と関連している。客観的には、社会インフラの整備と資本主義経済の発展に伴い、台湾の各地域社会または異なる族群間の相互連絡が頻繁になり、台湾島及び澎湖島が一つの政治的単位となった。明治憲政体制下において「内地」と「台湾地域」との別がなされ、権威者である「総督」により共に支配をうけるものとして（最終的には日本帝国政府の指揮監督下にあるのだが）、政治上の「運命共同体」を形成した。ホーロー人、客家人、平埔族人は合わせて「本島人」と称され、在台日本内地人とは差別された。また主観面では、日本政府による教育を通し、台湾人は日本が西洋より取り入れた近代的知識に触れる機会をもったが、「漢民族」意識は持ち続け、特に日本人に軽んじられたときには、その意識が強かった。多くの台湾人は、近代主権国家の観念には疎かったが、台湾の人々共通の政経利益に基づき、主権独立の「国民国家」（nation-state）の形成に、基本認識はなかったにせよ、それに対して確固とした意思があったことは言うまでもない。

近代教育の薫陶を受けた台湾人の政治的異議者は、台湾人のアイデンティティーを推進しようとしたほか、西洋自由主義憲政体制を将来の国家像として描いた。しかし、一般の台湾人がこうした理念を持つとは限らないこと、日本による20年近くの恐怖威嚇により人々があきらめに慣れてし

まったことから、「漸進」「迂回」の政治目標や戦略を採らざるを得なかった。つまり、まず既存の法体制の下で制限のある自治を勝ち取り、日本の統治当局による鎮圧を弱体化させるとともに、脅えることに嫌気がさしている民衆を反政府活動に引き込むことで、将来的に展開しようとした。

　上述の「妥協」には、台湾人が台湾島内で抗日運動を行った際に、朝鮮が中国等からの支援を受けたようには、外的支援がなかったことを考える必要がある。1910年、中国政界で著名な梁啓超は、台湾の政治的異議者のリーダー林献堂に、「今後30年、中国にはあなた方を助ける力はまったくない。」と言い、アイルランド人が英国に対抗した方法で参政権を勝ち取るように助言を行った。また、1913年には、中国国民党の要人である戴季陶（天仇）も、中国は「今後10年は台湾人を助けることはできない」と語り、日本中央の権力者と繋がることで台湾総督府の施政を牽制するよう助言した。1920年代の台湾の反政府運動を「外から支援」したのは、台湾人に同情した日本内地の政界人または学者であり、中国ではなかった。中国人が台湾人の抗日に冷淡だったため、1924年、中国上海へ留学した台湾人が、「親愛なる中国人に願う、我々の自治運動に支援を」「亡国の台湾同胞の自立独立運動に助けを」との呼びかけを行った。1934年には、「衆友会」という秘密組織が、武力で日本の植民地政権を倒そうとして中国国民党に支援を求めたが、実際の支援はかなわなかった。1937年の日中戦争勃発後、中国は台湾の抗日運動者への冷淡な態度を変えたが、そのとき台湾では抗日運動はすでに下火となっていた。

　また当時、「圧迫された民族の解放」を主張し、中国勢力を含む国際的な共産主義の力を借り、台湾民族の独立、社会主義国家を建てようとした政治活動家たちもいた。彼らは日本の国家体制を全面的に否定する姿勢を採ったため、植民統治当局の厳しい法的弾圧を受けたことから、この運動への一般民衆の参加は少なかった。

## 2．台湾議会事件に対する司法的制裁

　前述したような政治、社会背景の中、1923年に「台湾議会事件」が起こった。これは、台湾の政治的異議を唱える者たちが台湾を一つの政治単位として「台湾議会」を設置するよう求めたことに起因し、台湾民衆（台

湾人、在台日本内地人を含む）の選挙により代議士を選出し、台湾議会を組織しようとするものだった。これが求めたものは植民地議会に過ぎなかったため限られた自治立法権しか有せず、帝国議会制定による法律の台湾での効力を否定するものではなかったが、台湾住民の「集団意志」を反映でき、人口的に多数の台湾人が議席を多数占められるものではあった。しかし、こうした反体制派による「台湾議会期成同盟会」の結成を、台湾総督府は治安警察法により設立禁止としたが、同名「台湾議会期成同盟会」での設立が東京警察官署で許可されたことから、それに基づき台湾での活動が行われた。検察官は、それを治安警察法の禁止命令に反するとし公訴した。

　台北地方法院は3名の日本人裁判官により組織された合議法廷だったが、被告人は全員無罪が言い渡された。検察官は高等法院覆審部に控訴し、二審の判決は、被告人のうち2名が禁錮4ヶ月、5名が禁錮3ヶ月、6名が罰金100元、5名が無罪だった。被告人は上告し、1925年2月、高等法院上告部は、被告人らは東京で結社行為を行っており、これは台湾で禁止されている結社の延長と考えられるため、事実上治安警察法が禁止する行為であり有罪とし、被告人による上告は退けられ判決は確定した。

　この判決結果は、10年前の西来庵事件の際に日本当局が行った残酷な鎮圧と比べると実に軽く、「体制内での合法的な抗争」が実行可能なことが確認された。当時一般民衆にとっては抗争の「正当性」と同様「安全性」が重要となっていた。この判決により議会請願運動参加者が激増しただけではなく、より多くの人々が社会または政治運動へと身を投じていった。

　しかし、台湾総督府の強権統治はこの判決により揺らぐことはなく、多くの法律を運用し、台湾人の政治反対運動を弾圧した。日本統治時代、台湾人は最後まで民主的な選挙により国家の立法機関に入ることはできなかった。このため、日本統治当局が一方的に定めた法律により、当局に都合のいいように各種政治反対活動が束縛を受けた。これら法律には、もっぱら民衆の運動を制圧し、思想コントロールのために設けられた政治刑法のみならず、一般犯罪を規範対象とする一般刑法をも含み、一般刑法が援用されるケースも多くを占めた。しかし、処罰が厳しく政治的異議者に対し脅威が大きかったのは、やはり政治刑法だった。後述する「国体の変革」

または「私有財産制度の否定」を目的とした治安維持法（第1条）による処罰がそれだ。

### 3．治安維持法の台湾における適用状況

同時期の日本内地、朝鮮そして台湾において、治安維持法違反で逮捕または有罪となった人数を総人口をも考慮し比較すると、台湾での検挙人数は比率的に朝鮮のみならず日本内地よりも少ないことがわかる。その原因として1920年代以降、台湾における抗日運動の主流が政府転覆目的の武装抗日から、体制内での政治反対活動へと転換していたことが挙げられるだろう。こうしたことから治安維持法関連の思想政策のうち、1936年の「思想犯保護観察法」、1941年に追加制定された「予防拘禁」制度は台湾で施行されなかった。台湾総督府は非常な自信を持ち日本内地政府に対し、「台湾思想犯の現状に鑑み、当分の間予防拘禁を施行する必要はない」と報告している。

とはいえ実際は、台湾の植民地警察当局は、残酷な鎮圧を続けることで社会秩序を維持し、非道な拷問を続けることで台湾人政治的異議者と一般人民に対処した。日本統治当局は思想犯に対し強力に「転向」を求めたため、治安維持法違反に問われた台湾人で、最終的に起訴され有罪となった者は、わずか4分の1にすぎなかった。しかし、日本内地や植民地朝鮮同様、植民地台湾の政治犯はしばしば法によらず求刑された者、求刑後の審理中または刑務所に送られた後死亡した者もある。また、太平洋戦争開始後の治安維持法関連の司法事件の数件は、1941年の「東港事件」のように全く冤罪だったが、自白を迫られ重罰が科されたものもある。

## Ⅳ．日本統治時代の抵抗が戦後に残したもの

### 1．外来者、中国内地人への抵抗へと転換

1945年、日本の敗戦後、台湾人は数十年来の怒りを一気に吐き出した。前述の東港事件で事件を捏造した日本人警察官は台湾人に殴り殺され、審理を担当した裁判官は、台湾統治のために来た中国当局により逮捕取り調

第 7 章　日本の植民地統治と台湾人の政治的抵抗文化

べられた後、日本へ送還された。しかしほどなく、日本統治を受けた台湾人は、それほど日本人に恨みをもたなくなったどころか、日本統治時代を懐かしむ者さえ出てきた。これは戦後、台湾同様日本の植民地統治から解放された朝鮮人と大いに異なる。この分かれ目は、戦勝国である連合国が、中国に台湾接収のための派兵を行わせたことにある。この外来の国民党政権（正式名称「中国国民党」）が台湾で行ったことは、日本の植民政権よりも「ひどかった」ため、相対的に日本人は「それほど悪くなくなってしまった」。

　国民党政権は、日本同様台湾人を威圧した。1945年、台湾を中国の一省とみなし、過去長期にわたり日本人に圧迫され続けてきた約600万人の「本省人」（本稿で定義した「台湾人」のほか、先住民族をも含む）の自ら国を動かして行くという思いを顧みることはなかった。日本の内地人が独占していた政府の要職は、そのまま中国内地からの官僚により占められた。その結果、日本統治時代に台湾人が耐えてきた政治、経済、社会、文化的な構造は、自ら「同胞」だとする中国内地人、即ち「外省人」により承継されることとなった。1949年年末、蒋介石が率いる国民党は中国から追われ100万の外省籍の軍人を伴い来台し、「中国政府」と自称する中央政府を建てた。実質的には「台湾政府」である国民党政府もまた日本同様、台湾人／本省人を国政の中央から排斥したため、台湾人の参政への途は地方レベルの県長、市長及び省、県市議員に限られた。また国民党政府は、日本同様「少数族群統治」を行うため、恐怖政治で民衆を威嚇した。1947年、「二・二八事件」が起こった。戦後も引き続き台湾住民だった人々は、日本統治時代中期の平穏な時代の経験に基づき政府に対し抗議したところ、国民党当局が中国から派遣した兵により鎮圧されてしまった。特に台湾の政治エリートは違法逮捕監禁、ひどい場合は虐殺された。これは日本統治時代初期の軍事的鎮圧の再演であり、人々は意気消沈してしまった。1950年代、国民党政府は「白色恐怖」と俗に言われる政治鎮圧を行い、政治的異議者に対し多くの場合死刑を宣告した。その刑の重さは日本統治時代末期を超えるものだった。これを台湾に戦前から住む者は、日本統治時代後期のやや緩和された司法的制裁とのみ比較し、日本統治時代前期または初期の軍警の残虐でむやみな殺戮とは比較しないため、国民党のほう

が「より悪い」と思いがちだ。日本の官僚は国民党と比較すると、汚職や不正行為は少なかったことも確かだが。

## 2．日本統治時代の政治的抵抗形式の再現と終結

　国民党による政府と軍隊の独占に対し反対する者は、武力や外的支援といった政治構造を持たなかった。戦後の台湾人／本省人の反政府派は、日本統治時代後期同様、外来かつ不公平な法政体制の中においても「体制内での抗争」を行い、人口的に多数を占めるという優位から、民主選挙制度を求めようとした。しかし、国民党内の外省人政治エリートは、法律的に「動員戡乱時期」、「戒厳時期」であることを理由にこれを拒み、人々の自由を締め付けた。こうしたなか、1979年12月に「美麗島事件」が起こった。「国会を全面的に改選」すべきだと主張し、台湾住民により選出された代議士で国会を組織すべきだと主張する者は、国民党により叛乱罪容疑で逮捕された。この事件は、日本統治時代の台湾議会事件と非常によく似ている。「美麗島事件」では権力的な政府に抑えられた台湾人／本省人エリートが中心となり、民主化を求め政治的な結社を要求した。審理は公開で行われたため、人々の理解を得るところとなり、その政治的要求は支持を得た。軍事法廷で下された判決は台湾議会事件の数十倍も厳しく有期刑十数年というものだったが、彼らが刑期を終えるまで家族や弁護士がその理念の代弁者となり、民主改革を進めていった。

　国民党政権は、実際には「母国」（心に抱くかつての中国）の支援を得ることができない状況にあって、最終的には台湾人民が持つ国家の主となるという要求を抑えきれなくなった。1980年代の終わりに戒厳令は解除され、1990年代初期には、動員戡乱時期臨時条款の廃止、国会の全面改選、総統の国民直接選挙が実現した。まだ国民党が政権を担ってはいたが、党内の台湾人／本省人政治エリートは、外省人政治エリートと肩を並べるようになっていた。民主的な選挙により、台湾の民意の洗礼を受けた後の国民党は、「外来政権」だとか「少数による統治」だという誇りを受けることは少なくなっていた。そして、日本統治時代の台湾民衆党と同様、台湾生まれで自由立憲主義を主張する民主進歩党は、有力な野党となったのみならず2000年の総統選挙では勝利をおさめ、国民党による台湾55年の統

第7章　日本の植民地統治と台湾人の政治的抵抗文化

治に終止符を打った。

　日本、国民党により台湾は統治されてきたが、台湾のことは台湾人民自身が決める、日本内地や中国内地の政治的権威による支配は受けない、という声は存在し続けた。こうした要求を掲げてきた人々は、今もなお半世紀前に中国からもたらされた、中国ナショナリズムに基づく法制体制に対抗し続けている。今日では、戦後初めて台湾共同体に入った外省人においても、日本統治時代の歴史経験を受け入れ、台湾が独立し自主であろうとする理念を理解するものがいる一方、台湾人／本省人においてもまた、国民党が持ち込んだ中国ナショナリズムを受け入れるものも多く、日本統治時代の歴史経験を受け入れない者もいる。今日台湾人民が「独立を勝ち取ろう」とするのを阻んでいるのは、台湾の植民地政権でもなければ、外来政権でもない。それは、国際的な勢力、すなわち台湾を飲み込んでしまおうとする中国（中華人民共和国）、そして、中国の主張を受け入れ、台湾に対し「事実上の独立、法理上の非独立」という現状維持を求めるアメリカを始めとする列強、さらにもっとも肝心なのは台湾の人々が未だに「独立そして正常な国家を求めよう」という主観的意志を持たないという台湾内部の問題がある。

　過去、国家法的に台湾を一つの国と受け入れることができず、国家暴力により台湾を国と考える人々に制裁を加えることもあった。しかし今日では客観的情勢が異なる以上、前述した日本統治時代以来の外来政権への抗争形式は引き継ぐ必要はなくなった。今日の台湾人民が共に受け入れ、かつ異なる「国族」が主張する自由で民主的な憲政秩序の下での生活を互いに受け入れることで、歴史的感情や実質利益的なナショナルアイデンティティー問題を処理すべきだ。必要なのは、台湾が独立し自主であろうとする理念を、辛抱強く、かつしっかりと話し合いを重ねることで、異なった意見を持つ人々を説得することだ。台湾人民が内部的に共通の考えを持つことで、初めて心を一つにして外からの政治的圧迫に対抗することができるのだ。

　2004年2月28日、85年前の朝鮮同様、約200万の人々が台湾の北から南まで手と手を繋いだ500キロの人間の鎖デモでは「民主の長城」を築き、「台湾，YES；中国，NO」とか「台湾、がんばろう」と口々に叫んだ。

「独立」という言葉こそなかったが、実質的には中国に向かい、台湾が一主権独立国家だという意味が込められていた。朝鮮の三一運動と異なるのは、台湾に住む各族群が、自由で民主的な憲政秩序の下に、厳粛でありながらもお祭りに参加するような気持ちで集まり、そこには軍隊警察などによる無情な鎮圧がなかったことだ。この人間の鎖デモは、台湾社会の根底にある原動力から発したもので、これはすなわち台湾の人々が19世紀末に日本の植民地統治に抵抗して以来、時間をかけて育んできた「台湾人民の全体的自主権を獲得する」という政治抵抗文化だ。台湾における数百年来の「外来者による少数統治」という歴史的呪縛を打ち破った後、多くの台湾人民は、一種温和で、包容的な方法で既存の外来体制とナショナルアイデンティティーに抵抗を行っているのだ。

第Ⅲ編

# 判例を通してみえる植民地支配の実態

第8章

# 3.1 独立運動の判決
——植民地法制研究の一つの視点——

笹川　紀勝

## Ⅰ．植民地裁判所の判決

　植民地支配の実態を解明するうえで歴史的研究が主流である。例えば『岩波講座　近代日本と植民地』大江志乃夫他編、全8巻、岩波書店、1992－1993年は、沢山の研究者を動員して日本の植民地支配を総合的に分析している。ところで、植民地支配あるいは侵略戦争の実行は国家権力によってなされたはずであり、この国家権力は法とかかわって行使されたはずである。そういえるなら、国家権力を法学的に研究する学者が同書の編集に参与していていいはずである。しかし、残念ながら法学の研究論文は一本も収録されていない。

### 1．ダイシーの法の支配
　先行研究を若干紹介するところから本稿を展開したい。憲法学の領域で有名なA. V.ダイシー[1]の研究が先行研究になる。彼は、A. B. キースの研究からイギリスと植民地との関係に関する示唆を受けたという[2]。たしかにキースは、植民地の司法上訴（judicial appeals）や裁判制度（the judiciary）を論じている[3]。それゆえに、ダイシーが彼の研究に注目して法の支配を植民地とイギリス本国の双方に関わるテーマとして捉えていることは、植民地法制を研究する上で重要な先行研究に思われる。ところで、彼は次のようにいう。すなわち、恣意的な権力の行使は許されない、また、法的に正当化されないことには責任がある、こういう意味で、植民地統治

者（a colonial governor）を含めて「すべての人は、通常裁判所によって執行される通常法に従う」[4]。そして、彼は、植民地に関わる判決を三つ掲げる。そのような判決は興味深いから、二つ紹介しておこう[5]。

一つは、Mostyn v. Fabrigas（1774）[6]である。王座裁判所裁判官マンスフィールド卿（Lord Mansfield）によると、経過は次のようである。前法廷で裁判官ゴウルド（Gould）は、異議趣意書（a bill of exception）を認めた。その誤審（errors）が当法廷で議論された。すなわち、事件は、地中海のミノルカ島の島民ファブリガス（原告、誤審審理申立人、上訴人）（plaintiff in error）が、総督モスティン（被告、被上訴人）を相手に人民間訴訟裁判所に起こした不法侵害（trespass）訴訟であった。原告は、合理的理由もなく法と慣習と意に反して、殴打、傷害、暴行、虐待、長期間（10箇月）の拘禁を受け、居住地のミノルカ島からスペイン領カルタゴに船で強制的に追放され、1万リラの罰金も課されたと主張した。それに対して被告は、自分には責任はなく、原告が住民間に暴動を起こそうとした責任がある、6日間投獄した、自分には特別な正当性があり総督に属する民事刑事上の一切の権力、特権、権限を行使したと反論した。しかしながら、被告の答弁に対する「原告第二訴答によれば、原告の権利損害にはそのような特別の原因はない」（Replication de injuria suâ propriâ absq. tali causâ）。「陪審は原告勝訴の評決を下し、3000リラの損害賠償と90リラの訴訟費用を付けた。」[7]

ところで、マンスフィールド裁判官は、原告被告双方の弁護士の申立てを検討し、なかんずく被告総督モスティンが絶対的な主権者として統治するという意見を検討する。そして、総督は誰からそのような専制権力を得たかを問う。国王ではない。王はそのような権限を持たないから、他者に委任できない。総督モスティンは、軍事的民事的な裁判官として席についているわけではない。彼はいかなる告訴も聞いていない。証拠を調べていない。「正義の第1原理に違反して自分の恣意的意思（arbitrary will）以外の法に従わなかった。無実のものを迫害するために道に外れた。」[8]「総督は王の僕（King's servant）であってその権限（commission）は王に由来する。総督は、その権限の下に託された権力を執行できる。」[9] そして、かかる総督の権力の受ける制約は、海外でも本国でも相違しない。

このように植民地の総督が絶対的な権力を持つとしてもそれを「恣意的意思」によって行使は出来ず、それを統制するものが裁判所である。したがって、総督モスティンの行動が裁判所によって審査されるということは、ダイシーの指摘する法の支配の実例にほかならない。さらに、キースは、総督に適法に付与されていない行為には裁判所に権限があるとみた。その理由は王と総督の相違にある。王は悪をなし得ないので、実際に違法な命令を行なった役人は保護されない。要するに、総督は植民地統治政策の唯一の管理者（director）であり責任を負う。総督のかかる法的な立場は、キースのいうような大臣に対する責任統治論が出てくる前にすでに定まっていたのではないかと思う[10]。

　もう一つはMusgrave v. Pulido (1879) [11]である。すなわち、ジャマイカ島の総督マスグレイヴにより貨物船フローレンス号と積荷を不法に押収されたチャーター船契約者である原告プリドが総督である被告に対し損害賠償を請求した。ジャマイカの最高裁判所で敗訴した原告は本国の枢密院に上訴した。総督は、自分のなした判断は合理的で国家の行為であると述べた。しかし、枢密院は、植民地の支配者にかかわる重要な先例として前述のMostyn v. Fabrigas (1774) その他を引用しながら、総督は一般に副王（Viceroy）とも主権的権限（general sovereign power）の保持者ともみなされず、その職権は、明示的ないし黙示的に委託された権限（commission; powers thereby expressly or impliedly entrusted）に限定される、その行為が権限内にあるかどうか、それゆえに国家の行為かどうかは通常裁判所の審査に服する（be within the province of Municipal Courts）と述べた。原告の勝訴。しかし、損害賠償に関わる原告の貨物船押収の原因や理由を述べようとはしなかった[12]。

　このように、植民地人にとって支配者が法に制約されるという実際を見ることはきわめて意義深いであろう。そして植民地人が問えるなら、彼らは何が恣意か、何が責任かと言いうるに違いない。

## 2．アメリカの学者の研究

　アメリカの歴史学者T. E. エンニスは、国際植民学会[13]をはじめインドシナ（ベトナム）におけるフランスの植民地支配をさまざまの角度から

分析し、中でもインドシナにおける植民地裁判所の判決に深い関心を示す。例えば、植民地支配者の文化とかかわりなく伝統的な仕方で法が執行される場合がある。すなわち、姦淫罪に対する死刑は、象が犯人をとらえて高く持ち上げ放り投げ牙で受け止めて踏みつぶす[14]。また、植民地支配者が植民地人の文化を無視して自己の文化への同化を強制する仕方で法が執行される場合がある。すなわち、不正行為を摘発された市長が廷丁によって名前を呼び上げられたところ、声高く不平の声が上がった。名前は、フランスと違ってインドシナでは、役名に託して呼ばれるべきで、本名そのものは仏壇に供えられた過去帳にのみ書くものであったからである。それは官人の威厳を損ねる[15]。

そして、日本の研究では、戦前の山崎丹照の研究や外務省条約局の編集した戦後の史料集がある[16]。その大きな傾向は、制度論に基づき、ダイシーやエンニスが示したように判例を分析してはいない。

### 3．台湾と韓国の植民地時代の判決

台湾でも韓国でも日本の植民地時代の判決に関心が高まっている。

① 台湾から見てみよう。幸いなことに、植民地時代の台湾の裁判所の判決録が復刻されている[17]。そして、台湾において、近年、日本の植民地支配時代の裁判所の民刑事判決が簿冊形式で膨大に見つかったといわれる。もちろんこれら判決は日本語による手書きである。筆者の確認できているものは、法務部司法官訓練所図書館が管理し公開しているところの簿冊形式で製本された台中裁判所刑事判決録約300巻である（同図書館がいつから所蔵するに至ったかは不明だが2000年にはすでに所蔵されていたといわれる）。これら300巻は見つかった全体の一部に属するが、それでもその整理に膨大な経費と労力を要するであろう。そして、その中に治安維持法や内乱に関する判決も存在し興味深い。

② 韓国では、日本の植民地支配初めの統監府裁判所判決録は『旧韓末民事判決録』[18]として利用できる。判決文は韓国風の漢文で書かれているが、裁判官には日本人が加わっている。そして、次の時代の総督府裁判所判決については、戦前公刊された『朝鮮総督府高等法院判決録』の民刑事判決録があり、現在その日本語版の復刻とハングル訳版が巻数毎に合

本されて法院図書館から公刊され始めている<sup>(19)</sup>。
　ところで、国家記録院（大田(テジョン)市）は、その管理する朝鮮総督府裁判所の刑事判決のマイクロフィルム化を行っている。そして、マイクロフィルムによって刑事判決を公の閲覧・複写の便に供している。このマイクロフィルムは国家記録院ソウル支所（旧「政府記録保存所ソウル支所」）と同釜山支所でも利用できる。ただし、原資料という意味での判決文自体の閲覧は容易には許可されない。さらに、これまで所在が不明であった朝鮮総督府裁判所の民事判決が最近見つかった（大法院図書館が管理、簿冊で約6700巻）。その整理が課題である。
　③　このように、膨大に存在する植民地支配下の民刑事判決文は、植民地支配を解明するうえで第一級の資料であり、植民地支配の一端を示す人類の負の貴重な歴史的財産であり世界文化遺産に相当する。世界的にはまだかかる資料への学問的関心はさほど顕在化していない。そして、日本の植民地支配下にあった台湾・朝鮮以外の地域（関東庁、樺太庁、南洋庁）における判決の置かれている事情は不明である。それらの判決文を資料として用いて、法学者は、いつの日か、日本の植民地においてどのように国家権力が行使されたかを分析することが出来るに違いない。そして、もちろん、その分析は歴史認識の上で重要である。しかしながら、そうした包括的な研究の遂行は容易でないから、研究は出来るところから行うしかない。筆者は、韓国の3・1独立運動の刑事判決の整理をしてみようと思う。

## Ⅱ．『3・1運動関係判決一覧表』の性格

　1．1919年3月1日の独立宣言に応えていわゆる3・1独立運動が朝鮮全土で起きた。そして逮捕されたものは、4万7000人ともいわれる<sup>(20)</sup>。そのほとんどの裁判は1919年3月からおよそ1922年まで3年続いた。しかし、中にはその後まで続くものもある。しかし、裁判にかけられたものの数と判決の正確な数ははっきりしない。
　何をもって3・1独立運動の判決と考えるか。これは難しい問いである。たしかに、判決の前提をなす起訴の事実を3・1独立宣言に言及している

ことにみるとか、その独立宣言に関わって独立万歳の示威行進があることに言及しているとか、これらを判断の主要な基準とすることに問題はないだろう。しかし、歴史的な出来事をあまり狭く絞り過ぎると周辺の事実との関わりが見えなくなるおそれがあるから、同時期ということを重視して一般的な独立運動や抵抗ないし騒擾なども３・１独立運動に関連あるものとして幅広く取りあげる方が望ましく思われる。こうした緩やかな判断基準をもって考えたとき、どの判決が始期をなし、どの判決が終期をなすかを定めることも出来るに違いない。しかし、本当に関連があるかどうかは、個々の判決の内在的な研究を待って明らかにされるから、個々の判決の正確な位置付けは将来の研究課題とせざるをえない。そこで、一つの試みとして３・１独立運動関係の判決を整理したものが『３・１運動関係判決一覧表』[21]（＝『一覧表』）である。

　２．朝鮮総督府裁判所は日本本土の裁判所の体系と異なったので、朝鮮総督府裁判所の判決が日本本土に送付される仕組みはなかった。

　そのために、今日、朝鮮総督府裁判所の判決の固有な保存方式に注意すべきである。

　朝鮮総督府裁判所の判決は簿冊形態で保存されていた。だが、日本の敗戦に伴ってその裁判所が消滅したために、判決の保存が問題となる。ここに、固有な保存方式が生まれる原因がある。すなわち、今日、大田市所在の国家記録院（旧「政府記録保存所」）が保存している判決は、当時の判決全体の相当部分ではあるが、決してすべてではない。なぜなら、上記簿冊の目録から判決があったことは認識されても、何かの事情からその判決は少なからず紛失しているからである。しかも、北朝鮮に存在した裁判所の判決は、南北分断のために韓国には存在しない。なお、北朝鮮に存在した裁判所の判決文が韓国の国家記録院に例外的に存在する場合があるがその数はさほど多くはない。

　そして、日本に朝鮮総督府裁判所の判決文が存在する場合があるが、それは偶然のもので極めてまれであり、その間の事情は不明である。

　３．大韓民国憲法（1987／1948）前文に「３・１運動に基づいて設立された大韓民国臨時政府の法統……を継承し」とあるように韓国では３・１運動は国家形成の重大事件である。そのために、すでに誰かが３・１運動

第8章　3.1独立運動の判決——植民地法制研究の一つの視点

関係の判決を研究してそれらを合理的に整理し集約しているのではないか、こういう疑問はある。

　しかし、マイクロフィルムによって膨大な判決自体をみると、3・1運動関係の判決は、一般の刑事判決と一緒に簿冊の中に雑多に収録されていて、3・1運動関係の判決だけが、他の刑事判決から区別されて、特別に集中的に管理されているわけではない。言い換えるなら、一般的な刑事判決の中に3・1運動関係の判決が紛れ込んでいるために、刑事判決全体の中から、3・1運動関係の判決を一つひとつ探し出さなければならない。付言するなら、治安維持法関係判決は、数的には3・1運動関係の判決よりもかなり少ないがそれでも日本に比べて格段に多く存在する。そして、治安維持法関係判決の管理の仕方も3・1運動関係判決の場合と事情は変わらない。

　次に、3・1運動関係の判決を包括的にとらえる学問的な先行研究が従来どのようにあったかを考えてみよう。そうすると、日本ではそもそもかかる研究はなかった。韓国での状況は、研究者によるものではなく、実質国家報勲庁（旧「国家報勲処」）の行政活動による。その活動は、韓国の国家独立に功績のあった人々とその子孫に褒賞を与える目的に由来する。そのために、褒賞を受けようとする申請者はさまざまの資料を探し、判決も利用した。それゆえに、判決はかかる資料の一部になりえた。そこで、国家報勲庁がリードして、1973年に、申請者の引用した800件弱の関係判決のハングル訳を全1550頁からなる資料集[22]として公刊した。このハングル訳資料集を以下『独立運動ハングル版判例集』と呼ぶ。その後1986年に、旧国家報勲処は、3・1独立運動に参加して独立有功者と認められた根拠を示す「挙証文献」の一覧表とその人々の名簿である「3・1独立運動参与者名単」とを公刊した。これが『独立有功者功勲録』[23]である。『独立有功者功勲録』は、たしかに「挙証文献」の中に、先の『独立運動ハングル版判例集』の判決を該当の頁数字をもって明示するとともに、新たに根拠として挙証された判決（判決日と裁判所名）を多数列挙した。

　以上の説明から明らかなように、3・1運動関係の判決の存在の包括的な解明は独自な研究対象である。そこで、筆者は、前述のマイクロフィルムから3・1運動関係の判決を記録し整理した。その結果、『独立運動ハ

139

第Ⅲ編　判例を通してみえる植民地支配の実態

ングル版判例集』と『独立有功者功勲録』の両方の数を含みながらなおそれらの数を上回る約3500件の判決の存在を確認した。そうして作成した『一覧表』に意味を見出すためには、次のことがなければならない。ひとつには、『一覧表』と旧国家報勲処の二種類の著作とが重複する場合と重複しない場合の区別をはかることである。二つには、『一覧表』はこれらの著作の成果を凌駕するものでなければならず、また実際そうなっていると思う。こうして『一覧表』は、旧国家報勲処の二種類の先行研究に貢献できる。

## Ⅲ.『3・1運動関係判決一覧表』の構成

1.『一覧表』は、膨大な判決を形式的合理的に整理することを目的とするとともに、手書きによる難解な判決を読みやすい日本語に翻読する作業を迅速に進めるための準備をも目的とする。したがって、『一覧表』は、それ自体で完結する性格のものではなく、将来翻読されたものと有機的・一体的な関係を持っていっそう精度を高めるべきものであろう。そのように、当面の『一覧表』はあくまで中間的な性格にとどまる。なお、『一覧表』の最初の1頁を参考資料として142－143頁に掲記する。

『一覧表』の採用した判決の整理方法について説明する。判決の整理は、基本的に、右横向きのタイトル行における横並びの項目にしたがって行われる。そして、その項目にしたがって縦並びにデータが記入される[24]。そのタイトル行を埋める個別項目と項目順序は以下のようである。すなわち、

・列番
・事件整理番号
・事件筆頭者名
・審級
・裁判所名
・判決日（年月日の昇順）
・事件番号

第 8 章　3.1独立運動の判決——植民地法制研究の一つの視点

・原本・謄本
・国家記録院/film番号GCNケースSeoul支所番号
・国家記録院/film番号GCNケースTaejeon番号
・国家記録院/film番号GFNマイクロフィルム番号
・国家記録院/film番号GDN保存文書番号
・国家記録院/film番号GDP開始頁
・謄本などの別途の所在
・適用法令・備考
・独立運動有功者編5（＝『独立運動ハングル版判例集』）の該当頁
・独立有功者功勲録の該当頁
　２．各項目の意味は次のようである。
・列番
　①　列番は縦並びのデータの順序である（列番＝予審法院：第1-28番；地方法院：第31-888番；覆審法院：第891-1854番；高等法院：第1857-2855番）。すでに作成した『一覧表』に基づくと、列番の中で黒色ゴシック・イタリック・フォントによって表記したものは、『独立運動ハングル版判例集』及び『独立有功者功勲録』の掲載する判決で、筆者の調査と重複したものである。そして黒色ノーマル・フォントによって表記した多数のものはこれまで知られていない判決であり、筆者の調査に基づく。当然筆者の独自性が示される。
　②　旧国家報勲処『独立有功者功勲録』において「挙証文献」として引用された判決で『一覧表』の列番第2858-3476番の判決は、独立有功者たる申請者の挙証したものであるが、同一事件における同一被告たちの判決の重複の可能性がある。事件筆頭者名は異なるとしても裁判所名と判決日が同一である形式的な事情を考えると、重複の可能性は大きい。しかし、これらの判決は、国家報勲庁（旧国家報勲処）だけが保有するデータであって、筆者の見落としの可能性はあるが国家記録院の管理し公開している判決の中にはない。それゆえに、これらの列番の判決は筆者の調査と重複していない。おそらく、国家報勲庁（旧国家報勲処）がその判決自体を公開するようになれば、同一判決の重複であるかどうかの判断は出来るであろう。今後の調査研究によって、引用判決の実際が分かれば、上記列番数

第Ⅲ編　判例を通してみえる植民地支配の実態

| 列番 | 事件整理番号 | 事件筆頭者名 | 審級 | 裁判所名 | 判決日 | 事件番号 | 原本謄本 | 国家記録院/film番号 GCNケース Seoul支所番号 | 国家記録院/film番号 GCNケース Taejeon番号 |
|---|---|---|---|---|---|---|---|---|---|
| 1 | 12543 | 李時教 | 予審 | 大邱地方法院安東支庁 | 1919年5月4日 | 1919年予審第2号 | 1 | S115-8-2-09 | T199-1-4-02 |
| 2 | 243 | 李昌善外 | 予審 | 京城地方法院 | 1919年7月15日 | 1919年予審第13号 | 1 | S113-8-4-10 | T198-6-1-03 |
| 3 | 10472 | 玄錫七 | 予審 | 公州地方法院 | 1919年7月28日 | 〔無年無号〕 | 1 | S116-5-5-14 | T164-1-4-09 |
| 4 | 3 | 孫秉熙他 | 予審 | 京城地方法院 | 1919年8月1日 | | 1 | S113-8-4-15 | T198-6-1-08 |
| 5 | 254 | 李一外 | 予審 | 京城地方法院 | 1919年8月4日 | | 1 | S113-8-4-15 | T198-6-1-08 |
| 6 | 12 | 金賢黙外 | 予審 | 京城地方法院 | 1919年8月7日 | | 1 | | |
| 7 | 21 | 崔殷植外 | 予審 | 京城地方法院 | 1919年8月8日 | | 1 | | |
| 8 | 263 | 尹益善外 | 予審 | 京城地方法院 | 1919年8月30日 | | 1 | S113-8-4-15 | T198-6-1-08 |
| 9 | 265 | 尹愿三 | 予審 | 京城地方法院 | 1919年8月30日 | | 1 | S113-8-4-15 | T198-6-1-08 |
| 10 | 267 | 金界植 | 予審 | 京城地方法院 | 1919年8月30日 | | 1 | S113-8-4-15 | T198-6-1-08 |
| 11 | 268 | 金景河 | 予審 | 京城地方法院 | 1919年9月6日 | | 1 | S113-8-4-15 | T198-6-1-08 |
| 12 | 269 | 沈？外 | 予審 | 京城地方法院 | 1919年9月13日 | | 1 | S113-8-4-08 | T198-6-1-01 |
| 13 | 39 | 権寧大外 尹相泰外 | 予審 | 京城地方法院 | 1919年9月23日 | | 1 | | |
| 14 | 12475 | 崔ホウ基 | 予審 | 大邱地方法院 | 1920年1月25日 | | 1 | S115-8-2-02 | T199-1-3-10 |

第 8 章　3.1 独立運動の判決──植民地法制研究の一つの視点

| 国家記録院/film番号GFNマイクロフイルム番号 | 国家記録院/film番号GDN保存文書番号 | 国家記録院/film番号GDP開始頁 | 謄本などの別途の所在 | 適用法令・備考 | 独立運動有功者編5 | 独立有功者功勲録 |
|---|---|---|---|---|---|---|
| 95-0196 | 77-4253 | 1087 | | 保安法、騒擾 | | |
| 93-0904 | 77-2236 | 805 | | 騒擾 | | |
| 21325 | 77-2808 | 546 | | 保安法 | | |
| **93-0909** | **77-2245** | **95** | | ***出版法、保安法／青柳南冥『朝鮮独立騒擾史論』(1921) 350頁以下*** | **11** | **73** |
| **93-0909** | **77-2245** | **109** | | **保安法、出版法** | **55** | **253** |
| | | | | 内乱 | | |
| | | | | 内乱 | | |
| **93-0909** | **77-2245** | **121** | | **保安法、出版法** | **146** | |
| 93-0909 | 77-2245 | 156 | | 保安法、出版法 | | |
| 93-0909 | 77-2245 | 290 | | 保安法、出版法 | | |
| 93-0909 | 77-2245 | 294 | | 保安法 | | |
| 93-0902 | 77-2232 | 791 | | 保安法、騒擾、詐欺 | | |
| | | | | 大正8年制令第7号／HCN34、HDP464／国史編纂委員会9の278 | | |
| **95-0040** | **77-3556** | **544** | | ***保安法　1月31日か？*** | **1093** | **291** |

第Ⅲ編　判例を通してみえる植民地支配の実態

は減少するかもしれない。

　③　『独立運動ハングル版判例集』（『独立運動有功者編5』）に収録されているものは公開されている。これらの内いくつかについて、筆者が国家記録院（旧国家記録保存処）でマイクロフィルムの調査の際に見落とした可能性のあるものがある。今後調査する必要から「独立運動有功者編欠分」（＝「独立運動ハングル版判例集欠分」）として黒色ゴシック・イタリック・フォントで一括して表記する（列番3479-3517）。

・事件整理番号

　事件の調査段階で機械的に事件に次々に番号を割り振った。その後、審級・判決日毎に並び替えた。そのために、最初の事件整理番号はいわばその事件の背番号に当たる。例：10558。ただし、翻読が完成すれば、調査過程の事件整理番号は不要になり、この項目は削除されるべきである。

・事件筆頭者名

　事件が被告単独の場合だけでなく、複数からなる場合がある。そのために、複数の被告の筆頭者名をもって事件の名称とする。例：金兌源。なお、韓国の固有漢字で日本に存在しない漢字の場合、便宜上カタカナで該当の固有漢字を表記する。これは翻読の際に訂正されるであろう。

・審級

　「朝鮮総督府裁判所の名称、位置及管轄区域」（1910年10月、総令第9号）によれば、朝鮮総督府裁判所は、地方法院（複数）、覆審法院（複数）、高等法院（一個）からなっていた。それで表記としては、地方＝地方法院、覆審＝覆審法院、高等＝高等法院とする。なお、予審制度が存在したので、予審を扱った地方法院と高等法院とは明示し、審級そのものではないが、判決（決定）は予審（地方・高等）・地方・覆審・高等の順序とする。

・裁判所名

　「地方法院支庁の名称、位置及事務取扱区域」（1914年3月、総令第25号、改正1914年10第158号）によれば多数の支庁が存在した。例：釜山地方法院密陽支庁。

・判決日

　予審の場合は決定日であり、判決があった場合は判決日である。整理のために西暦の表示をする。例：1922年5月11日。

第8章　3.1独立運動の判決――植民地法制研究の一つの視点

・事件番号
　事件には裁判所毎に事件番号が割り振られる。但し、判決には記載されていない場合が珍しくない。判決を収録した簿冊の目録には通常事件番号は記載されている。そこで目録の存在する場合で判決に記載がない場合には可能な限り事件番号を補う。例：1922年刑公第222号。

・原本・謄本
　判決には原本と謄本がある。数字で区別する。すなわち、原本＝1、謄本＝2。原則的には原本が重要である。ただ原本が存在せず、謄本のみ存在する場合がある。かかる場合には謄本を一覧表の作成に用いる。そして謄本がいくつも作成されていたり、原本・謄本が何度もマイクロフィルムに複写されていたりするので注意が必要である。

・国家記録院/film番号、GCN、GFN、GDN、GDP
　①　日本では、とかく原資料の出典が問題になる。そのために、誰でも原資料を調査出来ることが大切である。その意味で、学問の民主化は歴史的事実の確認には不可欠に思う。また、誤字・脱字・訂正なども判決には見られるので、出典は明示されるべきである。ただ、翻読に際して誤字などをすべて注記する場合には労力の問題がある。そのために、誤字などが明白であれば注記の必要はないであろう。
　②　マイクロフィルムは国家記録院が所蔵し管理している。そしてマイクロフィルムには番号がある。そのために国家記録院とマイクロフィルムを結びつけた国家記録院/film番号という表示を用いる。判決が国家記録院以外に所蔵されている場合があるので、この項目はなければならない。
　③　煩瑣でありかつ労力のかかることであるが、出典に関して以下の記号を用いる。なお、国家記録院のマイクロフィルムにおける出典の表記方法について定まったものはない。
　国家記録院＝G（governmentの意味）、マイクロフィルム＝F、マイクロフィルムの入っている紙ケース＝C、番号＝N、マイクロフイルム化された保存文書の開始頁＝P、国家記録院の本庁のある大田市のマイクロフィルム＝T（＝Taejeon）、国家記録院ソウル支所のマイクロフィルム＝S（＝Seoul）。
　③　以上の記号を組み合わせて、以下のようにする。

マイクロフィルムの入っている紙ケースには管理番号がついている。そこで、紙ケースと管理番号の表示を項目としては「GCNケース」とする。そして、文章の中での引用では単に「GCN」とする。そして、その後に「紙ケース」の管理番号を付ける。この管理番号は、ソウル支所と大田市にある国家記録院の本庁で異なる。そのために、項目としては、「国家記録院/film番号GCNケース」の後に、ソウル支所のGCNの場合「Seoul支所番号」を付ける。他方、大田市にある国家記録院の本庁のGCNの場合「Teajeon番号」を付ける。ソウル支庁と大田市の本庁でマイクロフィルムの管理形式の違いからこのような相違が生まれている。内容に違いはない。さらに、項目に添ってデータを入力する際に、ソウル支所の場合にはS（=Seoul）、大田の場合にはT（=Taejeon）という記号を管理番号の先頭につける。例：S116-5-1-04、T199-6-3-07。なお、GCNとしてはS116-5-1-04とT199-6-3-07は同一である。すなわち、S116-5-1-04=T199-6-3-07。
・マイクロフィルムの番号、マイクロフィルム化された保存文書の番号、マイクロフィルム化された保存文書の開始頁
　①　マイクロフィルム自体に管理番号がついている。
　マイクロフィルムの番号＝GFN。　項目としては「国家記録院/film番号GFNマイクロフィルム番号」とする。データとしての入力は例：95-0412。
　②　マイクロフィルムは通常いくつもの文書を保存している。その保存文書にはそれぞれ管理番号がついている。
　マイクロフィルム化された保存文書の番号＝GDN。項目としては「国家記録院/film番号GDN保存文書番号」とする。データとしての入力は例：77-0453。
　③　マイクロフィルム化された保存文書には頁数が通常付けられている。
　マイクロフィルム化された保存文書の開始頁＝GDP。項目としては「国家記録院/film番号GDN開始頁」とする。データとしての入力は例：784。
・謄本などの別途の所在
　①　謄本が複数作成されている場合がある。この場合、データとしての

入力は例：S116-5-1-04のように記載する。
　②　同一事件の判決が複数回マイクロフィルムに取られている場合も別途所在を掲記する。
・適用法令・備考
　①　適用法令は原則として記載する。
　②　時として紙ケースの記載事項とマイクロフィルムの中身とが食い違う。このような誤った管理がないわけではないのでその一致の確認が必要である。
・独立運動ハングル版判例集（独立運動有功者編5）、独立有功者功勲録
　該当の判決が記載されているあるいは挙証されている場合にはその頁をデータとして記録する。

## Ⅳ．判決の研究の例

　前項までの叙述は、形式的に3・1独立運動の判決を整理することを研究課題とした。次に、実質的に3・1独立運動の判決を研究する例を示してみたい。それは、何のために判決を研究する必要があるかの問に少しでも答えるためである。
　1．永明学校はアメリカのキリスト教宣教師アリス・J．シャープ〔韓国名：史愛理施〕女史が1905年に建てたミッションスクールで当時はフランク・E．C．ウィリアムス〔韓国名：禹利岩〕が校長であった[25]。以下、同校の関係者すなわち牧師の玄錫七、数名の同校教師、在校生、卒業生などの3・1独立運動に関する判決を分析する[26]。この判決は公州地方法院予審終結決定1919年7月28日と公州地方法院判決1919年8月29日である[27]。
　予審終結決定によれば、被告呉翼均（青山学院生徒）と安聖鎬（同）は、東京在学中朝鮮人学生らと朝鮮を独立させる運動を行い1919年2月郷里に帰り、以前から同じ思想を抱いていた玄錫七（牧師）、金寛会（永明学校教師）などと1919年3月24日午後9時頃公州面大和町永明学校の一室に会合して、朝鮮各地ですでに朝鮮独立の示威運動があったので、公州でも

これを行うべきだと協議し、生徒の煽動、朝鮮独立宣言書の印刷頒布、地方人の勧誘煽動などの役割を分担し、4月1日午後公州市場の開市を利用して示威運動を行うことを誓った。

ほぼこの総括的な事実認定は公州地方法院でも同じであった。そして、金寬会は、独立万歳の高唱を協議し、生徒を煽動し、被告尹鳳均が京城で取得した独立宣言書に基づく約1000枚の謄写とそれらの頒布を教唆し、印刷のため金10円を交付して、治安を妨害したとして有罪であった。18人中10人が有罪（懲役1年など）、8人は無罪。玄錫七、安聖鎬、安昌鎬らが無罪になったのは、彼らが金寬会と会合して示威運動を協議した事実などがあるが、これらは「明白なるも何れも秘密裡に行われ一地方の静謐を害すべき程度に達したるものと認め難〔いので〕犯罪を構成せざるもの」であったからであった。

2．分析として

① 予審終結決定は、3・1独立運動の発端に関して1919年2月8日の、在東京朝鮮留学生たち約200人が神田のキリスト教青年会館において行った「2・8独立宣言書」に言及している。その宣言をした在東京留学生は警察によって弾圧された。それを逃れて朝鮮に帰省していた東京留学生たちは、3・1独立宣言後の京城の激しい示威運動に鼓舞されている。このことを示す一つが永明学校を中心とした本事件である。

② 事件の主犯と見られた金寬会に適用されるべき法令は、犯罪時の法令としては旧法たる保安法7条である。ところが、予審も公州地方法院も、金寬会の行為後の新法たる制令第7号（1919年4月15日公布）を適用した。そして、そのために、近代刑法の原則である罪刑法定主義の原則からは問題である。それに対して、金安植外事件に対する高等法院判決1919年6月9日[(28)]は、はっきりと罪刑法定主義を意識していて新法の適用を排除した。今後、高等法院のかかる判決の前後における下級審の罪刑法定主義をめぐる動向の分析は重要に思われる。

③ 有罪と無罪の分かれ目として見るなら、下級審である本件事件の公州地方法院判決は、「秘密裡に行われ一地方の静謐を害すべき程度に達したるもの」であるかどうかを有罪無罪の判断基準としている。この点は、金安植外事件に対する高等法院判決でも同じである。そのために、公州地方

法院の制令第7号の取扱の場合とは異なり、有罪無罪の解釈では法治主義が現われている。

## V．結びとして

　植民地支配下における判決の分析を通して、裁判所が植民地支配にどのように対処したかを見ようとした。その際、判決の保存状況は大きな課題である。さらに、具体的な事例研究を通して裁判所の法治主義が動揺する場面も見られた。したがって、ダイシーの分析に照してみると日本の植民地支配と裁判所の関係も大きな問題として浮かび上がってくる。それゆえに、植民地支配下の判決の収集と整理は重要になってくると思う。

【注】
(1) A.V. Dicey, Introduction to the study of the law of the constitution, introducted by E.C.S. Wade, 10th ed. 1959/ first ed. 1885, reprinted ed. 1964, pp. 193. A. V. ダイシー著『憲法序説』伊藤　正己・田島裕共訳、学陽書房、1983年（＝ダイシー『憲法序説』）。
(2) 訳書であるダイシー『憲法序説』は最終版である第8版（1931）を用いていてその「第8版への序文」も翻訳している。その中でたしかにダイシーは、A. Berriedale Keith, Responsible government in the dominionsに言及しているが（v頁）、キースの何年版を見ているかに言及していない。キースの本は、1909年版、1912年版、1928年版とある。本稿は、1912年版を用いる。
(3) Keith, ibid., pp. 262-272, 273-279.
(4) Dicey, ibid., pp.188 and 193. ダイシー『憲法序説』、183以下、195頁。
(5) ダイシー『憲法序説』、184頁原注（＊）と195頁の訳注22と23参照。ダイシー『憲法序説』の日本語訳者はそれらの判決を簡単に紹介している。
(6) Mostyn v. Fabrigas（1774）1 Cowp. 161. なお、本稿は、次の文献の1800年版に基づく。すなわち、Reports of cases adjudged in the Court of King's Bench; from ...1774, to ... 1778, ...By Henry Cowper. London: 1783/ Dublin: 1784/ London:1800. Reprinted 2003［electronic resource］．三つの版は同じ内容の当該判決を収録している。ただし、各頁の収録形態が若干異なる。そして、

Mostyn v. Fabrigas 1 Cowper 161, 98 ER 1021 [electronic resource] でも同判決をみることが出来るが、それは、イタリックであった語句（ラテン語、強調語、人名）がノーマルになる、判決の引用についていた記号の付け方が変わるなど編集上若干の変更を受けている。

(7) Mostyn v. Fabrigas, p. 162.
(8) Ibid., p. 168.
(9) Ibid., p. 169.
(10) Keith, ibid., p. 34.
(11) Musgrave v. Pulido（1879）5 App. Cas. 102, in: The law reports. Appeal cases before the House of Lords: and the Judicial Committee of Her Majesty's Most Honourables Privy Council. Vol. V. 1879-80. XLIII & XLIV VICTORIAE. 1880.
(12) Ibid., p. 102, 108, 111 and 114.
(13) Thomas E. Ennis, French policy and developments in Indochina, University of Chicago Press, 1936, p. 53. T. E. エンニス著『印度支那：フランスの政策とその発展』大岩誠訳、生活社、1941年（＝エンニス『印度支那』）、76頁。
(14) Ennis, ibid., p. 56. エンニス『印度支那』、82頁。
(15) Ennis, ibid., pp. 67. エンニス『印度支那』、95-96頁。
(16) 山崎丹照『外地統治機構の研究』、高山書院、1943。外務省条約局『外地法制誌』全13冊、文生堂復刻、1990年。
(17) 『覆審・高等法院判例』台湾総督府覆審・高等法院編纂、14冊、1896-1943、〔復刻版〕小森恵編、文生書院、1995年。
(18) 『旧韓末民事判決録』（1895-1909）漢城京畿裁判所所藏、総52巻（5000余件収録）、法院図書館発行、2008年。
(19) 朝鮮総督府裁判所書記課編纂『朝鮮高等法院判決録』（民刑事）、第1-30巻（1914-1945）〔私製、2009〕。日本語版の復刻とハングル訳版の合本はこれまで3巻7分冊（2004-2007）が出来上がっている。
(20) 朴殷植著姜徳相訳注『朝鮮独立運動の血史』1、東洋文庫214、平凡社、1972年、183頁。なお、3・1運動自体は、朝鮮では1919年3月から5月にもっとも集中的に行われたが、全体的には約1年間にわたって日本、中国、ソ連沿海州、アメリカなどの海外在住朝鮮人によって全民族的に行われた（朴慶植『朝鮮三・一独立運動』、平凡社、1976年、9頁）。
(21) 『3・1運動関係判決一覧表』（中間報告2004年）、国際基督教大学教授笹川

紀勝編、国際基督教大学21世紀COEプログラム『平和・安全・共生』研究教育の形成と展開、トヨタ財団研究助成「朝鮮における植民地支配と裁判——判例の収集と分析」(=『一覧表』)。

(22) 独立運動史編纂委員会編・独立遺族者事業基金運用委員会・独立運動史翻刻発行処『独立運動史資料集』第5巻、高麗書林、1973年(=『独立運動ハングル版判例集』)。なお、前述の『一覧表』はこの『独立運動ハングル版判例集』を『独立運動有功者編5』と呼んでいるが、その編集者名に「有功者」の文字はなく、この文字が出てくるのは『独立有功者功勲録』であるから、以下訂正して『独立運動有功者編5』を『独立運動ハングル版判例集』と呼ぶ。

(23) 国家報勲処『独立有功者功勲録』第2巻『三・一独立運動篇』(上)、1986年(=『独立有功者功勲録』)。「挙証文献」の一覧表は同書の69-316頁、「3・1独立運動参与者名単」は同書の627-719頁。

(24) 「判決」と「判決文」の区別について一言しておきたい。すなわち、裁判所の事件に対する判断が「判決」であり、その判断が口頭にとどまらず「文章化」された場合「判決」と「判決文」は一致する。しかし、「判決文」という用語は一般的なものでなく、通常は「判決」という言葉で「判決文」が言われる。以下適宜「判決文」の言葉を用いる。

(25) 笹川紀勝「アメリカ基督教宣教師Williams外と韓国独立抗争——三・一独立運動判決『玄錫七外事件』を手がかりとして」朴哲熙・尹用権外編著『忠節な地域　公州地域抗日独立運動史——公州永明学校中心』、高句麗出版、2007年、366頁以下所収(=笹川「アメリカ基督教宣教師Williams外と韓国独立抗争」)、〔写真：1-2頁参照〕、378頁。

(26) 笹川「アメリカ基督教宣教師Williams外と韓国独立抗争」論文の改訂したものが笹川「日本の植民地支配下の抵抗の軌跡——信頼醸成のためには相手の苦悩を知る必要がある」、深瀬忠一外編著『平和憲法の確保と新生』北海道大学出版会、2008年、195頁以下所収(=笹川「日本の植民地支配下の抵抗の軌跡」)である。

(27) 『一覧表』列番3、玄錫七事件、公州地方法院予審終結決定1919年7月28日及び列番617、玄錫七外事件、公州地方法院判決1919年8月29日。ただし、本稿の執筆時には、これらの判決文は関係者の提供によった。

(28) 笹川紀勝・金勝一編著『三一独立運動判決精選』第2巻上『一般犯罪とし

第Ⅲ編　判例を通してみえる植民地支配の実態

て処罰』日韓三一独立運動共同研究学術資料、高句麗出版社、1999年、25頁以下。なお、金安植外事件の高等法院の判決は『朝鮮高等法院刑事判決録』第6巻、142頁以下にも収録されている。『一覧表』では列番1964、金安植外事件、高等法院判決1919年6月9日。

第9章

# 三・一独立運動事件における判例の分析

リー・マージ　クリスティン

## Ⅰ．はじめに

　本章では『判例における三・一獨立運動史』(鄭光鉉著、ソウル：法文社、1978年) を中心として、朝鮮植民地支配をめぐる高等法院の判決を分析する。具体的には、三・一独立運動関連の被疑者に対する法令の適用方式、孫秉熙および尹益善の裁判に代表される諸判決の分析を行った。三・一独立運動事件における適用法令としては、「保安法」、「出版法」、「政治犯罪処罰の件」があるが、それらの適用方式を中心に検討した。

　鄭光鉉によると、韓国独立運動史に関しては李炳憲編『三・一独立運動史』、金正明編『朝鮮独立運動』、国史編纂委員会編『韓国独立運動史』など膨大な書物が出版されているが、三・一独立運動に関する事件の被疑者についての警察取調書については『韓国独立運動史』第2巻の中に「開成万歳示威運動事件」と「南原万歳示威事件」の高等法院判決が収録されているのみである。『判例における三・一獨立運動史』は33例の上告事件を取り上げ、1919年当時の刑事法の制定状況と上告が提起された事件に対する確定判決を取り扱った高等法院判決および破棄送還による覆審法院判決を紹介している。

　『判例における三・一獨立運動史』には33の判例が収録されているのみであるが、1200件を収録した日韓の三・一独立運動共同研究による学術資料である『三・一獨立運動判決精選』第1巻「内乱罪の成立如何」、第2巻「一般犯罪として処罰　上、下」、第3巻「同時期の独立運動判決」

第Ⅲ編　判例を通してみえる植民地支配の実態

(笹川紀勝・金勝一編著、2000年) は、三・一独立運動における運動家に対する処罰判決を理解するための判例集として大きな意味がある。

本章では、『判例における三・一獨立運動史』に挙げられている33件の判例について、以下の問題点を考察する。

①三・一独立運動事件の適用法令
②三・一独立運動事件当時の法令の解釈
③孫秉熙ほか三・一独立運動主要人物47名についての独立宣言書署名事件と保安法および出版法違反との関連
④尹益善ほか71名についての保安法および出版法の適用
⑤高等法院の刑事法の適用

## Ⅱ．三・一独立運動事件判決の概要

（1）孫秉熙ほか47名・保安法および出版法違反事件判決〔京城覆審法院1920年10月30日判決刑控第522号1523号〕

本判決は、独立宣言書署名事件の代表的な判決である。三・一独立運動の主要人物である孫秉熙は、三・一独立運動事件で、民族自決主義に基づき、日本の帝国議会は朝鮮の独立を認めるべきとする文書を作成するとともに、独立宣言書を印刷・配布した。孫秉熙は、即日逮捕され、京城地方法院予審決定書で内乱罪とされ、朝鮮高等法院で判決を受けたが、「管轄指定」の問題で移送された京城覆審法院では、(旧法)保安法および出版法に基づく(新法)大正8年制令7号および刑法第54条第1項を適用され、懲役3年の判決を受けた。

本件は、京城地方法院予審決定書では内乱罪と認定されたが、高等法院の特別権限に属する事項であり、京城地方法院の所管事項ではないとされた。そして、朝鮮高等法院に移送されたが、高等法院は内乱罪ではなく保安法違反として取り上げたものの、結局、京城地方法院で判決が下された。

京城地方法院では、公訴受理の権利がないとして、公訴不受理の判決を下した。検事側は犯罪事実の証拠により、保安法および出版法の違反が充

分認められるとして控訴し、京城覆審法院は、1920年10月30日の判決で、原審の公訴不受理判決を取り消し、保安法および出版法違反の判決を下した。京城覆審法院の判決は、孫秉熙の独立運動事件について、最初の予審で適用法令を内乱罪ではなく、保安法および出版法の違反としたのである。

　孫秉熙ほか三・一独立運動の主要人物47名の個人別の量刑は、保安法および出版法に基づき懲役1年から3年であった。朴演浩など10人は証拠不充分で無罪の判決を受けた。

　(2) 尹益善ほか71名・保安法違反上告事件〔京城覆審法院1920年2月27日判決刑控第1006号〕

　もう一つの重要な独立宣言署名事件として、尹益善ほか71名に関する事件がある。尹益善は、普成法律商業学校校長として在職中、「朝鮮独立新聞」を印刷・配布した行為で、新法である大正8年制令第7号第1条に該当するものであったが、新法より刑の軽い旧法の保安法第7条と出版法第11条第1項第1号を適用され、懲役1年6月の刑を受けた。

　本件では、尹益善ほか71名に対して保安法違反の事件とし、71名の関連者を共犯関係はないとしつつも、20余りの事件を一括して併合審理したのである。71名は、京城覆審法院で棄却判決を受けた。

　(3) 金聲澤・保安法違反上告事件〔朝鮮高等法院1919年6月5日上告棄却判決刑事第136号〕

　金聲澤は、朝鮮独立を達成する目的で、全羅北道金提郡で独立運動を煽動した行為により、大邱覆審法院で、保安法第7条と大正8年制令第7号「政治に関する犯罪処罰の件」第1条第2項、刑法第6条および10条を適用され、懲役8月刑を言い渡されたが、これを不服として上告した。高等法院はこの原審の判決を棄却した。

　(4) 金安植・保安法違反における検事の上告事件〔朝鮮高等法院1919年6月9日上告棄却判決刑事第168号〕

　金安植は、東京に留学中、朝鮮独立運動の計画を知り、1919年（大正8

年）3月に帰国し、金永洙および金学洙と共謀して、1919年3月25日に独立運動に関する宣言書草案を起草したが、焼却した。そして、太極旗（韓国の国旗）を制作したところ、警察に逮捕され、起訴された。ところが、大邱覆審法院では、無罪判決を下した。原審の判決に対し、検事は不服上告したが、棄却された。高等法院は大正8年制令第7号第1条による「政治の変革を目的」とする治安妨害の犯罪の構成要件に該当しないと判示した。

(5) 鄭邦直ほか2名・保安法違反における検事の上告事件〔朝鮮高等法院1919年6月12日上告棄却判決刑事第203号〕

1919年（大正8年）3月19日、鄭邦直が太極旗を持ち先頭に立って「万歳」を高唱した事実につき、第1審で懲役1年2月、第2審で懲役1年の判決を受けた。鄭邦直らはこれを不服とし上告したが、棄却された。

(6) 孫興福ほか・保安法違反上告事件〔原審破毀自判判決、1919年6月21日上告棄却判決刑事第221号〕

孫興福らは、学生を引率し、「万歳」を高唱し、校外で行進した行為につき、第1審、第2審で有罪判決を受けたので、不服上告したところ、棄却された。

(7) 徐演国・騒擾および保安法違反上告事件〔朝鮮高等法院1919年6月21日原審破毀自判判決刑事第233号〕

本件は、「独立万歳」を高唱し家宅侵入した行為で、刑法第106条による騒擾罪、刑法第130条による家宅侵入罪、および保安法違反が併合適用された事件である。被告は、最も重い騒擾罪に法定加重され、懲役2年6月の判決を受けた。不服上告したが棄却された。

(8) 金明麗・保安法違反上告事件〔朝鮮高等法院1919年7月2日上告棄却判決刑事第254号〕

本件は、黄海道端與邑内の天道教区室から独立宣言書302枚を受け取り、同地方教徒に配布し、独立運動を煽動した事案である。第1審の平壌地方

第9章　三・一独立運動事件における判例の分析

法院新義州支庁、第2審の平壌覆審法院は、保安法第7条に基づき、懲役8月を宣告した。不服上告したが棄却された。高等法院は、独立宣言書を他人に交付し、独立運動を煽動し、治安を妨害したのは犯罪の構成要件に該当するが、朝鮮の独立を主張するのは犯罪とはならないと判示し、上告を棄却した。

　(9)　李萬集・保安法および出版法違反上告事件〔朝鮮高等法院1919年7月21日上告棄却判決刑事第412号〕
　本件では、李萬集が、独立宣言書を謄写し配布した行為が、出版法第11条第1項、保安法第7条に違反するとして、第1審と第2審で有罪とされ、懲役2年6月の刑が宣告された。李萬集は、不服上告したが、高等法院は、謄写機で作成した印刷物は「国憲を攪乱する文書図書」にあたるとして、出版法を適用し、原審の判決を棄却した。

　(10)　黄尚鎬・保安法および出版法違反上告事件〔朝鮮高等法院1919年7月21日上告棄却判決刑事第505号〕
　黄尚鎬は、「朝鮮獨立光州新聞」を出版し、謄写印刷し、独立運動を煽動したとして、保安法および出版法違反で懲役3年の有罪判決を受けたが、不服上告した。高等法院は、この判決を棄却したが、検事が上告、原審を破毀し、自判した。

　(11)　尚燻・保安法違反上告事件〔朝鮮高等法院1919年7月31日上告棄却判決刑事第508号〕
　尚燻は、1919年（大正8年）3月4日、京城で「朝鮮独立新聞」「警告文」「警告」の三種類の文書を配布し、独立運動を煽動したとして、保安法違反により、第1審、第2審で有罪判決を受けた。不服上告したが棄却された。

　(12)　李昌雲・保安法違反および暴行罪の上告事件〔朝鮮高等法院1919年8月11日原審破毀自判決刑事第558号〕
　李昌雲は、群衆と「万歳」を唱えた嫌疑で憲兵補助員の任意同行を求め

157

第Ⅲ編　判例を通してみえる植民地支配の実態

られたが、これを拒否した行為について、暴行罪として起訴され、海州地方法院、平壌覆審法院ともに保安法違反と暴行罪で懲役5月を宣告した。李昌雲は上告したが、上告審では、原審を破毀自判し、懲役5月の刑を言渡した。

（13）金弘烈・保安法違反上告事件〔朝鮮高等法院1919年8月7日上告棄却判決刑事第535号〕

本件では、金弘烈が村民約20人を煽動し「万歳」を唱えた事実が認定され、保安法違反容疑で京城地方法院および京城覆審法院で有罪判決を受けたが、被告は上告した。高等法院は、被告が独立を唱えたことを「政治変革の目的」だとは言えないとし、上告を認めた。

（14）劉興柱ほか2名・保安法違反および公務執行妨害上告事件〔朝鮮高等法院1919年9月6日上告棄却判決刑事第683号〕

劉興柱ほか2名は、太極旗と大韓独立旗を制作して、全羅南道順天郡で、「朝鮮独立万歳」を唱えながら街頭を行進、これを停止する公務員に暴行したため、保安法違反で第1審、第2審で有罪判決を受け、上告した。高等法院は、原審判決を破毀し、京城覆審法院に移送した。

（15）権明周・保安法違反上告事件〔原審破毀判決移送判決1919年9月15日上告棄却判決刑事第743号〕

権明周が、独立宣言書を黄熙鐘に伝達し、「万歳」を唱えた事件である。第1審の咸興地方法院、第2審の京城覆審法院は、保安法違反の判決を下した。権明周は上告し、平壌覆審法院は原審判決を破毀した。

（16）許乃三ほか・騒擾事件〔朝鮮高等法院1919年9月18日上告棄却判決刑事第867号／朝鮮高等法院1919年11月1日上告棄却判決刑事第992号〕

被告である許乃三が主導した開成万歳示威運動事件である。許乃三は、開成の住民を煽動し、独立運動に参加させ、隊列で彼らの行動を制止する者に抵抗することを命令した。許乃三は、万歳を連唱し、行進する時、そ

第 9 章　三・一独立運動事件における判例の分析

の行動を制止する警察に暴行をふるい、打撲傷を負わせた。第 1 審、第 2 審では、被告は、職務執行妨害、傷害罪、騒擾罪が適用され、懲役 6 年を宣告された。許乃三は上告したが棄却され、その一方で「内乱罪」を適用することを主張した検事の上告も棄却された。

　高等法院は許乃三の上告に関して、「暴行は朝憲紊乱の目的を実行する手段にならない」などとして内乱罪を適用せず、「高等法院の特別権限に属しない」との理由で「原審が管轄相違の申立てを却下するのは相当である」と判示した。

（17）尹奎熙・保安法違反上告事件〔朝鮮高等法院1919年10月 2 日上告棄却判決刑事第832号〕
　尹奎熙は、独立運動に参加したとして、保安法第 7 条に基づき有罪判決を受けた。尹奎熙は上告したが棄却され、検事の附帯上告も棄却された。

（18）高衝鎭ほか 2 名・保安法違反上告事件〔朝鮮高等法院1919年10月30日上告棄却判決刑事第981号〕
　高衝鎭ほか 2 名は、独立運動に参加したとして、保安法第 7 条により、大邱覆審法院で有罪判決を受けたが、朝鮮高等法院に上告した。上告は棄却され、京城覆審法院に移送され、棄却された。

（19）徐延基・出版法および保安法違反上告事件〔朝鮮高等法院1919年11月24日上告棄却判決刑事第1101号〕
　徐延基は、いわゆる「不穏文書」を印刷し京城府内で配布したとして、京城地方法院および第 2 審で、大正 8 年制令 7 号違反、出版法第11条違反とされ懲役 1 年の判決を受けた。徐延基は不服上告し、高等法院は原審を破毀したが、大邱覆審法院では、懲役 1 年を言渡した。徐延基は再び不服上告したが、棄却された。

（20）李豊基ほか 2 名・保安法違反事件〔朝鮮高等法院1919年10月 4 日上告棄却判決刑事第825号〕
　この事件は、南原万歳示威運行事件で、李豊基ほか 2 名が保安法違反に

159

問われた事件である。被告らは、大正8年4月3日に示威運動に突入、「不穏文書」を朗読して光州地方法院南原支庁で懲役1年6月を言渡された。検察が不服控訴し、大邱覆審法院では懲役2年を言渡した。被告らは不服上告したが、棄却された。

(21) 朴在秀・大正8年制令第7号および出版法違反〔朝鮮高等法院1919年11月15日上告棄却判決刑事第1005号〕

朴在秀は、独立運動に関する文書を印刷し、独立運動に加担することを煽動したとされた。第1審は、大正8年制令第7号および出版法違反で、懲役1年を言渡した。第2審では、懲役6月刑の判決を受け、上告したが棄却された。

(22) 牟義理・アメリカ人による独立運動被疑者隠匿上告事件〔朝鮮高等法院1919年8月18日原審破毀判決刑事第23号／朝鮮高等法院1919年12月4日上告棄却判決刑事第1012号〕

アメリカ人Eli Mawryは、独立運動に参加して、学生5名を自宅に隠匿したとして、平壌地方法院および平壌覆審法院で、有罪判決が言い渡された。被告は不服上告し、高等法院は原判決を破毀し、事件を京城覆審法院に移送したが、犯人隠匿罪を適用され、上告したものの、棄却された。

(23) 尹宣炳・騒擾および被拘禁者奮取上告事件〔朝鮮高等法院1919年10月30日原審破毀自判決刑事第865号〕

尹宣炳は、李宗達および崔正成とともに、独立運動を行った容疑で保安法違反により拘禁されている李貞石を救うため、警察官を脅迫し、警察署の掲示板を打ち倒した。この事件で、暴行罪が適用され、第1審、第2審で有罪判決を受けた。高等法院は、尹宣炳の不服上告を認め、原判決を破毀して大邱覆審法院に移送した。覆審院では、原判決を破毀し、平壌覆審法院に移送した。

(24) 李道在・保安法および出版法違反上告事件〔朝鮮高等法院1920年4月8日上告棄却判決刑事第32号〕

第9章　三・一独立運動事件における判例の分析

　本件は、京城覆審法院で有罪判決を受けた李道在・魚大鮮・李秉周の上告事件である。高等法院は上告を棄却した。李道在は、上告趣旨で「自分の行為は朝鮮民族として正義人道の意思に基づくもので犯罪ではない」と主張したが、高等法院は理由なしと判示した。

(25)　李達・大正8年制令第7号および新聞紙法違反上告事件〔朝鮮高等法院1920年12月6日上告棄却判決刑事第130号〕
　李達は、日本で「新朝鮮」という新聞を発行したが、その内容が朝鮮の独立を主張するものであったので、いわゆる「朝憲を紊乱する記事」とされて、第1審の大邱地方法院、第2審大邱覆審法院は、大正8年制令第7号第1条第1項、新聞紙法（明治42年法律第41号）第42条違反に基づき、有罪判決を言渡した。李達は、これを不服とし上告したが、棄却された。

(26)　宋世浩ほか1名・大正8年制令第7号および出版法違反上告事件〔朝鮮高等法院1920年2月12日一部棄却一部破毀判決刑事第15号〕
　宋世浩は、1919年5月、大韓民国青年外交団を組織し、上海臨時政府と関係を結ぶため上海支部長として活動した。大邱覆審法院では、出版法違反で懲役7年を言渡した。被告らはこれを不服とし上告したが、棄却された。

(27)　金瑪利亞・大正8年制令第7号および出版法違反上告事件〔朝鮮高等法院1920年2月12日上告棄却判決刑事第122号〕
　金瑪利亞は、大韓民国愛国婦人会の振興を図るため、会長として朝鮮独立運動の趣意規則書を作成・印刷した。この行為について、出版法違反の罪に問われ、大邱地方法院で有罪判決を受けたが、上告した。高等法院は金瑪利亞が配布した文書は「国憲を紊乱」する著作出版と考えられるが、その出版物は官庁の許可をえたものであるので出版法違反とはいえず、破毀する旨判示した。

(28)　全洪燮ほか3名・強盗殺人および大正8年制令第7号違反上告事件〔朝鮮高等法院1921年4月4日上告棄却判決刑事第43号〕

全洪燮ほか3名は、独立運動資金の調達のため、間島から龍井村銀行に送られる現金を強奪し、護衛を殴打し、かつ銃の一斉発砲に加わったとされ、第1審、第2審で有罪判決を受けた。被告らは上告したが、高等法院は棄却した。被告のひとりは、護衛を殺害、強奪金で独立宣伝用機関新聞を発行するための費用を調達したと認定され、第1審、第2審で死刑判決を受け、上告したが死刑が確定した。

(29) 尹鍾燮ほか2名・大正8制令第7号上告事件〔朝鮮高等法院1921年5月7日上告棄却判決刑事第68号〕

尹鍾燮は、当時医学専門学校在学生であったが、上海臨時政府および秘密団体で活動したとされ、第1審で懲役3年、第2審で懲役1年6月の刑を言渡された。被告は不服上告したが、棄却された。

(30) 朴泰来ほか2名・大正8年制令第7号上告事件〔朝鮮高等法院1921年6月18日上告棄却判決刑事第108号〕

朴泰来は、独立軍へ船の調達と若干の物品を援助したとされ、第1審、第2審で、大正8年制令第7条違反により有罪判決が下された。朴泰来は、上告したが、棄却された。

(31) 金種・大正8年制令第7号違反放火罪上告事件〔朝鮮高等法院1921年5月12日上告棄却判決 刑事第76号〕

金種は、独立運動に関わる放火の容疑で、第1審の平壌地方法院新義州支庁、第2審の平壌覆審法院は、ともに大正8年制令第7条違反および放火罪により懲役10年を言渡した。被告は上告したが、棄却された。

(32) 徐斗星・大正8年制令第7号および強盗罪上告事件〔朝鮮高等法院1921年12月1日上告棄却判決刑事第232号〕

本件は、徐斗星が「新民団」という独立運動団体に入会、軍資金の募集員になり、銃をもって、金鳳相の自宅に侵入、独立軍のための資金として金品を強取したとされる事件である。被告は、大正8年制令第7号違反および強盗罪による刑法第236条第1項を適用され、有罪判決を受け、不服

第 9 章　三・一独立運動事件における判例の分析

上告したが棄却された。

(33) 朴尚鎭・光復会事件〔朝鮮高等法院1919年3月1日上告棄却判決、原審破毀自判決大正8年刑事第986号／朝鮮高等法院1919年11月4日上告棄却判決 第115号〕
　本件は、三・一独立運動とは関係のない独立運動団体「光復会」の関連者に関わる事件である。「光復会」は、国権回復運動資金提供の通告文を発送、応じない者は殺害するとした。朴尚鎭らは、親日的な朴容夏を殺害し、「光復会指名員」として死刑宣告文を残していた。本件に関連した逮捕者は47人だが、そのほとんどが第1審で有罪判決を受けた。ほとんどの被告は、控訴・上告を行わなかったが、朴尚鎭ほか6人が上告した。朴尚鎭と金漢種は、大邱覆審法院において、殺人教唆、恐喝が認定され、死刑判決が言渡された。被告らは、不服上告したが、棄却された。

## III．判決の分析

### 1．高等法院の上告が提起された事件についての確定判決

　三・一独立運動事件に適用された主要な法令は、保安法と出版法である。保安法は旧韓国法令として1907年に施行され、出版法は1909年に制定された。この二つの法律は、1910年以降の植民地時代にも引き継がれ、三・一独立運動事件に適用された。「政治犯罪処罰の件」は、制令として、1919年制令第7号として公布され、三・一独立運動以後の独立運動弾圧にも適用された。前述の33事件の判決の特徴は以下の通りである。

　①三・一独立運動の判決が依拠した法理は、保安法第7条の中の治安妨害である。保安法違反の判決の法理は保安法の構成要件によっている。

　②ほとんどの1審、2審の有罪判決については、高等法院への上告が行われたがすべて棄却されている。

　③地方法院の有罪判決の量刑は、具体的に提示されていない。

　④保安法違反事件の量刑は、懲役5月から6年まであり、無罪の判決もあった。懲役6年の判決が下された許乃三事件では、保安法に基づき、警

163

察官に暴行した職務執行妨害行為についてであった。

⑤三・一独立運動の判決のなかで、死刑判決は林国禎事件だけである。独立運動資金調達のため、銀行からの輸送金を運搬した護衛を殺害した強盗殺人罪のほか制令第7号が適用された。

## 2．高等法院判決、破毀送還となった覆審法院判決の考察

孫秉熙ら三・一独立運動の指導者47名、尹益善ほか71名についての独立宣言書事件では、保安法および出版法違反により裁かれ、高等法院でも上告は棄却された。孫秉熙事件は、孫秉熙が、1919年（大正8年）3月1日当日、代表者として独立宣言書を読んだ後、警察に逮捕された後、京城地方法院予審決定書で「内乱罪」に該当するとされ、朝鮮高等法院に移送された。しかし、高等法院は、裁判管轄を京城地方法院にした。下記の判決の日付は笹川紀勝教授の「内乱罪成立如何の判決一覧表」（2003年）に示されているものである。

① 1919.3.25　　京城地方法院：出版法、保安法違反
② 1919.7.31　　京城地方法院：出版法、保安法違反
③ 1919.8.1　　 京城地方法院：出版法、保安法違反
④ 1919.8.6　　 高等法院特別刑事部：内乱罪
⑤ 1920.3.22　　高等法院特別刑事部：内乱罪
⑥ 1920.8.9　　 京城地方法院：出版法、保安法違反、騒擾
⑦ 1920.10.30　 京城覆審法院：出版法、保安法違反、騒擾

孫秉熙事件以外では、許乃三事件に関する高等法院の判示の中で、内乱罪の成立要件を説示している。内乱罪は、刑法第77条の犯罪の構成要件として、次のものをあげている（鄭光鉉、1978, p.93）。

①多衆が共同で暴動すること。
②その暴動が政府の転覆または邦土の僭窃、その他朝憲の紊乱を目的と
　すること。
③その目的を実行したこと。

独立宣言書事件である孫秉熙事件は、暴動行為が行われなかったので、

第9章 三・一独立運動事件における判例の分析

内乱罪を構成しないと高等法院では判示している。孫秉熙事件以外にも、高等法院での許乃三騒擾事件の上告審では、内乱罪の構成要件には該当しないとして、公職務執行妨害罪、傷害罪および騒擾罪を適用している。

## 3．保安法第7条の犯罪構成要件

ほとんどの上告棄却の事案は、保安法第7条および大正8年制令第7号第1条違反の事例である。大正8年制令第7号第1条は次のように「朝鮮の独立の目的を有する政治変革」の事件に適用されると規定している。

「朝鮮の独立を目的とするのは、すなわち朝鮮に対する日本帝国の政治を排斥せむことを目的とするのであって、大正8年制令第7号第1条は、政治の変革を目的とするものに適用される。」

ここでの「政治」の意味は、大正8年7月31日の高等法院判決の中で示されている。そこでは、保安法第7条および大正8年制令第7号第1条での「政治」とは、以下のことをいうとされている。

「帝国主権の権力行使方法、権限分配組織に関する事項だけを指称するのではなくて、帝国主権の存立に関する事項まで含まれる。帝国領土の一部を帝国主権の統治から離脱させるのを目的とする行為は、保安法第7条に該当し、大正8年制令第7号第1条のいわゆる『政治の変革』を目的とする行為に該当する。」

保安法の中での治安妨害に該る構成要件としては、判例の中で、以下のように説示されている。

「政治に関する不穏な言論動作、他人を煽動教唆する、または、不穏な言論動作のため他人を利用する、他人の行為に干渉した行為」である。

金安植事件の「煽動」の行為は、「秘密」の計画段階であって、予備、未遂、準備的な行為とされ、無罪とされた。

金弘列事件での「万歳」を唱えた行為は、「政治を変革」する手段ではなかったとの理由で、「煽動・教唆」を目的とする犯罪行為とし、独立運動を「日本帝国の政治を排斥」「政治の変革」ではなく、治安妨害罪に該ると認定した。劉興柱事件の保安法違反・公務執行妨害行為に関する上告審で、高等法院は「朝鮮は帝国の統治権に服従する地域でその統治権から離脱し朝鮮を独立させることを企図した」として、「『独立万歳』を唱えた行為は、原判決で適用した法条に該当する治安妨害の罪を構成する」と判示している（鄭光鉉、p.83）。

　以上のように、独立宣言書署名事件の代表的な判決である孫秉熙の三・一独立運動事件をはじめ、その他の独立運動関連で適用された法令は保安法であり、「内乱罪」ではなかった。7つの代表的な「内乱罪」の事案も、上告されたが棄却された。その理由は、いずれも治安妨害にあたるとするものであった。

# Ⅳ．小結

　本稿で示した高等法院の上告棄却判例は、大正8年制令第7号第1条により裁判所で取り扱われたものである。独立運動に関連した犯罪行為と刑事事件は、地方法院で審理することができたが、地方法院と高等法院では「特別管轄権」の法律概念上の相違を区別している。しかし、個人の権利の様々な法源は提示していない。

〔参考文献〕
鄭光鉉、「判例를통해서三・一獨立運動史」 서울：法文社、1978年
笹川紀勝、金勝一編、「三・一独立運動判決精選」 서울：高句麗、2000年
　　第1巻「内乱罪の成立如何」
　　第2巻「一般犯罪として処罰　上、下」
　　第3巻「同時期の独立運動判決」
笹川紀勝、「内乱罪成立如何の判決一覧表」2003年

第10章

# 水原地域の3.1運動と民族代表の関連性について

趙　成雲

## Ⅰ．はしがき

　水原地域は旧韓末（朝鮮末期から大韓帝国までの時期）以来民族運動が活発に展開された地域である。旧韓末の愛国啓蒙運動や義兵運動がさかんに展開されているが、日本の植民地統治下では、3.1運動をはじめ、1920年代以後、青年運動、農民運動、労働運動、学生運動など様々なかたちの民族運動が行われた。このように、水原地域の民族運動は時期と主体によって、多様なかたちで行われたことがわかる。特に本稿で取り上げる水原地域の3.1運動は、その規模や激しさにおいて代表的なものであった。

　水原地域の3.1運動についての研究は比較的多く行われている。ところが、これらの成果のほとんどは長安面と雨汀面の示威行動と提岩里事件に偏っており、また'提岩里事件'というイッシューに偏っていたが、最近松山面を中心にした研究が発表され、偏重現象が緩和されているようである[1]。そして、水原地域の3.1運動のもう一つの特徴としては、キリスト教と天道教という宗教的な観点から行われた研究が比較的多数提出された点が挙げられる[2]。

　これは、既存の大部分の研究が地域的または宗教的な観点から行われることにより、いわゆる'民族代表'として象徴される中央との関連性に注目した研究が出ることができなかったということが言えるだろう。このため、今まで水原地域の3.1運動は'民族代表'と関連なく、最初から農民を中心に行われたという認識が強かった。なお、このような認識は京畿道

167

地域の3.1運動を研究する過程で正式に提起された[3]。しかしながら、筆者は、水原地域の3.1運動の全体像を捉えるためには、まず今までの研究方法から抜け出し'民族代表'との関連性を深く掘り出す必要があると思う。

このような観点のもと、筆者は本稿で水原地域の3.1運動と'民族代表'との関連性の有無を重点的に調べ、これに基づいて判決文に現われた水原地域の3.1運動の関連者たちと'民族代表'の量刑を比較することにより、3.1運動の過程で'民族代表'の役割をもう一度考えてみたいと思う。

## Ⅱ. 水原地域の3.1運動と'民族代表'

3.1運動の性格の規定をめぐって一番議論になる問題は、'民族代表'をいかに評価するか、という点である。これについては、大きく分けて、'民族代表'の役割を肯定する主張、否定する主張、制限的に肯定する主張などがみられる。肯定論者は'民族代表'こそ3.1運動の理念的、組織的な指導者であると主張し、否定論者は民族自決主義の幻想を抱いて独立運動を準備はしたものの、民衆の革命的な進出を恐れて、日本に投降して非暴力を打ち立てることにより、運動の失敗を助けたと主張している。また、これとは異なり制限的肯定論者たちは3.1運動を初期の企画、準備段階と後期の民衆化段階に分けて、初期には'民族代表'が指導力を発揮したと主張する[4]。

'民族代表'の役割についての評価が上記のようであるなら、水原地域の3.1運動の展開過程で'民族代表'はどういう役割を果たしたのだろうか。前述したとおり、今までの研究では水原地域の3.1運動は最初から農民を中心に行われたという主張が提起された。ところで、確かに水原地域の3.1運動の初期には金世煥と李炳憲など'民族代表'と直接的な関連を持って活動した人物たちが役割を担っている。まずメソジスト派の信徒である金世煥は、'民族代表'の48人の中の一人として、YMCAの幹事であった朴熙道の勧めで1919年2月10日ごろ3.1運動の準備に参加するようになる。以後、彼は忠清南道や忠清北道と水原地域の責任者になって活動

第10章　水原地域の3.1運動と民族代表の関連性について

した。彼の活動によって3.1運動に参加するようになった人は、海美の金秉済、水原南洋教会の董錫璡、水原鐘路教会の任應淳、烏山教会の金光植、利川教会の李康伯（一名李康雨）などであった<sup>(5)</sup>。また、彼は水原商業講習所（華城学院）と三一学校の教員を歴任していたため、水原商業講習所の2回卒業生の金露積と補助教員であった朴善泰や弟子、または後輩を通じて青年学生たちを動員することができたと見られる。次に李炳憲は水原地域の東学、天道教の指導者である李敏道の長男として、1920年に天道教青年会の水原支会長になり<sup>(6)</sup>、天道教水原教区の伝教師、講道員、典制員、金融員を歴任しているが、3.1運動の直前の1919年2月孫秉熙の呼び出しを受けて普成専門学校に入学したあと3.1運動に直接参加するようになった。続いて、彼は3月16日、水原に行き、北水里の天道教堂に集まり、金鍾模、安鍾煥、安鍾烈、洪鍾珏、金相根などと示威運動を計画する会議を持った<sup>(7)</sup>。この会議は李炳憲が地方教区の自分たちの負担で独立運動を続けるようにとの天道教中央の指示を伝えた会議であった（「水原郡宗理院沿革」『天道教会月報』191, p. 30））。この会議に参加した人物たちと、彼らと連合した漢学者の李正根などによって、以後長安面と雨汀面の3.1運動が指導されたのである。

　ところが、金世煥と李炳憲など‘民族代表’と関連を持っていた人物たちの活動は、水原地域の3.1運動が激しくなるにつれ見られなくなった。これは農民層の自発的な進出と関係があることだと思う。即ち、長安面と雨汀面の示威行動では、他の地域で一般的に行われた市の立つ日を利用した群衆動員の方法とは違って、市の日とは関係なく区長（現在の里長にあたる）たちが組織的に住民たちを動員し、官公署を破壊・放火し、日本人の巡査を処断するなど組織的で攻勢的な示威行動を展開した<sup>(8)</sup>。

　以上のように水原地域の3.1運動の展開過程においてもその初期には‘民族代表’の役割を認めるべきであると思う。ただ、運動が展開されるにつれ、‘民族代表’の影響力はしだいに減ってきたと思われる。区長たちが運動の前面に出たり、松山面沙江里の示威行動で見られるように‘民族代表’との関連性が全く見られない示威行動が大規模に行われているからである<sup>(9)</sup>。

第Ⅲ編　判例を通してみえる植民地支配の実態

# Ⅲ．量刑から見た'民族代表'と水原地域の3.1運動の参加者の比較分析

　前節で見たとおり、水原地域の3.1運動は初期には'民族代表'と一定の関連を持って展開されたが、後期には農民層が中心になって運動を展開したという特徴があった。このように運動の主導的な階層が変化することになるのは、民族独立に対する'民族代表'と農民層の観点の違いを示すものだと思われる。したがって、運動の方法も双方が異なるほかなかったのである。これは3.1運動の原則である民族自決主義や非暴力主義に対する、農民層の反発を意味するものであったと言える。
　このような観点の違いは結局運動のかたちを変化させた。'民族代表'が提示した非暴力主義の原則がすでに守られなくなっていたのである。即ち、長安面と雨汀面の示威行動では、駐在所や面事務所を包囲したあと投石し、棍棒で門を壊したあと放火グループは放火し、殺害グループは日本人の巡査を殺害することにし[10]、松山面の示威では野口巡査を殺したのである[11]。このようなことを見ると水原地域の3.1運動では'民族代表'の非暴力原則が守られなかった事実を知ることができる。
　したがって、日本の裁判所が'民族代表'に対して適用した法律と、水原地域民に対して適用した法律は違ったのである。まず日本は'民族代表'には保安法・出版法違反や騒擾罪という法律を適用[12]した一方、水原地域の松山面民には保安法違反や騒擾・殺人罪を適用[13]し、長安面と雨汀面民には保安法違反、騒擾・殺人・放火罪を適用したのである[14]。結局、適用した法律から見ると'民族代表'に適用したものより、水原地域民に適用した法律が重かったことがわかる。これは'民族代表'が計画したことより以上に水原地域民たちの闘争が激しかったことを意味すると言える。これにより'民族代表'と水原地域民が日本の裁判所から言い渡された量刑にも違いがある。
　'民族代表'は最高3年から1年の懲役刑を言い渡された一方、長安面と雨汀面民たちは懲役15年から懲役1年、松山面民たちは懲役12年から6カ月にされている。これは前記のように'民族代表'と水原地域民が追

第10章　水原地域の3.1運動と民族代表の関連性について

求した運動の方向の違いにその原因を求めなければならないだろう。言い換えれば、'民族代表'と水原地域民（農民）の階級的な基盤と理念を分析しなければならないのである。'民族代表'に対しては階級的な分析は充分に行われていない。ただ、ある研究によると'民族代表'の33人が「中人」という身分、近代的な知識人、商工業に勤めていた人々で、近代的な市民階級であったという[15]。これに基づいて、別の研究では'民族代表'の33人を'独立請願'の立場の隷属資本家、'独立示威'の立場の民族資本家上層、'独立争取'の立場の民族資本家下層に分けている[16]。しかしながら、この主張は当時市民階級が成熟していなかった状況なのに、その内部で階層分化ができたのだろうかという問題を抱えている。

　'民族代表'をこのように近代的な市民階級、または資本家として見ると、これらの人々がどういう理念のもとで運動を計画し、展開したかという点を導き出すことができる。よく、当時の韓国の民族運動はウィルソン（アメリカ第28代大統領Thomas Woodrow Wilson）の民族自決主義の影響を受けて成立したと言われる。しかし、これは当時の国内的な要因を見過ごして、外部的な要因だけに注目した主張だと思われる。すでに国内では日本によって土地調査、会社令、林業令、鉱業令、東洋拓殖株式会社などを通じて経済侵略が広範囲に行われていたし、そのうえこれらの活動によって農民層の没落が相当進んでいたのである。したがって、当時朝鮮社会の内部では日本の植民統治に対する不満が充満していたと見ることができるだろう。だから、運動の初期の'民族代表'たちの'投降主義'的で消極的な姿は、農民層を彼らの影響から遠ざけることになったと言える。そして、その結果は水原地域のケースで見たとおり運動が展開されるにつれ、しだいに農民層が中心になって運動を展開するようになったと思われる。

　では、水原地域民（農民）たちはどういう立場を持って運動を展開したのだろう。これを'民族代表'と同様の階級分析を通じて見てみよう。長安面と雨汀面の示威行動に参加して裁判にかけられた27人のなかで、面長の金賢黙を除いた26人の全員が農民であり、松山面の示威行動に参加した29人の主要関連者の経済状況は、極貧6人、困難（若干困難を含む）12人、普通4人、豊穣（裕福を含む）5人、未詳2人に分けられる[17]。

　そして、職業はほとんどが農業で、学歴はだいたいが書堂（日本の寺子

屋にあたる漢文教育機関)で2、3年間学んだり、またはハングルを解読するぐらいの人々であった。これを見ると水原地域の示威群衆たちは経済的、社会的に植民地社会の下層に位置していたことがうかがえる。1919年4月、罹災民の状況を視察した京畿道長官が京城(ソウル)に帰り、「松山面、麻道面方面は半分は農業をし、半分は漁業をする人々だが、半分は農業をすると言っているものの、自分の農地で農業をする者はほとんどおらず、大概が小作人だけであるので、貧しい百姓が多い」と言った指摘はこれを端的に説明してくれる。

これを見ると、水原地域民たちと'民族代表'の社会経済的な位置は確かに違いがあったことがわかる。したがって、彼らの社会経済的な位置から見た場合、彼らは3.1運動をそれぞれの自分たちの観点から受け入れたはずであるし、このような立場の違いは運動のかたちや方法にも影響を及ぼしたということは容易に予測できる。だから、水原地域の3.1運動では'民族代表'の構想とは違って、最初から面事務所、駐在所を襲撃、放火し、日本人の巡査を殺害する計画を立てたと言えるだろう。したがって、農民層に対する騒擾罪、放火罪、殺人罪などを適用した日本の判決は、一方では妥当なものであったのである。

しかし、日本は水原地域の示威群衆に対して内乱罪を適用しようとする動きもあったことをあわせて言っておく[18]。これは日本が水原地域の3.1運動の激しさや深刻さを認め、一方では堤岩里虐殺事件で見るとおり野蛮な弾圧、殺人行為に正当性を与えようとしたのではないかと思われる。

# Ⅳ. まとめ

以上で見たとおり、水原地域の3.1運動は次のような特徴を持って展開された。

一つ、水原地域の3.1運動の展開過程で最初から農民が運動の中心であったという主張は見直さなければならないという点である。即ち、金世煥と李炳憲の活動に注目してこそ、水原地域の3.1運動の初期の状況を正し

く理解することができるという点である。これは、水原地域の3.1運動の初期段階には'民族代表'の影響力があったということである。これと関連して金世煥と李炳憲が、水原地域の3.1運動でどういう役割を果たしたのか具体的に探し求める努力が必要であるという点を強調したい。

次に、水原地域の3.1運動の展開過程において、'民族代表'が提示した非暴力主義が守られなかった理由である。水原地域では運動の最初から暴力的な様相が見られた。そして、これは日本の弾圧に対して守勢的なスタンスではなく、計画の段階から組織的で攻勢的なスタンスが提起された。このように水原地域の3.1運動が暴力的で攻勢的な方向に展開されたことは、前の京畿道長官の指摘でもわかるとおり、水原地域の農民層がすでに日本の植民地統治下で没落していたことを示していたと言えるだろう。それで、運動が最初から暴力的な方法によって展開されたと思われる。

最後に、日本が水原地域の3.1運動を深刻に受け取っていた点である。そのため、日本は内乱罪をも適用しようとした。これは前記のとおり、堤岩里虐殺事件を正当化しようとする意図が含められていたと見ることもできる。

## 【注】

（1）代表的な研究成果としては次のものがある。

洪錫暢、『水原地方3.1運動史』、왕도出版社、1981.

金素眞、『日帝の虐殺蛮行を告発する提岩・古州里の3.1運動』、未来文化社、1983.

趙炳昌、「水原地方を中心とした3.1運動小考」、檀国大学大学院修士論文、1971.

盧天鎬、「水原地方3.1運動研究」、檀国大学教育大学院修士論文、1978.

崔洪奎、「水原地方3.1運動の歴史的背景」、『3.1独立運動と民族正気』、1996.

李廷銀、「華城郡雨汀面・長安面3.1運動」、『韓国独立運動史研究』9、1995.

成周鉉、「水原地域の3.1運動と堤岩里虐殺事件に対する再証明」、『水原文化史研究』4、2001.

朴烜、「京畿道華城松山地域の3.1運動」、『精神文化研究』89、2002.

（2）前掲の洪錫暢と金素眞、成周鉉の研究が代表的である。

（3）李智援、「京畿道地方の3・1運動」、韓国歴史研究会、歴史問題研究所編、

『3・1民族解放運動研究』、青年社、1989、p.332.
(4) 歴史問題研究所　民族解放運動研究史研究班、『民族解放運動史』、歴史批評社、1990, p.147-p.148.
(5) 「金世煥尋問調書」(1919.3.18)、洪錫暢、前掲書、p.292.
(6) 「水原郡宗理院沿革」、『天道教会月報』191、p.30.
(7) 「水原郡宗理院沿革」、『天道教会月報』191、p.30.
(8) 李廷銀、前掲論文、p.75.
(9) 松山面の示威行動は3月1日の高宗の国葬に参加してから帰ってきた洪孝善によって万歳の話が伝わり、洪孝善と洪冕玉（一名洪冕）などにより進められたと思われる。
(10) 国史編纂委員会編『韓民族独立運動史資料集』19、p.245.
(11) 大正9年刑上第79号、「洪冕など19人に対する判決文」。
(12) 大正9年刑控第398号、第399号、「孫秉熙など47人に対する判決文」。
(13) 前掲の「洪冕など19人に対する判決文」。
(14) 大正9年刑控第527号、「金賢黙など27人に対する判決文」。
(15) 金永模、「3.1運動の社会階層の分析」、『亜細亜研究』12-1. 要参照。
(16) 安秉直、「3.1運動に参加した社会階層とその思想」、『歴史学報』41. 要参照。
(17) 朴垣、前掲書、p.154.
(18) 大正8年特予第2号、「高等法院予審判事意見書」、『韓民族独立運動史資料集』21、p.353.

第11章

# 台湾における植民地支配と判例
――政策の実現と司法の役割――

後藤　武秀

## Ⅰ．はじめに

　日清戦争の勝利により明治28（1895）年5月8日をもって台湾・澎湖島を領有した明治政府は、同年6月17日に台湾総督府始政式を行い、台湾経営に着手した。6月28日には仮地方官官制を定め、司法権の行使については地方行政の長である台北、台中、台南の三県知事および澎湖島司がこれを兼務し、いまだ県の設置されていない地域については陸軍局の下でこれを処理することとした。次いで、同年10月7日には総督府法院職制を定め、一審終審制の司法制度を採用し、台北県直轄地および基隆・淡水の各支庁管轄地に台湾総督府法院を設置するほか、その他の地域には宜蘭・新竹・苗栗・彰化・雲林・埔里社・嘉義・台南・鳳山・恆春・澎湖島の11支部を設置した。このようにして台湾のほぼ全域に裁判所が設けられ、台湾人及び日本人が共に司法手続を利用することができるようになった。

　明治29年4月、軍政から民政への移行が行われると、裁判所制度についても軍部から独立した部門としての整備が進められ、5月1日、台湾総督府法院条例が発布された。これにより、台湾総督府法院は台湾総督の管轄に属し（第1条）、従前の一審終審制を廃止して地方法院・覆審法院・高等法院の三級三審制が採られた（第3条）。覆審法院と高等法院は台湾総督府所在地にそれぞれ一箇所設けられたが、地方法院は県支庁および島庁所在地にそれぞれ一箇所ずつ設けることと定められた（第3条）。実際

第Ⅲ編　判例を通してみえる植民地支配の実態

にこれらの法院が開設されたのは7月15日であり、地方法院として台北・台中・台南・鹿港・鳳山・嘉義・宜蘭・新竹・雲林・埔里社・恆春・苗栗・澎湖島の各地方法院が開設された。

　明治31年7月19日、台湾総督府法院条例が改正され、高等法院を廃止して地方法院と覆審法院からなる二級二審制が敷かれた。覆審法院は台湾総督府所在地に一箇所設置されたが（改正第4条）、地方法院はその管轄区域内に一箇所もしくは二箇所以上の地方法院出張所を設けることとした（改正第2条）。その結果、地方法院は、台北・台中・台南に設置され、その他の地域には出張所が置かれた[1]。

　以上に概観したように、裁判所の設置は台湾領有後まもなく進められ、台湾のほぼ全土にわたって司法による紛争処理を可能とするようになったのであるが、台湾の裁判所は、その設立当初から日本内地の裁判所とは異なる地位を有していた。すなわち、裁判所構成法の適用される裁判所ではなく、台湾総督府の一部門としての裁判所であった。裁判官は独立して司法権の行使に当たったが、しかし高野孟矩非職事件が示すように[2]、その身分保障は帝国憲法の直接及ぶところではなかった。このような裁判所制度の中で、台湾における司法は台湾総督府の政策、すなわち国家政策とどのような緊張関係にあったのであろうか。今日の司法のように行政権から独立して運営される司法ではないことから、政策の実現に司法がどのように関与したのかは、きわめて興味深い問題である。本稿では、このような問題を解明する糸口の一つとして、明治28年台湾及澎湖列島住民退去条規と私権の保護との関係に関して、台中地方法院に所蔵されている判決原本を利用して検討したい。

## Ⅱ．台湾及澎湖列島住民退去条規の制定

　台湾領有を定めた下関条約は第5条に、

　　日本国ヘ割与セラレタル地方ノ住民ニシテ、右割与セラレタル地方ノ外ニ住居セムト欲スル者ハ、自由ニ其ノ所有不動産ヲ売却シテ退去ス

ルコトヲ得ヘシ、其ノ為本約批准交換ノ日ヨリ二箇年間ヲ猶予スヘシ

との規定を設けた。台湾が日本統治下に置かれるに当たって、台湾島内および澎湖島に居住している者に対し、退去の自由を認めるというのがその趣旨である。国籍に関して、いわゆる選択主義の採用を明示したのである。これにより、領台当時の台湾住民には、自らの意思により日本統治下に置かれることを拒否する場合には、所有不動産を処分して台湾から退去する自由が認められた。台湾総督府は、この条約の規定を具体的に実施していくために、明治28年11月18日、台湾及澎湖列島住民退去条規を定め、次のように規定した。

　　大日本国皇帝陛下ノ全権弁理大臣ト大清国皇帝陛下ノ全権大臣ト下ノ関ニ於テ記名調印シタル日清講和条約第五条ニ曰ク、日本国ヘ割与セラレタル地方ノ外ニ住居セムト欲スル者ハ自由ニ其ノ不動産ヲ売却シテ退去スルコトヲ得ヘシ、其ノ為メ本約批准交換ノ日ヨリ二箇年間ヲ猶予スヘシ、但シ右年限ノ満チタルトキハ未タ其ノ地方ヲ去ラサル住民ヲ日本国ノ都合ニ因リ日本国臣民ト見為スコトアルヘシト、依テ本総督ハ本島ヲ退去セムコトヲ希望スル者ノ為メニ台湾及澎湖列島住民退去条規左ノ通相定ム
　　　第一条　台湾及澎湖島住民ニシテ本地方ノ外ニ専居セムト欲スル者ハ、累世ノ住民ト一時寄留ノ住民トニ論ナク、其郷貫姓名年齢現住所不動産等ヲ記載シ、明治三十年五月八日以前ニ台湾総督府ノ地方官庁ニ届出ヘシ、其提携スル家族ニ就テモ亦同シ
　　　第二条　幼者ノ戸主及地方ヘ旅行中ノ者ハ、後見人管理人又ハ代理人ニ於テ退去ノ届出ヲ為スコトヲ得
　　　第三条　土匪暴徒ノ攪乱ニ与ミシ抵抗シタル者ト雖モ、帰順降服シテ兵器ヲ納メタル上ハ本島地ヲ退去スルコトヲ許ス
　　　第四条　本地ヲ退去スル者ノ携帯スヘキ家財ハ総テ海関税ヲ免除ス

第3条に見られるように、日本の統治に反抗し武力抗争を行っていた者

にも帰順後の退去を認めるという、相当寛大な規定が設けられたが、その背景には領有当初の台湾統治の混乱と、統治方針の不確定があった。割譲を受けて台湾に乗り込んだ日本軍は、台湾民主国の建国を宣言するなどした台湾住民の抵抗にあい、明治28年10月の全島平定宣言までの半年足らずの間に多数の犠牲者を出した。そのため、台湾住民を慰撫しつつ統治を行うのか、それとも台湾住民を追放して日本内地人を入植させることによって統治するのかという植民政策の根幹にかかわる問題について、後者を押す意見が強くなった。横沢次郎が、

> 「若し現在の台湾人民が多く支那に帰還すれば、その田地田畑その他山林のやうなものに対して日本人を移住せしめて、日本人でその産業の発展を計画した方が宜いから、台湾土民が帰還したいといふなら、寧ろ努めて帰還せしめた方が宜いという論が盛んであった」

と述べ[3]、福沢諭吉が、

> 「彼のアングロサクソン人種が亜米利加の大陸を開きたる筆法に倣ひ、無知蒙昧の蛮民をば悉く境外に逐ひ払ふて殖産上一切の権力を日本人の手に握り、其全土を挙げて断然日本化せしむること」

と説いているのは[4]、このような意見の例である。

このような議論の盛んな中で作られた台湾住民退去制度であったが、中国大陸等への退去を選択した台湾人は決して多くはなかった。「南部地方に於いては一村悉く支那へ帰還して、土地が荒廃し去つたやうな所が多々あつた」というような状況も生じたが[5]、退去者は全島260万住民のうちわずか4500人ほどであり、退去率は0.16パーセントに過ぎなかった[6]。

ところで、退去者による所有不動産の処分は、容易に行われたのであろうか。退去希望者と残留希望者との間に何らかの不動産契約がある場合、どのように処理されたのか。条約と民事契約との関係について、どのような解決が図られたのか。このような問題に対する対処については、日清条約も住民退去条規も何ら明確な指示をしていない。結局のところ、このよ

うな問題の処理は司法に委ねられることになる。そこで、次に、司法上の処理の具体例を見つつ、検討していこう。

## Ⅲ．司法による領有政策の実現

　台湾台中地方法院所蔵の判決原本には、住民退去条規に関して第三審まで争われた事件の一件記録が収められているので、これを紹介しつつ検討を進めよう。先ず、第一審における判決を掲げ、紛争の概要と判決の論理を見ることとする[7]、

　　台中県苗栗第一堡南勢坑十二番戸
　　　　原告　　古慶義
　　　　右代理人　劉杏南
　　台中県苗栗第一堡苗栗街二百三十九番戸
　　　　被告　　江阿番
　　　　右代理人　長谷川栄次
　　右当事者間ノ田地取戻訴訟事件判決スル事左ノ如シ
　　被告ハ原告請求スル苗栗南勢坑田二甲五厘ヲ元金七百七十円利金五十八円三十銭ヲ得テ速ニ原告ニ返却スヘシ
　　訴訟費用ハ被告ノ負担トス
　　　　事実
　　原告ハ苗栗南勢坑ニ在ル所有ノ田地二甲五厘ヲ明治二十九年十月十九日ヨリ五ヶ年間被告ニ質地ト為シ金七百七十円ヲ借受、其為メ田地ノ収益五ヶ年金百円ト見積被告ニ得セシムルノ契約ヲ以テ該田地ヲ被告ニ引渡置タリ、然ニ曩日台湾総督府ヨリ他ニ転住セムト欲スル者ハ明治三十年五月八日以前ニ所有ノ不動産ヲ処分シテ退去スヘシト達セラレタリ、依テ本年ノ春右田地ヲ受返サム事ヲ被告ニ掛合タルモ之ニ応セス、是ヲ以テ右元金ニ入質以来月割利金五十八円三十銭ヲ加ヘ受返サムト欲スルニ付、被告ニ対シ該田地ヲ速ニ原告ニ引渡ス様判決請フト云フ

179

被告ハ契約ノ点ハ原告陳述ノ通リナルモ、該田地ハ已ニ五ヶ年間質権ヲ得テ他ニ小作ニセシメ置タルニヨリ原告請求ニハ応シ難ク、尤モ仮リニ受返サシムルモノトセハ原告ノ計算ニ於テハ異儀ナシト抗弁セリ
　　理由
　本訴ノ争フ処ハ田地ノ質権ヲ維持セントスルコトト住民退去条規ニ依リ処分セントスルトノ二点ニアリ、依テ先其明治二十八年十一月日令第三五号台湾住民退去条規ヲ按スルニ（前略）日本国ヘ割与セラレタル地方住民ニシテ其地方ノ外ニ住居セムト欲スル者ハ自由ニ其所有不動産ヲ売却シテ退去スルコトヲ得ヘシ、其為メ本約批准交換ノ日ヨリ二ヶ年間ヲ猶予スヘシトアリ、又其第一条ニ台湾住民ニシテ本地方外ニ転居セムト欲スル者ハ（中略）其不動産ヲ記載シ明治三十年五月八日以前ニ台湾総督府ノ地方官庁ニ届出ヘシトアレハ、其趣旨蓋シ本土住民ノ不動産ハ其退去期間ノ到来ト共ニ其所有権ノ運命ヲ確定スヘキニアルヤ明ナレハ、随テ其退去ニ係ル者ノ不動産ニ対シテハ其債権ノ効用モ義務ノ効果モ亦共ニ其退去ト期間ノ到来トノ二条件ニ伴フテ消滅スヘキヤ論ヲ俟タス、然ハ則チ本訴原告カ此地ヲ退去スル為メ其期間ニ先テ該田地ノ受戻ヲ請求シタルハ退去条令ヲ遵守シタル至当ノ処置ニシテ被告カ之ヲ拒ムハ謂レナキニヨリ法律上保護ヲ与フルノ限ニ非ラサルモノトス、依テ原告ノ主張ヲ容レ主文ノ如ク判決スルニアリ
　　明治三十年五月五日　　　苗栗地方法院ニ於テ
　　　　　　　　　　　　　　　　　　　判官　塩津信義

　上にその全文を掲げた判決から見ると、紛争の原因となった事実はおよそ次のようになろう。原告である古慶義は被告である江阿番に対し、明治29年10月19日より5年を期限としてその所有する田地を質入し、金770円を借入れた。後に見る最終審判決に「五ヶ年間ハ受戻シヲ為ササル旨ノ契約ヲ為シタリ」とあるので、おそらく両者の間には5年間は入質契約を解除しないという特約があったものと思われる。ところが、台湾が日本統治下に置かれるようになったために、退去希望者は所有不動産を処分しなければならなくなった。古は、日本統治下の台湾に居住し続けることを希望せず、清国福建省に移住することを決意した。本件係争の土地は、古が

江に質入したものではあるが、所有権は移転しておらず、古に属している。そこで古は所有権を処分するために入質契約を解除しようとした。そのために、借入金770円に、入質日より明治30年5月8日までの6か月余の月割利金58円30銭を加えた金額を江に支払い、当該土地の受戻を請求した。しかし江がこれを承諾しなかったので、出訴に及んだ。

　第一審の判断は、台湾及澎湖列島住民退去条規の定める退去期限である明治30年5月8日を目前に控えた明治30年5月5日に下された。判決は古慶義の主張を容れ、入質契約の解除、田地受戻を認めるものであったが、その理由は、「退去ニ係ル者ノ不動産ニ対シテハ其債権ノ効用モ義務ノ効果モ亦共ニ其退去ト期間ノ到来トノ二条件ニ伴フテ消滅スヘキヤ論ヲ俟タス」というものであった。日清条約の具体化としての住民退去条規により、私人間の契約により発生する不動産に関する権利義務は、所有権者たる住民の退去と所定期限の到来という二つの条件に伴って消滅するというのがその趣旨である。このような判断が法的に「論ヲ俟タス」といえるのかどうか疑問なしとしないが、第一審の論理を一般化して言うならば、条約に基づいて制定された法令の効力は私人間の私的契約関係を強制的に終了ないしは解除させることができるということになろう。

　なお、古と江のいずれかまたは双方が入質契約時に日清条約第5条、あるいは住民退去条規について知っていたかどうかは定かでない。

　被告である江阿番は、当該田地をすでに第三者に小作させていることもあり、判決を受け入れることはできず、第二審である覆審法院に控訴した。

　覆審法院は、明治30年7月20日、裁判長判官・加藤重三郎ら3名の判官の合議により、控訴棄却の判決を下した。覆審法院の認定した事実は次の通りである。

　　控訴人ハ明治二十九年十月十九日被控訴人ニ金七百七十円ヲ貸与シ台
　　中県苗栗一堡南勢坑庄所在同人所有ノ田地二甲五厘ヲ質入ニ取リ五ヶ
　　年ヲ以テ典約ノ期限ト定メタル処、被控訴人ハ明治三十年四月二十六
　　日苗栗地方法院ヘ右田地受戻ノ訴訟ヲ提起シ、同法院ハ其請求ヲ容レ
　　控訴人ハ元金ト利金五十八円三十銭ヲ得テ質地ヲ返還スヘシト判決セ

181

ラレタリ、控訴人ハ典約ノ字ヲ有スルモノナレハ如何ナル理由アルモ期限内ニ之ヲ返還スルノ義務ナク、該判決ハ不当ノ判決ナルヲ以テ之ヲ廃棄シ被控訴人ノ請求ヲ棄却セラレタシト云ヘリ

被控訴代理人ハ控訴人ノ云フ如ク明治二九年十月十九日五ヶ年ヲ期限トシテ七百七十円ノ債務ノ為メニ其所有ノ田地ヲ質入レシタリト雖トモ、本島ヲ去リ清国ニ居住セント欲スルヨリ台湾住民退去条規ニ遵ヒ退去ニ先チ所有田地ヲ売却センカ為メ右質入田地ヲ受戻サンコトヲ掛合フモ応セサリシヲ以テ不得已原法院ニ出訴シタル次第ニシテ、原法院ノ判決ハ正当ニシテ廃棄スヘキ理由ナケレハ、本件控訴ハ之ヲ棄却セラレタシト云ヘリ

また、控訴棄却にいたる理由として、覆審法院は以下のように指摘する。

馬関条約ニ依リ台湾住民ハ条約批准交換ノ日ヨリ二ヶ年間ハ我帝国ノ国籍ニ入ルカ或ハ清国ニ退去スルカ二者之ヲ選択スルノ権利ヲ与ヘラレタリ、而シテ明治二十八年十一月、台湾総督府ハ日令第三五号ヲ以テ台湾住民退去条規ヲ発布シ、本島住民ニシテ本島以外ニ居住セント欲スルモノハ自由ニ其ノ所有所有不動産ヲ処分シテ退去スルコトヲ得ヘシ、其期間ハ馬関条約批准交換ノ日ヨリ二ヶ年ニシテ即チ明治三十年五月八日マテト定メタリ、期ノ如ク本島住民ハ明治三十年五月八日迄ハ住居ヲ選択スルノ権利ヲ与ヘラレタルト共ニ、又本島ヲ退去スルモノハ其所有不動産ヲ売却スルノ義務ヲ負ハサレタリ、本案典約ノ成立ハ実ニ明治二十九年十一月ニ在リテ五ヶ年ヲ以テ其継続期間ト定メアリト雖トモ、成立ノ日ヨリ明治三十年五月八日迄ハ前掲ノ条約及ヒ退去条規ノ効果ニ因リ契約者双方ハ本島ヲ退去スルト共ニ其所有不動産ヲ処分スルコトヲ得ルノ自由ヲ有シタルヲ以テ、本契約締結当時双方共右期限マテハ住居選択権行使ニ因リ或ハ解除スルコトアルヘシトノ暗黙ノ承諾ヲ互ニ与ヘタリシモノト法律上認定セサルヘカラス、故ニ被控訴人カ右期間内ニ清国ニ退去セント欲シ、其所有田地ヲ売却センカ為メ本案質地ノ受戻ヲ控訴人ニ要求シタルハ畢竟暗黙ニ承諾セラ

第11章　台湾における植民地支配と判例——政策の実現と司法の役割

レタル契約ノ解除ヲ求ムルニ過キサルヲ以テ控訴人ハ到底拒絶スル権
利ナキモノトス、要スルニ原法院ノ判決ハ相当ニシテ廃棄スヘキ理由
ナキヲ以テ主文ノ如ク判決スル所以ナリ

　上に掲げた事実および理由に見られるように、第二審になると、江の主張も裁判所の判決理由もともに法律論としての性格を帯びてくる。江は、「典約ノ字ヲ有スルモノナレハ如何ナル理由アルモ期限内ニ之ヲ返還スルノ義務ナク」と主張する。典とは、買戻特約付きの売買とも呼ばれるものであり、日本が台湾統治を始めてから、これを質と同様のものとみなした。字とは、契字のことであり、契約または契約書と同義である。江の主張を一般化して言うなら、私人間の契約によって合意された内容は、他の規範によってこれを否定することはできないということになろう。契約は条約に優先するというわけである。
　しかしこの主張は、裁判所の承認を得ることはできなかった。第二審は、第一審のように「論ヲ矣タス」と一刀両断するのではなく、相当の法律論によってこれを説明する。その論旨は、次のようになろう。すなわち、日清条約および住民退去条規により居住者は所有不動産を処分して退去する自由を認められたのであるから、入質契約の締結時において、退去条規の定める期間である明治30年5月8日までの間は、退去権を行使するために契約の解除のありうることについて、「暗黙ノ承諾ヲ互ニ与ヘタ」と法律上考えなければならない。それゆえ、古による田地受戻請求は、「暗黙ニ承諾セラレタル契約ノ解除ヲ求ムルニ過キ」ないのであるから、江はこれを拒絶する権利はないと言うのである。
　先に述べたように、契約締結時に両当事者が日清条約または住民退去条規の内容を知っていたかどうかは定かでないし、第二審の示す事実にもこの点についての言及はない。入質契約締結後わずか半年でこれを解除しなければならない古の立場に立てば、おそらく条約等について知らなかったと考えるのが妥当であろう。そうであれば、退去を決意した場合に不動産処分のために契約の解除がありうるという「暗黙ノ承諾」が両当事者にあったとは言えないであろう。あたかも事後にできた法について事前にこれを知っていなければならないと言っているようなものであり、相当無理な

要求をしているように思われる。とはいえ、このような論理を使ってでも条約の実行を図らなければならないのが当時の総督府およびその支配下の司法の課題であったと考えてよいであろう。

なお、本判決は、退去条規の定める退去期限を過ぎた明治30年7月20日に下されており、古はすでに台湾を退去したのであろう、訴訟は代理人である劉杏南の手によって進められた。第三審の判決理由から見ると、劉は古の妻であろう。

第二審においても敗訴した江は、引き続き最終審である高等法院に上告した。しかし、高等法院もまた、明治30年10月12日、裁判長判官・山口武洪ら5名の判官の合議により、上告を棄却した。その理由は次の通りである。

　　上告論旨ハ上告人ハ被上告人ノ申込ニ因リ本訴ノ地所ヲ質物ト為シ金七百七十円ヲ被上告人ニ貸渡シ五ヶ年間ハ受戻シヲ為ササル旨ノ契約ヲ為シタリ、而シテ被上告人カ本島ヲ発シ清国ニ帰ラントスルヤ上告人ニ嘱スルニ出訴ノ地所ハ被上告人自ラ来リテ受戻スヘキニ付他人受戻ヲ為サントスルコトアルモ之ニ応スル勿ランコトヲ以テセリ、故ニ被上告人自ラ来ルカ若クハ直ニ上告人ニ書ヲ寄セ受戻ヲ求メハ上告人之ニ応スヘキモ、被上告人ノ妻又ハ其弟カ為シタル本訴ノ請求ニ応スヘキノ義務ナシ、然ルニ原院ニ於テ同人等ノ求メニ応シ受戻ヲ為サシムヘキ旨ノ判決ヲ為シタルハ不法ナリト云フニ在リ、仍而審按スルニ上告人カ被上告人ヨリ依嘱ヲ受ケタリトノコトハ口頭無證ノ陳述ニシテ信ヲ措クニ足ラサルノミナラス、被上告人カ他ニ委任シテ本訴請求ヲ為サシムルハ被上告人自ラ来リテ請求ヲ為スト更ニ異ナル所ナキニ付、上告人ハ案スルニ原院ニ於テ上告人カ主張シタル事実ヲ再演スルニ過キサレハ上告ノ理由トナラス、即チ本件上訴ハ許スヘカラサルモノナルヲ以テ、主文ノ如ク棄却ノ判決ヲ為ス所以ナリ

最終審における江阿番の主張は二点に大別できよう。第一は、江と古との間で同田地の受戻を行う際には古本人がこれを行う約束であるから、古の妻又は弟が受戻を請求してもこれに応ずることはできない。従って、第

二審においてこれらの者による受戻を認めた判決は不当であるというのである。これに対して、判決では古本人が受戻す約束であるという江の主張は証拠のない主張であり、信を措くことができず、また古が第三者に委任して受戻しても何ら差し支えはないと論じる。代理や委任といった法概念は当時の台湾人にはそれほど常用されていたものではないであろうから、これを否定する江の上告理由は今日から見れば奇妙なものと思われるが、それを理由として最終審まで争うのも当時の本人訴訟の特徴でもあろう[8]。

　第二は、江が私人間契約の優位性を再度主張していることである。しかし判決は、この点についてはすでに第二審で解決済みであるとして、「上告人ハ案スルニ原院ニ於テ上告人カ主張シタル事実ヲ再演スルニ過キサレハ上告ノ理由トナラス」と判示した。上告審としては当然の判断である。しかし、もし第二審の示した「暗黙ノ承諾」という論理の妥当性を問題とし、上告人の方からこの点に議論を及ぼすことができたならば、裁判所は何らかの判断を示したのではないかと思われるが、それがかなわなかったのも法律論によって第二審判決を批判することのできない本人訴訟の限界であろう。

　ともあれ、本件においては、契約解除による質地受戻は住民退去条規の定める期限である明治30年5月8日から5か月余りを経た同年10月12日にようやく確定したのである。

# Ⅳ．結びに代えて

　以上に、台湾台中地方法院に保存されている判決原本を基に、台湾領有初期における日清条約および台湾及澎湖列島住民退去条規の定める不動産処分規定と私人間契約との対立関係について見てきた。本稿で取り上げた事例では、住民退去の期限前に締結した入質契約の期間が退去期限後に及んでいる場合、第一審では条約の優先性は自明のことであるという立場から私人間契約の解除を命じた。第二審では、退去期限の到来に伴い契約の解除がありうることについて両当事者間に暗黙の承諾があるという論理に

より、契約の解除を命じ、最終審もこの論理を踏襲した。実際に両当事者間に暗黙の承諾があったかどうかについては判断しておらず、法律論としてはかなり苦しいものを感じざるを得ない。なお、いずれの判決においても条約と私人間契約のいずれが優先するかという法律論には直接立ち入ることなく、最終判断を示している点に特徴がある。

　司法が今日的な意味での住民の利益を保護する手段であるならば、私人間契約についていま少し配慮があってよいのではないかと思われる。しかし、領有当初の裁判所は条約に示された国家政策の実現に協力する性格を帯びていたと言っても過言ではない。それは、条約によって私人間契約が解除されるべきであることは論を俟たないと論じた第一審判決に如実にあらわれている。

【注】
(1) 日本統治時代における裁判諸制度の変遷については、後藤武秀「台湾に現存する日本統治時代の裁判所資料」東洋法学44巻2号（2001年）119頁以下を参照。二級二審制の裁判所制度はその後20余年にわたって維持されていったが、大正8（1919）年8月8日、司法制度の改革が行われ、従来の二級二審制を廃止して二級三審制が採用された。すなわち、覆審法院を廃止して高等法院を置き、地方法院と高等法院の二級制とする一方、高等法院に覆審部とその裁判に対する上告および抗告等を扱う終審としての上告部とを置いた（改正第4条）。地方法院は、台北・台中・台南に設置され、それぞれ管轄区域内に支部を置くこととした（改正第2条）。
(2) 高野孟矩非職事件については、小林道彦「一八九七年における高野台湾高等法院長非職事件について——明治国家と植民地領有」論究（中央大学大学院）14巻1号、文学研究科篇（1982年）、楠精一郎「明治三十年・台湾総督府高等法院長高野孟矩非職事件」楠『明治立憲制と司法官』（1989年）所収に詳しい。
(3) 鶴見祐輔『後藤新平第2巻』23頁。
(4) 『福沢諭吉全集第15巻』266頁。
(5) 前掲『後藤新平第2巻』22頁。
(6) 戴国煇「日本の植民地支配と台湾籍民」台湾近現代史研究3号（1981年）110頁。小熊英二『〈日本人〉の境界』（1998年）75頁。

（7）本稿で紹介する判決は、台湾台中地方法院所蔵『自明治二八年至同三一年、苗栗、埔里社、彰化、雲林、新竹、嘉義、判決原本第一冊』に掲載されている。
（8）当時の台湾人の濫訴傾向について、持地六三郎は「健訟の風あり」と論じている（持地『台湾植民政策』1912年、91頁）。領有当初の訴訟は多く、ついに明治32年1月に、領台以前に訴権の発生した事件は受理しないこととしたほどである。これについては、後藤武秀「台湾領有初期における民訴不受理政策——明治三二年律令第一号の制定と判決原本から見た運用状況」『浅野裕司先生古希祝賀論文集・市民法と企業法の現在と展望』（2005年）245頁以下を参照。

第Ⅳ編
# 植民地支配における文化の変容

第12章

# 朝鮮博覧会（1929年）と台湾博覧会（1935年）の比較

河　世鳳

## Ⅰ．序言

　近代社会に入って目立つようになった社会的な現象の一つは相互に知らない多数の匿名大衆が一斉に類似した目的あるいは動機で一所に集まるということである。植民地時代の台湾と朝鮮で、数百数千名の大衆が一時的に一所に集まることは少なくないが、植民地時代において多数の大衆が集まった代表的な事例は何よりも博覧会が挙げられる。

　朝鮮で開催された博覧会の嚆矢は、1907年の京城博覧会で、以後植民地時代に入ってから1915年に開かれた「施政五年紀念朝鮮物産共進会」が100万人を上回る盛大な行事であった。1929年には朝鮮総督府主催の「朝鮮博覧会」が景福宮で開かれたが、150万人弱に及ぶ参観客を記録した。台湾でも朝鮮の場合と同じように数回に渡って共進会と博覧会が開催された。施政20年を記念して1916年に開かれた「台湾勧業共進会」の場合、一ヶ月の展示期間の間、参観人は336万人に及んだが、この数字は当時台湾全体人口の半分以上を占めた。

　共進会、博覧会は日本が西欧の博覧会を模倣して早くから行ってきた行事で、日本で開催されてきた共進会あるいは博覧会を諸植民地に移植して開催したのである。類似した趣旨や目的を以って朝鮮と台湾で博覧会がそれぞれ開催されたが、これら両博覧会は全然違う様相を見せている。ということから本稿では1929年の朝鮮博覧会と1935年の台湾博覧会を中心にして両博覧会の性格を比較し、植民地現実の相互差異性をみてみたいと思

う。

## Ⅱ. 博覧会開催の目的と広報

　朝鮮博覧会を総括的に企画した児玉秀雄（朝鮮総督府政務総監）は博覧会の開催趣旨を纏めたことがあるが、彼の趣旨文[1]は博覧会の開催の意義を示すものでもあった。その目的の一番は殖産興業の一方法である。「朝鮮以外で多数の出品を求め、比較し合い、よって互いの長所は取り、短所は補う」ということである。これは博覧会の一般的な性格でもあった。二番目は植民地の発展振りを日本に見せる必然性であった。朝鮮博覧会でも「施政20年間において統治の実績を中外に闡明」し、植民地の官僚が植民地統治の運営成果を本国の官僚と国民に見せる意図である。
　台湾の場合、朝鮮以上に統治実績の誇示が優先条件であった。台湾博覧会は殖産興業の推進以上に、すでに成し遂げた殖産興業の諸様相を国内外に紹介するための目的がさらに濃厚であったといえる。当時、台湾総督府は台湾こそが日本が誇る類例がない模範植民地であると自負した。植民地当局者は本国日本の高位官僚に統治実績を力説する必要があるのみならず、一般日本国民にも、自分たちが統治している植民地の重要性を知らせようとしたのである。それは植民地官僚の他ならぬ自己存在の確認でもあったのである。
　植民地人において博覧会参観への熱気は最高潮に達するものであった。たとえば、台湾博覧会を素材にしたある短編小説をあげると「生涯一回、島都（すなわち台北）と博覧会見物するとまるで自分が遠き月世界にでも往復した如く大変喜んだ」[2]とこの博覧会のムードを詳しく描くほどであった。朝鮮の場合もほぼ同じである。「田舎では今度の博覧会を参観しないと人間扱いもされないかのように大騒ぎ」[3]であった。このように多数の人々を熱狂の坩堝に追い込んだのが博覧会そのものであった。
　そうすると、何が如何に田舎の人々をしてこの博覧会に大騒ぎさせたのであろうか。展示内容よりも本稿では宣伝広報というところに注目したいのである。朝鮮総督府は博覧会の開催が確定されると、1928年8月広報

第12章　朝鮮博覧会（1929年）と台湾博覧会（1935年）の比較

　活動の一環として何よりもまず博覧会宣伝ポスターを懸賞募集した。当選したポスターの中の一つは華麗な色相のデザインと図案の中に景福宮を背景にして近代文明がイメージ化された[4]。各種ポスターは朝鮮各地は勿論のこと、日本と外国に送ったし、主要都市には博覧会広報塔や立て看板をたて、参観客に対する歓迎と祝祭ムードを作り出したのである。

　朝鮮博覧会開催の6年後、台湾博覧会では朝鮮博覧会を追い越す広報宣伝が行われた。博覧会当局は対外広報のため、前もって諸国へ招待状を発送し、各種広報葉書65万枚、ポスター170万枚、その他の広報チラシなどを各地に配布し、博覧会開催中は数万枚のビラを空からばら撒いた。駅前の街などに看板をたて、ネオンサイン広告塔も作られた。台湾博覧会宣伝歌、レコード製作、宣伝標語、宣伝映画制作、記念スタンプなど多様な広報手段を動員したのである[5]。

　ところで、朝鮮博覧会と台湾博覧会のポスターを比較してみれば、若干の差異が分かる。両博覧会のポスターは二つとも博覧会の「近代性」を強調していることは同じである。しかし、朝鮮博覧会のポスターには近代のイメージは相対的に少なくて牛、宮、槿、人参という朝鮮の伝統的な要素が相当際立っている。その反面、台湾博覧会の場合は、台湾の伝統や個性を表すデザインは少なく、鳩、近代的形象の博覧会パビリオンなどを描いており、よりその重心が置かれたのは「近代性」であった。

　ポスターのこういう相違は両博覧会の入り口ゲートにも現れ、日本「内地」の特設館デザインにも類似な様相が確認される。朝鮮博覧会は朝鮮の伝統を象徴できる光化門が博覧会場正門に活用されるが、台湾博覧会では非常に近代的なモチーフを込めた正門が建てられた。また、東京館や大阪館が両博覧会に設けられたが、台湾の場合は東京Tokyo、大阪Osakaのように漢字とローマ字がパビリオンに表記された。朝鮮の場合は漢字とローマ字のほかにハングル文字で日本式読音「도쿄」や「오사카」ではなく、朝鮮式読音「동경」「대판」が併記された。また大阪館の室内装飾の展示台は朝鮮宮殿スタイルを選んだのである。

## Ⅲ．博覧会に対する眼差し

　1929年の朝鮮博覧会に対して朝鮮の知識人は大変批判的な態度を取った。1929年9月12日博覧会の開場式が取り行なわれたが、朝鮮の大手新聞社の『東亜日報』は開場式のお知らせを二面の中に二段記事に簡単に扱った。同面のトップ題は「警戒中の主要人士だけで120人を突破：国境一帯の警戒も森厳：全朝鮮警察当局、目を光らして大活躍」にし、総督府当局が「反動分子」を警戒する記事を特筆大書で扱った。こういう記事配置と編集は結果的に祝祭ムードの博覧会開催がおじゃんになり、殺伐で緊張した雰囲気に転換するための意図が隠されていた[6]。

　知識人は参観評を通じて、直接的に博覧会を批判したりした。雑誌『新民』33号（1929年11月）に博覧会を批評する特集を企画して知識人5人の論評を載せた。この論評では朝鮮人対日本人という民族意識に基づいた批判が激しかった。「博覧会が朝鮮博覧会になるものの、朝鮮人の博覧会ではない」ということである。

　台湾博覧会の場合、批判の記事はまったくなかった。また、知識人が見聞記を新聞雑誌に寄稿した実例もほとんどない。それは、延べ人員にしてみると、台湾全体人口の半分が参観した博覧会だけに、強いて見聞記を書く位の希少価値も啓蒙的な意味も既になくなったものであると思われる。

　1920年代から30年代になると博覧会をはじめとする品評会、展覧会、共進会などは定期的な開催が繰り返され、もはや日本の知識人のみならず朝鮮や台湾の知識人にも食傷気味で徐々に広がったのである。

　1930年代の台湾は経済的な成果だけでなく、治安の上でも基本的な諸問題は解決して名実共に模範植民地と見なされた。が、台湾は日本列島から遥か遠く隔たっているし、本国の政府官僚と民衆は所謂南洋よりも大陸への膨張と進出にもっと関心を持っていたのである。ここに台湾総督府当局は台湾が橋頭堡として却って南洋への膨張にどれほど重要な地政学的な位置を占めているかを何度も力説した。その点は「台湾は南支那、東南アジアに対する帝国発展の出発地」であると博覧会開催の趣旨にも再闡明された。しかし、そういう重要性の力説は時々無駄な骨折りに終わってしま

第12章　朝鮮博覧会（1929年）と台湾博覧会（1935年）の比較

ったのである。1935年の台湾博覧会は植民地時代台湾の歴史上、一番盛大な行事にもかかわらず、この台湾博覧会に影響力のある日本の高位人士の少ない参席は、在台湾日本人を失望させたのである。当時のある新聞記事には、台湾当局が日本の有力政府関係者を直接訪ねて台湾博覧会開催式に招待したが、「いつも何かと言い訳をつけて断る」(7)と載せていてその失望の吐露の程度は実に大きかったのである。

　こういう失望と怨望はまだ日本で台湾に対する悪いイメージが払拭されていないという認識に基盤した。「内地と満鮮人の台湾に対する認識は……藩人とマラリア……のこれ二つしかない」(8)。台湾が常時藩人によって襲撃される恐れや非衛生的なところとして紹介しているということである。このため、「内地人」は台湾における植民統治40年間に渡っての諸産業と経済の発展振りと衛生条件の改善などはよく知らないし、植民支配初期のイメージを脱皮しきれぬ状況で、台湾総督府側の不満は少なくなかったのである(9)。

　そういう不満は在台湾日本人の定住化と表裏現象を示していると思われる。たとえば、1920年から30年代の新聞や雑誌の記事には「我が台湾」という単語は常用句といえるほどしょっちゅう使われたが、朝鮮の場合は違う様相を見せたのである。ここで「我が台湾」は漢族の「本島人」ではなく、日本からきた「内地人」の意味として使ったのである。「本島人」すなわち「台湾人」は日本人と台湾人との差別、この差別意識に対して度々抵抗するが、一方、在台湾日本人の場合「内地」の日本人とは相当違う考え方と意識を持っていた、それを見せてくれる好例は「台湾本位」という用語と思考方式である。台湾電力会社の代表取締役の松本は、台湾本位とは島内の利益は全て島内のものという意味として説明して、「私は台湾に来て民間人に台湾本位ということを耳に胼胝ができるほど聞かされた」という。彼は台湾本位の諸問題を批判し、台湾という地域主義を抜け出さなければならないと勧告した(10)。こういう批判は「台湾本位」という考え方が批判の対象になるほど明らかに形作られたことを意味する。

　このような「台湾本位」或いは「我が台湾」という語法は台湾で日本人の定住化が大分進んでいたことを示唆する。在台湾日本人の全体人口は1905年5万9000人から1930年には23万人に増加した(11)。日本人の人口

195

第Ⅳ編　植民地支配における文化の変容

の増加と男女比の均衡は台湾社会で日本人が強圧的乃至政治権力の行使を背景にする「挿し木移民集団」から経済的乃至社会的な優位を占める「安着移民集団」へ変化しつつあったものとして解釈できる。

# Ⅳ．博覧会のパビリオン

　1935年の台湾博覧会の際、朝鮮館は諸特設館の一つとして建てられた。朝鮮館は景福宮の前の光化門をモデルにするパビリオンであったが、当時、台湾の新聞はこの朝鮮館を「建築が既に朝鮮の代表的な楼門」として認識し、一般の台湾人に「異国情緒」「エキゾチシズム」というイメージとして受け入れられたのである[12]。景福宮は台湾人にも「すでに」朝鮮の代表的なシンボルとして刻み付けられたのである。景福宮あるいは光化門がすでに朝鮮のものとして刻印されたのは、朝鮮総督府が各地で開かれた博覧会に出品したとき殆ど例外なく朝鮮館を宮殿造りの一様式として設計したからである。

　一方、1929年の朝鮮博覧会の台湾館は入り口の広場は壁画で台湾の情緒を表し、中に入ると左側には范将軍また右側には謝将軍が立てられた。朝鮮のある資料集によると、台湾の建築様式を「台湾風の建物」と紹介している[13]。台湾館のこういう様式は1903年の大阪勧業博覧会の際、台湾館が建てられた時初めて新登場した。入り口の楼門は台北城楼の形態を模った台湾館は中国風を強調したのが特徴といえるが、この楼門の姿は以後沢山の博覧会にも類似した姿に再現して台湾を表す典型的なイメージを構築するようになったのである。

　台湾館に対して朝鮮のある参観記は「樟脳香は確かに台湾の特色を示す」と述べている[14]。樟脳が台湾の代表的な生産物ということを分かっているこの参観客は朝鮮人の中で台湾についての情報が多少ある部類であるといえよう。知識人の中でも台湾館を見物してはじめて台湾にサトウキビが産出されることや朝鮮の市場で売れるパイナップルが台湾で生産されたのを分かったというほどであった[15]。台湾館に比較して満蒙館は相対的に詳しく報道しており、当時朝鮮人の関心がどれ程中国向きであったか、ま

第12章　朝鮮博覧会（1929年）と台湾博覧会（1935年）の比較

た南方の台湾には無関心であったかをよく示している。

　一方、台湾館の内の范将軍と謝将軍に対する朝鮮人の関心はあまりないようである。実際これら両将軍は海外で開かれた博覧会でよく活用された素材であった。1929年東京で開催された台湾博覧会でも范将軍と謝将軍が展示されたが、これについて台湾人経営新聞社の『台湾民報』の記事によれば、「凡そ范将軍と謝将軍の二偶像は鬼卒で、まるで社会の怪物を模ったものとして、近代文明社会においてはもう存在できないもの」と言って台湾の野蛮性が大っぴらに展示されることに不快極まる態度を取ったのである[16]。博覧会主催側は、勿論参観客は范将軍と謝将軍を特色のある台湾の伝統の一例と考えた。しかし、台湾人自身は、「野蛮」というイメージにならざるを得ないというような恥ずかしい存在でもあった。

　いわゆる、台湾風のオリエンタリズム（Orientalism）が投影された「南方館」が台湾博覧会の特徴の一つと言えば[17]、朝鮮博覧会の特徴は「京畿道館」、「全羅南道館」、「咸鏡南道館」など朝鮮各道が特設館を設立したことにあった。ここで地方特設館と関連づけて興味深いのは朝鮮博覧会の場合は、田舎と京城とが対比して描写されることが多いという事実である。当時、朝鮮における地方の産業化はまだ低い段階に留まっていて、地方特設館の展示物は「大体同じもの」にならざるを得なかった。あらゆる新時代の物は京城に集中されたし、京城から地方に徐々に伝わり広まって、実に田舎の参観客は博覧会見物と共に京城ツアーもその目的の一つでもあったのである。地方居住の知識人夫婦が博覧会参観のため、京城に来るが、生まれて初めての凄まじい自動車、電車の音に慌てふためく姿が雑誌に生き生きとした文体で描写されたし[18]、新聞の記事題目に「人波渦中の隠れ魔手、博覧会参観次、入京客、失踪者続出、交通機関の警笛鳴らしに我を失ったり、道に迷ったり、誘惑に陥ったり、街頭に起こる様々な喜悲劇の場」[19]をはじめとするこれと類似する記事が頻繁に載せられたのである。

　これら記事は二つの事実を明らかに示している。というのは、一番目の事実として田舎人における文化衝撃である。彼等にとって生涯はじめての汽車というのは別世界の乗り物であるし、また都の電車、自動車を目にする瞬間は面食らったに違いない。また、そういう今まで経験できなかった

文明的ショックは未知のものに対する警戒と恐怖を抱かせるものとなる。派手やかな近代文明都市としてのイメージの京城とそれとあわせて犯罪と誘惑の隠れ所という逆説的なイメージは大体この辺りから形成した現象であるといえるだろう。二番目は、そういうショックから探して見られる差異すなわち田舎人と京城人との境界ということである。新時代の物に対して慌てる自分に田舎人という自嘲感がさらに刻印され、慌てる田舎人を見る京城人においても田舎と京城の対比という認識がさらに強まって行った。博覧会を切っ掛けに引き起こされた京城と田舎の対比は広告にも反映されたのである[20]。広告が大衆心理に敏感極まるし、それを通じて消費者にアッピールすることを思えば、博覧会こそ京城と田舎との二分法をさらに強化したのである。

## Ｖ．結言

　植民地権力が大衆を動員したのは軍隊や土木事業だけではない。博覧会は表面的に強制を隠蔽し、説得的で盛り上がったムード作りの大衆動員というところで国民動員よりずっと巧妙な手立てとしての統治メカニズムの国家権力主導のメガイベントである。こういう博覧会に登場する大衆がその以前と違うところは「消費者」としての大衆という点である。大衆が自発的に動員に従うのは正に「巧妙さ」こそから出ているものだし、「巧妙さ」というのは大衆の要求と本能を読み取って、隠されている大衆の欲望を喚起、増幅する力であったのである。こういう点からみると、朝鮮博覧会と台湾博覧会はその性質の面では同一であったといってよい。

　が、博覧会をめぐっての立場や反応は相当違う様相を見せたのである。本国に対する植民統治実績の報告意図は朝鮮よりも台湾の方が強かったのである。博覧会に対して朝鮮の知識人は批判的態度を取ったが、台湾の場合は「内地」の無関心に失望と怨望を抱く様相を見せたものである。台湾は朝鮮にステレオタイプなイメージを持っているほどであったが、朝鮮は台湾に関心がなかったのである。朝鮮と台湾の植民地以前の状況すなわち国家（王朝）と一つの地方との差異は植民地になった以後にも依然として

第12章　朝鮮博覧会（1929年）と台湾博覧会（1935年）の比較

残っていて、その違いは宮殿と公園という博覧会場の相違点として現れたのである。

　植民地以前において一つの国家と地方であったという差異はまた違う現象をもたらしたのである。朝鮮が国家であっただけに首都があり、植民地当局は京城を植民地支配の牙城にしたのである。先進文明は京城に逸早く定着し始めたのである。伝統時代を継承して首都と地方（都と鄙意識）という境界、格差というものが広まって行ったのである。にもかかわらず、朝鮮人対日本人の対立構図に組まれた民族主義はこういう中央と地方との矛盾を認識する余地を残さなかったのである。しかし、台湾の場合はその事情が違ったのである。台湾には「内地」という中央と「地方」としての台湾の矛盾がもっと鋭敏に反応されたのである。「我が台湾」というのは「内地」の日本人と在台湾日本人との境界を成す用語として認識されたのである。

【注】
（1）朝鮮総督府『施政年報昭和4年度』、1931年、p.295；『朝鮮』173号、昭和4年10月号、p.3-4.
（2）朱點人「秋信」『台湾新文学』3月号、1936年；『光復前台湾文学全集4』、遠景出版社、1979年所収、p.113、116.
（3）「朝鮮博覧会見物記」『新民』33号、1929年11月号、p.23; 鄭秀日「朝鮮人として見る朝鮮博覧会」『新民』33号、1929年11月号、p.38.
（4）「博覧会宣伝ポスター」『朝鮮総督府紀念写真貼』、1929年。
（5）台湾博覧会事務局編『始政四十周年記念台湾博覧会』、1935年。
（6）『中外日報』の記事編集も類似した。
（7）『台湾経世新報』、昭和10年10月12日10面。
（8）『台湾経済タイムス』、昭和10年11月2日「屏東ラヂオ」。……は原文表示に従う。
（9）『台湾時事新報』、昭和11年2月21日2面「台湾の再認識」。
（10）『台湾時事新報』、昭和10年10月10日5面「台博論壇」。
（11）台湾総督府『昭和11年台湾総督府第四十統計書』、昭和13年、表35。
（12）『南日本新報』、昭和10年1月10日、11面;『台湾日日新報』、昭和10年10月16日「朝鮮館」。

第Ⅳ編　植民地支配における文化の変容

(13) 朝鮮総督府編『朝鮮博覧会記念写真帖』、1930年、第66。
(14) K記者「朝鮮博覧会見物記」『新民』33号、1929年11月号、p.28.
(15) 柳光烈「どんな評ができようか」『新民』33号、1929年11月号、p.45.
(16) 雅棠「台湾博覧会之怪物」『台湾民報』、昭和4年3月3日5面。
(17) 河世鳳「模型の帝国——1935年台湾博覧会に表象したアジア」『東洋史学研究』78（2002年、韓国）。
(18) K記者「朝鮮博覧会見物記」『新民』33号、1929年11月号、p.22.
(19) 『東亜日報』、1929年9月30日2面。
(20) 『毎日申報』、1929年9月1日1面、「味の素」の広告の図案。

第13章

# 植民地時代の法と言語文字生活

晋　永美

## Ⅰ. 法と言語

　日本は1876年に朝日修好条規の第3条で、"今から両国の間で、往復する公文は、日本は自国の文字で書く。そして今から10年間は漢文で翻訳したものを添附するので、朝鮮は漢文を使う"といいながら、韓国の言語政策に直接的に介入し始めた。上記の条約で、日本側文書の漢文翻訳本を10年間添附するというのは、その間に日本の文字を学べということであった。この時から現われ始めた日本国の韓国に対する言語政策は、韓日合邦以後から本格化した。1911年8月全文30条からなる朝鮮教育令がその代表的な例であるといえるが、これは日帝（日本帝国主義）が朝鮮人の文化的・精神的な独立性を抹殺し、代わりにわが民族を永久に日帝の植民地人にするため公布した教育方針と教育に関する法令であった。その中でも韓国の言葉と文字を教えることを禁止した事実が注目される。その後、1919年三・一運動を契機にして、日帝はその以前の武断政治にかわって、いわゆる文化政治を標榜するようになった。これによって一時的であるが、韓国の文学活動が活潑になりながら、言語文字生活にも多くの変化をもたらした。しかし、植民統治が徐々に本格的に軌道に乗り始めると、その状況はふたたび大きく変化した。

　法は、規範文化の総体として、一つの社会の性格を直接的に規定する。これに対して、言語は、一つの集団の生活である。生活の利便性のため、政策が当然にともなうといえる。特に自国の言語と文字の生活を発展させ

る政策は非常に重要である。しかし日帝の言語政策は、韓国を永遠に植民地化しようとする意図があったので、韓国の言語と文字の生活を発展させるという次元とはまったく異なった方向へ進んでいったのである。のみならず、言語政策は別の政策とは異なって、強制力を発揮するよりは、強制力によらず徐々に浸透するという属性を持っている。規定がまえにたち、言語や文字がそれに従う傾向よりは、反対に言語や文字生活を勘案し、規定や法規を作る場合が大体優先であるからである。ところが日帝はわが民族の言語・文字生活を反映して言語政策を遂行したのではなく、かれらの必要によって強圧的に行ったのである。そうであるとすれば、かかる言語政策の結果はどうであったのか。

それを調べるために、本稿では日帝植民地の統治時代に行われた言語文字生活と密接に連関する文化活動のあり様に言及し、当時の韓国の言語文字生活の流れを把握した後、その特性がなんであったのか、そしてそのようになった主な要因はなんであったのかを明らかにしたい。

日本帝国主義の植民統治の中で、わが国の言語政策は動揺し、たくさんの問題点が現れた。さらにこの時期現れた問題点は、今日の問題ともつながっている。さらには、植民地時代の問題をいかに解決すべきかという問題意識から、今後行うべき言語政策の方向性を考えて見ようと思う。

## Ⅱ. 植民地時代言語政策の変化

1894年の清日戦争時期に、韓国の近代化を日本が指導し援助するという論議が出て来た直後、韓国に対する日本語普及教育の必要性が提起された。

そして韓国国内では甲午更張を契機に国語研究が活溌に進められた。一つの例として、建陽2年に李鳳雲の《国文整理》が公刊された。その序文には"韓国人が漢文だけを崇尚し、自分の文章についてはどのようなことも知らないということは切ないことである。大抵文明における第一に緊要なことは国文であるのに、このことを明らかにすること、また教育を通じてその重要さを知ることからすべてのことがよくなる"[1]といった。

甲午更張の後、建陽元年である1896年4月には徐載弼と尹致昊が主幹になって《独立新聞》が発刊された。その後、光武2年である1898年には南宮檍と羅寿淵により、《皇城新聞》が発刊され、《帝国新聞》《毎日新報》《万歳報》《国民新報》等が続いて発刊された。これら新聞とともに雑誌も発刊され始めた。すなわち、建陽元年に沈宜性が主幹した《朝陽報》を始め、《漢城月報》《自強会会報》等が発刊された。《独立新聞》と《帝国新聞》は純ハングル版で発行されたが、大部分の新聞と雑誌は国漢文混用体で言文一致を断行した。大部分は韓日併合の時、廃刊された。しかし日帝により買収されたものは持続的に刊行された。その中でも《毎日新報》は1945年まで日帝の侵略政策遂行の手さきになった。1907年には新聞紙法を制定して言論活動を弾圧し、韓国政府には保安法を制定することを命じた。これによって集会と結社を禁止し、弾圧した。1909年には出版法を制定して教科書以外の出版物に対しても検閲を強化させた。日帝の言論集会の弾圧政策がだんだんひどくなると、1924年には二回に渡って民間の有志40余名が言論集会圧迫に対する弾劾大会という民衆大会が開かれた。

　1907年に構成された朝鮮語研究会会員は、国文研究所を設置する等ハングル使用を大衆化させた。このごろ安昌浩・李甲等の愛国指導者らは新民会という秘密組織をつくり、教育を通じて民族の力量を発展させ、独立を回復しようとした。その結果、平壌の大成学校、安州の盛興学校、光華の普昌学校等いくつかの私立学校らが設立され、ハングル教育に邁進するようになった。

　1910年韓日合併の後、六堂崔南善は『少年』（1908〜1911年）と『青春』（1914〜1917年）を発刊した。これは韓国の新聞学が起こる大きな契機になり、この総合雑誌に載せた文章は「国主漢従」の言文一致の文章であった。ついで1917年には、当時唯一の国文新聞であった《毎日新報》に《無情》が連載された。これは完璧な言文一致とハングルで書かれた小説であった。そのため、1919年の三・一運動以後に復興する近代小説の淵源になった。唱歌と新詩の登場もやはり言文一致とハングルに重点が置かれた。その後にも『泰西文芸新報』（1918年）『創造』（1919年）『廃墟』（1920年）『開闢』（1920年）等の文芸誌が、1939年頃まで続々と出版され

第Ⅳ編　植民地支配における文化の変容

た。その中でも特に『詩文学』(1930年) 創刊号の編輯後記は注目すべきものであった。すなわち、"一つの民族の言語の発達がある程度に至れば、国語としての存在だけに満足できず、文学の形態を要求するようになる。そしてその文学の成立はその民族の言語を完成させる道である。"といい、文学を民族言語を完成させる道であるとした。

1926年陰暦9月29日は、訓民正音を頒布した8周年になる日であるので、国語学者と文学者は、この日を「가갸日」と決め、毎年の記念日とすることを決定した。そしてこの日を契機にして、文学における朝鮮心と朝鮮魂を鼓吹する国民文学運動が唱えられたが、これは日帝に対する精神的な対抗運動でもあった。ここで国民文学運動というのは、ハングルで記されている時調と民謡を中心とする文学を通じ、朝鮮心と朝鮮魂を再認識する運動であったといえる。

1931年満洲事変の勃発とともに第1次検挙事件が起こり、また新幹会の解体騒動が起きた。そして、社会運動家と民族主義者に対する日帝の強圧と監視が露骨化された。1934年に第2次検挙を敢行し、社会運動を完全に封鎖した。民族主義者は不逞鮮人といわれ、活動が禁止された。文学活動の萎縮はそのままわが文字生活の萎縮を招来した。

1939年11月10日、日帝は朝鮮民事令を改正し、朝鮮民族固有の姓名制を廃止し、日本式氏名制を導入した。さらに翌年の2月11日から8月10日の間に、すべての朝鮮人が氏を決定して提出することを命じられた。一番悪辣な日帝の植民地政策といわれる創氏改名が施行されたのである。創氏改名は、1924年9月18日の中枢院会議で、言及された。当時日帝の司法当局は'法制上内鮮が近似するように努力する'という目的で、朝鮮における司法制度の整備に拍車を加えながら名前を日本式にかえ、内地延長主義政策に従う法的な同化政策を実施した[4]。

1939年10月日帝の領導下に朝鮮文人協会という文化団体が発足した。その目的は、文人全体が大同団結して日本の国策の遂行に協力することにあった。これから国文学は事実上最大の危機に直面することになった。満洲事変直後からその要求がだんだん強くなり、この時からは露骨になった。『文章』を1941年4月に廃刊させた。『人文評論』を『国民文学』にかえ、紙面の多くに日語欄を入れた。1942年10月には朝鮮文人協会を改造強化

第13章　植民地時代の法と言語文字生活

し、日語文学賞を設定し、文壇の日語化を促進した。1943年には朝鮮文人協会を朝鮮文人報国会と改称し、この時からわが文人らを直接日帝の侵略戦線に引っばり出して時局講演と地方巡講をさせた。また大東亜文学者大会にも参席させ、戦争政策に強制的に協力させることを画策した。

　1942年10月に日本語使用と国語抹殺を意図した日帝が、朝鮮語学会の会員を投獄し、朝鮮語学会事件が発生した。日帝は朝鮮語学会を学術団体と仮装した独立運動団体であったという口実で、会員に顧問制度を導入した。上海臨時政府の指示による独立を目的とした辞典編纂は、内乱罪に該当する等の容疑で、会員は治安維持法違反罪で起訴され、咸興検査局に渡された。この事件で学会は解散され、編纂中であった国語辞典原稿の相当部分がなくなってしまった。

　1945年は日帝からの民族解放であると同時に言語と文字生活の剥奪から'言語文字主権'を回復した年でもあった。しかし厳密な意味で、これは法網から解放されたのみであり、植民地時代言語政策は長期間に渡ってわが言語文字生活に大きな影響を及ぼしたのであった[2]。

　言語と統治は同伴者の関係であり、言語は時には強力な政策遂行の道具にもなる。そして、アビラ主教は"言語は帝国統治に必ず必要な道具である"[3]といった。植民地を、政治的、文化的に、本国に同化させる言語政策は非常に重要であった。総督府は1911年9月に朝鮮の私立学校と書堂を統制するための朝鮮教育令と私立学校規則を公布し、1915年3月には'改正私立学校運営規程'を公布し、私立学校を強圧的に統制し、強制的に閉鎖措置を行った[5]。さらに日本は'一視同仁'と'内鮮一体'というかけ声の下で、韓国語を抹殺しようとした。まず学校教育で朝鮮語科目を完全に廃止した。初等学校学生まで韓国語の使用を禁止した。もしこの事実を忘れて、韓国語を使用すれば、刑罰を加えた。中等学校で韓国語を使用すれば、処罰の対象にもなった。韓国語による新聞と雑誌も廃刊させられ、国語は大きな受難を受けざるをえなかった。強度の高い朝鮮語抹殺政策により、学者らは門を閉めて研究を拒否し、文人らは筆をなげる等、ことばと文章がない形勢に変わった[5]。創氏改名もまた同一政策の一環として現われた。日帝は創氏改名を効果的に施行するため、官憲を動員し脅迫して、また創氏しなかったひとの子弟には学校の入学が拒否された。

また創氏をしなかった戸主は‘非国民’、あるいは‘不逞鮮人’といいながら査察したり、労務徴用にかりだすとか、食糧配給の対象から除外する等、様々な社会的制裁を与えた。

　日本が、韓国語を抹殺しようとする政策が、強く行われれば行われるほど、韓国語に対する韓国人の愛情はより強く凝結されていった。例えば、日本の朝鮮語抹殺政策の中でも洪命熹は《朝鮮日報》に連載した「林巨正伝」を通じて、朝鮮的な情緒を表現しようと努力した。この作品は内容だけではなく、表現形式でも朝鮮的であり、簡潔な文章ぶりがそうである。また実生活と関連する語彙を適切に活用した点がそうであり、行間から現れる意味がそうであった。日本が日本語を国語とする教育を強制的に施行することによって民族固有語であるハングルに対する愛着はもっと強くなったのであった。

　それに対して、ハングルとは異なって漢文は旧時代封建主義の産物であると同時に、わが固有の文字ではないという理由で大きく排斥された。伝統的に漢文は両班知識層を中心に使用されてきたのに対して、ハングルは庶民や婦女子を中心に使用されてきた。近代化が進行しながら封建体制の中で愛用されてきた漢文は、それを使用していた両班制が崩壊する中で、かれらと運命を共にした。ハングルは諺文といわれながら軽視されて来たが、庶民層の成長により急浮上するようになった。その間に封建体制下で抑えられたことが多かったから反発心理も大きく作用し、韓国語と文字生活の中で、漢文はその重要性について考えるひまもなく、ハングルと対立構図に置かれて大きくその意義が失われていった。

## Ⅲ．植民地時代言語政策の問題

　言語は基本的に人間の思考と分離することができない。フンボルトはこれを‘言語思想一体観’[6]といった。言語と思想の緊密性、日本は植民地政策を遂行しながらこれを最大に利用したといえる。韓国語と文章の使用を禁止し、代わりに日本語の使用を強要してわが民族の思想と感情を日本式に同化乃至変化させようとしたのである。即ち、植民地言語政策は言

語研究を通じて、民族精神の特質と人間精神の普遍性を求めようとしたフンボルト言語思想一体観を逆に利用したケースであるといえる。これに対応するため、早くから申采浩は郎家思想を、朴殷植は魂を、鄭寅普は「얼」を、文一平は朝鮮心と朝鮮思想を強調したのである。国家という外形がなくなったけれど、民族という内実だけはいきているという民族精神によって、ハングルの普及は以前とは逆に広く進んでいった。

　しかし、ここに問題点が現れた。すなわち、帝国主義に対抗する民族主義の立場から、ハングルだけを用いるという方向へ傾いたので、別の方向、すなわち漢文と漢字の重要性を正しく認識することができなくなった点が、それであった。漢文教育はハングルと同様に日本の弾圧を受けたのである。日本の植民地統治者らは、朝鮮の伝統的教育を担当した書堂を閉鎖し、朝鮮知識人には教育機会を与えなかったので、朝鮮人の民族精神と創意力は抹殺されてしまったのである。すくなくとも民族主義的次元で漢文はハングルのような運命におかれたのであった。しかし、かかる理由で漢文を固守しようとする者も多く現れた。その代表的な人物として、柳麟錫・金澤栄・金永根・柳寅植・朴殷植・張志淵・申采浩等が挙げられる。そのなかで金澤栄は国勢が衰退した原因は漢文の使用の誤りにあったと指摘した。しかし、問題は漢文自体にあるのではなかったと説明した。朴殷植は「論国文之教」で、国文の重要性を強調しながら漢文で書いた本の中で、正徳と利用厚生に有益になるものは、すべて国文で翻訳すべきであるといった。張志淵は国文こそ独立の至極の宝であるといいながら、漢文は専門学校を特設して能力がある人才を選抜して教えるのが当面の課題であるといった。ハングルと漢文及び漢字の間での均衡感覚がある発言であるといえる。

　時代が変われば、言語文字生活もまた自然に変わるべきである。しかし、植民地時代の言語と文字は自然的な変化ではなかった。法の強制性による変化であった。すなわち、非正常的な挑戦に対する非正常的な応戦の結果による変化であった。挑戦の論理が正当性を確保することができなかったから応戦の論理も必ず問題があった。挑戦と応戦の立場は共にイデオロギーによる偏向性が問題になり、施行過程で強制性が問題になるからである。日本の植民統治は韓国人が理想的な言語文字生活を摸索するのに必要な余

第Ⅳ編　植民地支配における文化の変容

裕と力量を奪ってしまった。かかる状況で自然に生成発展した言語文字を期待するのは容易ではなかった。

　植民地時代の言語と文字の変化は理念と感情のため、客観性と普遍性を確保することができなかった偏向的な変化であり、自然に生成発展したのではなく、強圧的であり、意図的な変化であり、漸進的に形成されたのではなく、短期間のうちに行われた急激な変化であった。多様性が無視されたまま画一化の方向に進んでいったので、言語文字の発展とは無縁なものであった。"文化の多様性は生物学的種の多様性と共に人類の根本を支撐する柱である"[7]という言葉が実感される。言語と文字は政策を樹立するまえにもう実生活で広く用いられているから、それ自体で力を発揮している状態である。従って、言語政策は言語と文字が向う方向に合せて打ち出されるとき、その実効性が現れるのである。

【注】
（1）趙潤済『韓国文学史』（探究堂、1979年）402頁。
（2）1950年代から国内で漢字閉止論、あるいはハングル専用論が台頭し、賛否の論争が行われた。1970年代には中高等学校の教科課程で漢字教育が廃止された。このため'ハングル専用世代'が誕生した。しかしハングル専用だけでは意思伝達が不充分な場合があり、漢字を依然として使用している者がいるので、結局教育部は1800字の漢文教育用の漢字を選定し、現在まで学校で教えている。
（3）Peter Farb, Word Play, p.161（MIT Press. 1996）.
（4）1940年2月11日から始まった創氏改名制度は2日の間に87件が受付けられた。その中に文人李光洙［香山光郎］・弁護士李升雨［梧村升雨］・鐘路警防団長曺秉相［夏山茂］等がいる。特に、李光洙は新聞に'選氏苦心談'を載せた。
（5）Pow-key Sohn, Chol-choo Kim, and Yi-sup Hong, The History of Korea（Seoul: Korean National Commission for UNESCO, 1970）で提示している表によれば、1910年に2080個であった私立学校が1922年には614個で70%も減少した。
（6）韓国語と文章を用いることができないという理由で、日語で文章を書く文人もいた。春園李光洙はかれの《愛であるか》を日本語で発表し、李箱もかれの代表作である《鳥瞰図》を《朝鮮中央日報》にまず日本語で発表した。金

東仁は自身の創作の難しさを"日本語で構想し、ハングルで翻訳することが一番難しい"と吐露する程であった。廉想渉はかれの代表作である《標本室の青蛙》で、露骨的に日本式漢字の語彙を駆使した。
（7）全京洙、"日本人類学進化過程の一面"（ソウル大比較文化研究所、日本植民主義と東アジア人類学フォーラム、2003年11月7～8日、ソウル大教授会館）。

第14章

# 日帝強制占領期（1910－1945）の美術文化政策

金　大烈

## Ⅰ．序論

　一般的に植民主義（Colonialism）というのは、一つの国家の別の国家に対する直接的支配と搾取の形態であると定義される(1)。しかし、植民地地域が独立を追求することになりながら、発展途上の国家自体に現れる植民主義の意味は、領土を占領するとか、政治的権利を奪われるとかの以上にもっと包括的な意味で使われている。即ち、帝国主義国家がなくなっても依然として植民地の教育制度はその影響の下で行っており、教育過程、言語等いろいろの分野で、植民地時代の遺産をそのままうけいれている場合が現れるからである。

　日本は1910年朝鮮を不法的に強制占領した以後、'完全に、そして永久に'支配することを闡明した。そして一視同仁、内地延長主義、内鮮融和、内鮮一体、皇国臣民化等を標榜しながら朝鮮を統治していった(2)。一般的に日帝の対朝鮮植民政策は植民母国の憲法をはじめ諸制度を適用し、植民地人を'皇国臣民化'しようとする同化政策が植民支配初期から実施されたと看做されて来たが、その同化政策の裡面には植民地朝鮮に対する差別政策が存在し、これは同化主義政策が植民母国と植民地の従属的関係を維持させるためのことに過ぎなかったことをみせている。

　日帝の支配政策とそれによる影響は教育分野や芸術分野でも例外ではなかった。19世紀末以来、近代教育とともに現れた近代美術は、近代歴史の主体として'民族'の形成を前提としている。近代美術教育の体系が樹

立された日帝強制占領期の美術教育の問題は、近代国民国家の形成の主要要素である'民族意識'、'民族運動'に対する理解を助けるのに重要な要素になる。なぜなら、学校教育はどのような社会でもその社会の支配的良識を再生産する機能を担当しており、ときどき支配者の政治的利益のための社会統制の機能もはたすからである[3]。植民地教育でもかかる性格はそのまま現れている。近代的な学校教育現場は日本帝国主義の理想と帝国の国民意識を形成するための実験空間として一番最適の場所であり、ここで実行された教育は形式的に近代教育制度を実行しながら、一方、植民地支配文化に従属させていく過程を担当した。植民地支配の下で行われた教育は知識の形成と近代学問の発達ももたらしたが、同時に植民地域の教育的・学問的・思想的影響のため、それ自体の従属性から脱け出すのは難しかった。特に美術の教育は民族性と国民性を涵養するのに必須条件であるという時、特定国家と民族に対する文化を歪曲し、学校教育の内容として採択する行為は、その民族性と国民性を歪曲する結果をもたらしたのである。

　この点で、日帝時期の美術文化政策に対する考察は、近代の民族性と主体性の成立の重要な部分を確認させてくれる。即ち、近代民族国家の形成で、日帝はいかなる政策を通して、われわれを植民地的従属関係に屈伏させようとしたのか、そして、そのような政策内容を、いかなる方式で伝えたのかを考察することで、日本植民政策の性格と特徴を確認させてくれかからである。

　この論文では日帝支配期の植民政策の樹立と変化にしたがってかわっていく美術文化の目的と内容を同時に検討しながら、当時の植民地文化政策の実体とその意義を把握しようとする。また1910年から1919年までの武断統治時期の朝鮮総督府の文化政策を分析し、当時日本の植民地文化政策の形成と朝鮮伝統文化の軽視状況に対する意義を捜して見ようとする。さらに文化統治へ転換した1919年三・一運動以後から1937年に日中戦争が勃発する以前の文化政策と当時進行された'朝鮮美術展覧会'に対して考察しようとする。最後には日帝末期（1937－1945）戦時動員体制の期間に、戦争動員と戦意の鼓吹のための宣伝機能を担当した'時局美術'に対して論議しようとする。

第14章　日帝強制占領期（1910－1945）の美術文化政策

## Ⅱ．武断統治と伝統文化の抹殺

### 1．時代思想と美術文化に対する認識

　1910年8月22日不法である韓日合邦条約の締結により、大韓帝国は日帝の植民地に転落した。自主と進歩の夢は、その実現を見ることができなくなった。日帝はいわゆる武断統治を始めた。総督は'朝鮮人は日本法律に服従するか、そうでなければ死ぬべきである'等のいろんな植民地の悪法を強要した。同時に土地調査事業を通して莫大な食糧資源と自然資源を掠奪していき、商工業分野でも民族資本の発展をおさえ、日帝資本で朝鮮の商工業を支配するようにしながら朝鮮をかれらの商品販売市場、すなわち供給基地化していった。文化芸術分野でも言論、出版、結社、集会の自由を全面制限し、すくなくとも日帝に対抗しようとする気配がうかがえると、連行していった。日帝は『西北学会月報』を廃刊し、『初等大韓歴史』、『東国歴史』のような民族的色彩を持つすべての書籍を焼いたり、販売を禁止させた。

　一方、さきに自強運動をやった知識人の中では、一部は活動を放棄した者もいるが、実力養成の後独立論を唱えるべきであると主張する者もいた。後者の実力養成方法は教育と実業を振興させる活動であった。かれらの運動を支援したのは、1910年代中葉以後、帰国し始めた日本留学出身の知識人であった。かれらは主に儒教思想及び伝来慣習を批判しながら教育及び産業の振興を主張した。首爾画壇を導いていた呉世昌、安仲植、李道栄がかかる勢力に参加した。そして当時の国内画壇の性格と本質を把握するためには、まずかれらを分析することが重要である。

　この頃、日帝は朝鮮の民族意識を抹殺するための社会政策を実施しはじめた。また資源収奪のための産業政策を実施した。しかしかれらはこの政策を両民族の'融合同化を動かす文明開化'であると仮装して宣伝した。かれらはいわゆる文明開化のため、まず産業開発と教育普及、民風改善の政策を実施した。このような政策は自強運動論者が主張した実力養成論及び思想と慣習の改革論をまねた政策であった[4]。

理念工作に注力した総督府は郷村儒学者を動員した。これは伝統のものを全部すてるための計画であった。すなわち、朝鮮民族は弊風悪習をもっている民族であるから、朝鮮はもう希望がない民族であることを認識させるための政策であった。守るべき旧来の美風良俗の中で、総督府が認めたのは、ただ'父母に対する孝道と郷村社会での相扶相助、上下貴賎の区別'などであった。総督府はこのため、1910年には親日王族と高官に日本貴族の爵位を与え、儒生には天皇の恩賜金を支給し、1911年には朝鮮儒学の振興という口実で成均館を経学院にかえ、儒教の仁義忠孝をもって朝鮮人民を教化しようとした[5]。

いわゆる'植民地的資本主義'理念の実現であるといえる西欧文明に対する追駆主義には、'民族伝統の断絶'という意図がはいっていた。従属植民性を明確に目標したのであった。かかる理念と思想を追求していったかれらは、すべての進歩は西欧化であり、それが近代化であるといいながら、自分（日帝）の侵略と掠奪を本格的に実行していった。

日帝による祖国の強奪は為政斥邪派の敗北だけではなく、自主進歩勢力の敗北でもあった。日本留学出身の知識人はいわゆる'先進文化、または新文化'の伝道師として行動しながら西欧文化の収容論を拡張させていった。日帝は先進文化、すなわち西洋文化をはやくから受け取った国であった。当時の知識人は非妥協的民族主義の道を歩くか、親日の道を歩くか、そうでなければ、妥協改良主義の道を選択するかという岐路にたち、これによって文化芸術はいろんな方向へ分けられた。

大勢は伝統文化に対する断絶と西欧文明に対する追求等にわけられた。その中でも文化の主導勢力であった'開化自強論者'の大部分は、民族固有の美術様式を旧美術であるとおもい、先進日本と西欧文明をみならうべきであるという従属植民性にとらわれていた。

## 2．植民美術史観と文化財の掠奪

日帝は早くから朝鮮と日本民族のルーツが同じである'日鮮同祖論'と朝鮮の歴史は自分で発展したことがないという'停滞性論'を造作し、宣伝した。恒屋盛服の'文化植民論'[6]と関野貞の'朝鮮美術衰頽論'は、大きな力を持ち、多くの知識人のあいだで一般常識のように広がった。朝

鮮時代の美術はほとんど見る価値がないほど荒廃してしまったという関野貞、今西龍等の植民美術史観の内容報告書が出版されながら、もっと既定事実化していった。かれらが1914年に1次の古蹟調査事業を終えると、朝鮮総督府はその成果を1915年から1918年まで年次的に『朝鮮古蹟図譜』という本に編輯した。第1冊と第2冊は高句麗時代を、第3、4冊は三国時代中心の仏像を、第5冊は統一新羅時代の王陵、仏像等を、第6冊は高麗時代の宮城地、城郭、寺刹、石塔、碑等を取り扱った。寺内総督はこれらの冊をすべて秘書官室に保管しながら海外の名士に贈呈したので、これは一つの植民統治を文化で偽装する欺瞞術であった[7]。

"朝鮮古来の書画が継続して衰頽するのを憂慮し、古書画を保存し、後進を奨励するためである"という目的で、1910年金允植をはじめとする何人かが'朝鮮美術保存会'を組織した[8]。しかし、かれらの活動内容に対しては明確に分からないが、おそらく総督府の寺刹令と関連がありそうである。総督府は1911年1月古刹保存規則を定め、2月14日付で各道の寺刹で所有している宝物目録を提出するように命令した。総督府は7月にはいって寺刹令の施行細則を定め、文化財保護を図る動きを見せたが、総督府の依頼をうけた関野貞は9月から全国の寺刹をたずねながら調査を始めた。

総督府では歴史上、また学術上で保存を必要とするものに対して調査を図り、共にこれを注意深く保存するためであるといいながら、各地に保勝会や古蹟保存会を設立した。しかし総督府のこのような措置は、わが文化遺産がいかに多く掠奪され、盗掘されたかを反証している。

## Ⅲ．文化統治への転換と美術

### 1．時代状況と美術

三・一運動の後の文化政治は、美術文化の空間をある程度拡張させた。言論、出版、集会等の道を部分的に開いたことにしたがい、いわゆる文化運動の空間が出現してのであった。たとえば、美術活動の報道機会が増加し、美術家の大衆への作品公開が頻繁に行われた。個人の才能がもっと明

確に現れる環境を深化させたのであり、大衆のなかで美術家の出世と成長に影響をあたえた。理論活動の空間拡張と官立公募展の実施は、そのような傾向を加速化させた。しかし日帝はそのような空間の準備を通して民族運動の政治性を抑圧し、民族力量を植民地体制のなかへ吸収しようとする方向にひっぱっていった。

　国内の知識人は三・一運動とその後の知識人が活動した各種外交運動が、挫折をあじわいながら、より頑強な実力養成論においこまれた[9]。たとえば、この頃'改造'という単語は流行語であった。また文化運動はその頃、日本知識人社会で流行していた'文化主義'思潮でも影響を受け取った。朝鮮で文化運動はその'文化主義'と、そこから派生された'人格主義と個人の内的改造論'を主導理念として看做していた。

　朝鮮人の性格と風俗を誹謗する'朝鮮民族劣等性論'と朝鮮人の日本留学生を中心に伝承して来た'旧習改革論'等は、1920年を前後し、入って来た'民族心理学'をおりまぜながら李光洙等はそれをいわゆる'民族改造論'として成長させていった。

　1923年ごろに至り、文化と産業分野で実力養成運動を展開した勢力が動揺し始めた。非妥協民族主義勢力と妥協改良主義勢力とに分かれはじめたのである。これと共に社会主義労動運動が徐々に勢力を成長させており、かかる政勢の中で実力養成運動論者の一部が植民地体制を認定する条件で、自治論を考え始めた。勿論日本人もいろんな方向で自治問題を提起しており、総督府もまたこの問題を検討していた。

　かかる状況の下で、美術界でも変化の兆候があらわれた。即ち、朝鮮美術衰退論や西欧化至上主義を越え、新たな変化を摸索しており、別の方ではプロレタリア芸術運動が活発に展開されていた。

　そのような中で、朝鮮性を強調する見解も現われたが、このような朝鮮性の強調は三・一運動の後、民族主義理念に従うことであり、朝鮮美展の朝鮮人差別待遇等による批判意識の影響下で現れた結果であった。

## 2．朝鮮美術展覧会

　朝鮮総督府は1921年植民地文化政策の一環として'朝鮮に在韓美術の発達を保護させるため、毎年1回朝鮮美術展覧会を開催する'（規程第1

第14章　日帝強制占領期（1910－1945）の美術文化政策

章第1号）という美名の美術展覧会の規程を定め、その次の年である1922年から展覧会を開催した。かかる背景で始まった朝鮮美術展覧会（略称、'鮮展'）は、太平洋戦争でかれらが敗亡する直前である1944年まで23回も持続された。これに対して、運営の制度、出品作家の性向と作品性等いろんな側面で、考察できるが、ここでは当時の記録にもとづいて運営の制度とそこで派生した問題点に対して簡略に考察しようとする。

　その始めは、朝鮮人に対する差別性であった。初期'鮮展'の運営における総督府は政治的懐柔策で朝鮮人審査員を配定したが、その内実は、やはり植民地を守る政策であった。1923年第2回'鮮展'の直前《東亜日報》はその内幕の一つの事例を次のように報道した。

"第1回'鮮展'時、入賞者の賞状に対する審査員の署名で、朝鮮人には日・鮮の審査員が共に記録され、日本人の賞状には日本人審査員の名前だけが記録された。そのため朝鮮人審査員が憤慨し、今後には絶対審査員としての就任を拒否する姿勢をみせ、不出品も考慮、総督府では日本人出品者が朝鮮人の審査を'このまないから'と弁明する官吏もいる。これに対して朝鮮人画家某氏は'総督府のかかる処置は、朝鮮人の美術を勧奨しようとすることではなく、むしろ侮辱しようとすることである'といった。朝鮮人審査員は総督府で朝鮮人の書画界を代表するひとであると認め、選抜したというのに、代表を侮辱するのは朝鮮人の書画家全体を侮辱することである。"[10]

　また、初期鮮展の審査員の構成については、西洋画と彫刻を除く東洋画書部に朝鮮人を推薦したが、中盤以後にはほとんど全員を日本からつれてきた。1932年の第11回鮮展からは性格上、朝鮮人出品者が始めから多かった書部と四君子部を閉止し、その代り工芸部を新設しながらその審査員も日本人に代えた。

　1930年代に入り、日本の朝鮮植民地の統治基盤は確固の自信を現していた。日本人中心の鮮展運営の確立はその一つの断面であった。当時の朝鮮人出品者は、総督府が本国からつれて来た日本人作家の趣向に従う官僚的な人々であり、権威主義的な審査を行った。それは民族美術に対する日

第Ⅳ編　植民地支配における文化の変容

本化への無言の強要であり、束縛であった。かかる現状は日帝末期の戦時動員体制下の皇国臣民化政策の強化と共にもっと深化されていった。

## Ⅳ．皇民化政策の強化と美術

### １．非常時局と美術

　1938年第17回'鮮展'の審査員は各種言論紙上に美術作品の'時局色'を反映することを要求し始めた。

　'時局'という用語が始めに登場したのは、1937年7月7日日本が盧溝橋事件を契機に中国を侵略した一週間後であった。朝鮮総督府が'非常時局'を突破するため全国民の協力一致を主唱した時であった。このように'非常時局'、またその縮約したことばである'時局'は、中日戦争に従う戦時体制への転換を意味した。'時局'ということばはその後、各新聞と雑誌に洪水のように登場し、マスコミは全国民の'時局認識の徹底'を連日宣伝した。

　'時局認識の徹底'と関連して日帝の最優先の課題は、朝鮮人の思想統制であった。これのため日帝は皇民化政策である内鮮融和政策を内鮮一体で強化させ、皇国臣民化教育のための第3次教育令（1938年）を発表、朝鮮語の禁止と日本語の常用を強要する方向へ進んだ。またこのすべての政策を展示体制の統制政策として一元化させ、国民精神総動員運動（1938年）を実施した。

　三・一運動以後、民心を収拾するため宣伝活動をやって来た日本は、戦争が勃発すると報道機関の検閲・宣伝を強化するため、情報宣伝機構である朝鮮中央情報委員会（1937）を設置した[11]。この機構は朝鮮人を皇国臣民として作り、大東亜戦争を完遂するための輿論指導が目標であった。輿論指導のため、'人間の目と耳に入ってくるものが、日帝のものが多いか、少いかを問わず、すべてを宣伝に利用'した。具体的にいえば、新聞、ラジオ、映画、講演会、座談会、訓示等と、ポスター、ビラ、紙芝居、パンフレット、ニュース、写真、展覧会、展示会等の大衆媒体であった[12]。

　このように大衆媒体を中心に宣伝をしたのは、大衆文化が急に高まって

いった30年代の社会的雰囲気が背景になった。30年代前半から京城を中心に富と人口が集中され、商業化、近代化が展開されながら、大衆の存在が浮上した。大衆の成立は大量生産、複製システム、またマスメディアの出現と関係が深い[13]。特に、商業広告は美術と印刷技術の結合により、ポスターや大衆雑誌で流行し、大衆の消費欲を刺戟した。大衆の浮上と商業広告の流行は、日帝が戦時体制の宣伝のための道具で、大衆媒体を認識するのに大きな影響を及ぼしたと考られる。

　日帝は宣伝政策のため、情報機関を新設し、大衆媒体に目を向け始め、朝鮮美展の審査員らは時局色を要求し始めた。画壇でも戦争と美術の連関性に対する認識がうまれ、従軍画家の登場と作品献納等の変化が現れた。しかし、かかる動きの波及効果はそれほどなかった。それは戦争を深刻に感じられなかった社会的雰囲気の影響のためであった。むしろ作家らは芸術家として高められた自意識に比して、社会的認識が足りなかったし、経済難問題をいかに解決するかの問題に直面していたからであった。生計を解決するため、かれらは挿画等を製作した。これは芸術家の立場から考えれば、'ほんもの作品'とは別個である副業として認識された。かかる認識は40年代の多い挿話等が時局色を反映している原因の一つになった。大衆媒体としての宣伝機能しか念頭におかなかった画家らは、日帝が時局色を要求すると、芸術家としての'ほんもの作品'とは無関係である生計手段であると考えた'副業'を安定的に維持するため、日帝の要求に応じたのであった。

## 2．美術の'画筆報国'

　大東亜戦争の総力戦体制に入った朝鮮は、全国のすべての機関と私的団体が組織され、総督府の中央組織の下で一元化された。日帝は自分の方針に美術系が'自発的に'したがうことを強要した。'画筆報国'は筆で国に報国するという意味で、美術だけではなく全朝鮮の文化芸術団体及び各種機関、個人まで全部'職域奉公'という名目下で、'自分の職場で国のためにはたらこう'と強要されたのであった。

　美術界は各種団体を組織し、展覧会を開催した。日帝の方針は団体を通じて美術界を統制・管理することと展覧会を通じて戦意高揚と皇国臣民意

識を鼓吹する美術を展示することであった。特に展覧会は高級美術に対しては'感動'をもたらすようにする記念碑的効果の機能を、大衆媒体を通じてはイメージの繰り替えす効果及び波及効果をねらって日帝の政策を伝える情報宣伝の機能と差別化し、美術を享有していない一般人まで広範囲な宣伝効果を図謀した。

1940年日本の新体制運動と歩調を合わせ、以前の国民精神総動員運動を改編した国民総力運動（1940）は、"本連盟は国体の本意に基づいて内鮮一体の実をおさめ、それぞれの職域で滅私奉公の精神にもとづいて国防国家体制の完成、東亜新秩序の建設に邁進するのを目的とする"と明らかにしていた。

このように国民総力連盟は戦争のため、全朝鮮の経済、産業、文化の各部門を統合し、一元的体制に整備した。注目すべきは、この運動が奉仕的実践運動を強調したという点である。かかる性格は'時局美術'の団体形成と重要な関係があったと思われる。

'時局美術'団体の登場は、総力連盟と関連が深い。総力連盟の中で美術関連組織を管理担当した部署は、文化部と宣伝部であった。この部署は大部分の'時局美術'の展示を後援したり、主催した。文化部長は、"文化部は伝統と欧羅巴文化の要素が混合した今までの文化を日本的なものとして純化させると同時に、時局及び国策に相応する文化を作る。時局的基準というのは一般国民が国家の大使命を真に理解し、自己職務に充実するよう希望をあたえる文化を創造すること"であると文化部の任務を説明した[14]。また'文芸動員をすすめよう'という座談会で、'文人協会、美術協会、音楽協会等の各団体の統制組織は、国家、また総力連盟がなにを考えたかをたがいに十分連絡するのが重要な目標である'といっている[15]。結局、総力連盟は文化部の指示に自発的に協力し、命令にすぐ従う文化団体を作ろうとしたことが分かる。

総力連盟文化部は1941年1月既存の思想部を二分して生れた[16]。このように発足した文化部は、李象範、沈亨九等の各分野の専門家を文化委員として委嘱し、文化協会との連絡係を設置した。文化協会や連絡係は分野間、また文化委員間の連絡を容易にするため、設置したものであった。

また総力連盟宣伝部（1940）は総督府の朝鮮中央情報委員会（1937）と連繋し[17]、日本の活躍を紹介する映画を製作したり[18]、ポスターや漫画の公募展を後援した[19]。宣伝部は国策宣伝と輿論指導で、各団体の随行を推進する任務があった。

## V．結論

以上で考察したように、植民地の美術文化政策は段階別に進行し、その特徴は民族文化の抹殺と皇国臣民化のための強圧性であったと説明できる。

三・一運動の抵抗で日帝は形式的に文化統治を表明したが、これは従来の露骨な武力統治から、政策的接近方法を懐柔的な方式と強圧的な方式で並行したのに過ぎなかった。'文化統治'時期には出版、集会、結社等の文化芸術の活動空間をある程度許容したこともあるが、朝鮮の知識層一部人士をとり込み、民族文化を歪曲、あるいは日本化させるのに利用し、'文化の発達'、'民力の充実'というかけ声の下、植民支配の同化政策を一層強力に推進したのである。

文化統治の一環として始まった朝鮮美術展覧会だけを見ても、受賞作の基準という類型を通して日本的造形感覚が普及し、共に朝鮮の民族美術を抹殺する契機として利用された。従ってここに参与した大部分の朝鮮作家らは自由に創作性を表出できず、これを通して立身出世した一部作家らはいわゆる日本的色彩に深く感染されていた。これは日帝の植民地政策に忠実に従った結果である。しかしかれらは解放以後、今日まで日帝の残滓の清算の問題等において、自分で解決できない難しい局面に処している。

日帝末期の美術は、一般的に親日美術、あるいは暗黒期の美術として認識されているが、その原因は、即ち非常戦時動員体制の期間の間、戦争動員と戦意鼓吹のための宣伝の機能を担当した'時局美術'であったからである。'画筆報国'のかけ声の下での'時局美術'は、朝鮮人が自発的に戦時体制に協力するための理念を注入し、各集団に合わせる理想的な人物像を演出した。それは肯定的であり、戦争に積極的に協力する楽観的な人

物像であった。結局朝鮮の文化芸術は日帝の侵略戦争を支援する道具へと転落してしまったのである。

　このように日帝の支配は、韓国社会が近代へ移行していく時点で、不法な侵奪を通した強制的植民地化であり、これは韓国社会の発展を歪曲する結果を生んだ。特に、解放以後、分断構造と軍事政府に代表される権威主義体制の持続は、民族史の発展過程と連関させる時、植民時期の研究がふたたび現在的意味をもつようになった。かかる点で日帝支配による植民地支配の性格とこれによって惹起された韓国近現代史の歴史的特徴を考察したのは、近代性の性格を糾明するのに非常に重要な課題であるといえよう。

【注】
(1) 李玉順「植民主義と教育——韓国と印度の比較」『歴史学報』第167輯、702頁。
(2) 韓国歴史研究会『韓国歴史入門3——近代、現代篇』(1996年) 310頁。
(3) 金真均「普通学校体制と学校規律」『近代主体と植民地の規律権力』(文学科学社、1997年) 77頁。
(4) 朴燦承『韓国近代政治思想史研究』(歴史批評社、1992年) 参照。
(5) 前掲書、参考。
(6) 趙東杰「植民史学の成立過程と近代史叙述」『韓国民族主義の発展と独立運動史研究』(知識産業社、1993年) 14頁。
(7) 趙善美「日帝治下、日本官学者の韓国美術史学研究に関して」『美術史学』第3号 (学研文化社、1991年) 86頁。
(8) 「朝鮮書画の保存」『毎日新報』1911年3月22日。
(9) 朴燦承『韓国近代政治思想史研究』(歴史批評社、1992年) 180頁。
(10) 「芸術まで差別」『東亜日報』、1923年4月15日。
(11) 1920、30年代日本の政治宣伝活動に関しては、姜東進『日帝の韓国侵略政策史』(ハンギル社、1980年) 113頁。
(12) 堂本敏雄『朝鮮に於ける情報宣伝』朝鮮 (1939年) 11頁。
(13) 金真松『ソウルにダンスホールを許可せよ』現実文化研究 (1999年) 20-25頁。
(14) 矢鍋永三郎「文化の任務」『毎日新報』、1941年1月4日。

(15) 「文芸動員を語る」『国民文学』(1942年) 1頁。
(16) 林鐘国『親日文学論』(平和出版社、1963年) 113頁。
(17) 1942年2月、宣伝部は以前の文化部を吸収・統合し、その下に宣伝課、文化課、編輯課にわけて役割を強化し、43年11月ふたたび弘報部と改称、その下に弘報課、文化課と分離する。一方、中央情報委員会も1941年情報課を新設、総力連盟の宣伝部と協力して活動した。中央情報委員会の活動は主に輿論指導啓発、情報蒐集、報道選定、歩道啓発宣伝機関の指導、内外事情の調査、紹介等にあった。
(18) 「日本の実力」『毎日新報』、1941年8月6日。
(19) 宣伝部は1943年第2回半島美術展で、一般絵画とポスターと漫画を公募した時、後援を担当した。

第Ⅴ編

# 日本の植民地支配と「過去の清算」

第15章

# 三・一独立運動と日本国家の「戦後補償責任」
──立法不作為違憲国賠訴訟の可能性──

小林　武

## Ｉ．はじめに
──「戦後補償」をめぐる研究課題と本稿──

　本稿は、「三・一独立運動をめぐる裁判と判例」を掲げて、2003年３月27日から28日にかけて、韓国ソウル特別市建国大学校において開催された日韓学術フォーラムでおこなった報告にわずかな手直しを加えたものである（したがって、叙述は、基本的にその時点でのものである）。

　今日、朝鮮に対する日本の植民地支配の実体と本質を、とくに裁判を通して多角的・総合的に明らかにしようとする作業は、学術的にもきわめて大きい意義をもつが、そこにおいて、とりわけ独立運動の原点である三・一運動にかんする裁判例をとりあげることは、必須の課題であろう。（なお、大韓民国憲法は、その前文で、「三・一運動により建立された大韓民国臨時政府の法統……を継承〔する〕」としている。）

　上記日韓学術フォーラムを組織した共同研究体（代表：笹川紀勝教授）も、同フォーラムに至るまでの国際的・学際的な共同研究作業を通して、三・一独立運動について、運動の地域的特性、担い手の広範さ、思想における非暴力抵抗、そして、裁判の苛酷さなどの特質を析出し、また日本の植民地支配については、その明治憲法法制の運用実態は朝鮮総督への全権力の集中であったこと、特殊な民族同化政策がとられたこと等々を解明してきた。同時に、今後の課題として、刑事法のみならず民事法領域の裁判例を含む全法領域での研究、広く東アジア諸地域での植民地支配や占領政

策を視野に入れた比較研究などが必要であることを指摘している[1]。

そうした経過をふまえ、筆者は、この日韓学術フォーラムでは、法律学、とくに憲法学の側から、三・一独立運動への抑圧についての日本の国家責任の考察をテーマとする報告をおこなった。それは、直接判例分析に携わるものではなく、いわば上記の諸課題の周辺に位置するものであるが、2001年7月14日に東京・専修大学で開催された日韓共同学術会議における準備的報告[2]を土台にして三・一独立運動に対する日本国家による弾圧と不当裁判の不法行為責任を、いわゆる戦後補償請求訴訟をとおして問うことの可能性を追究しようとしたものである。

日本による戦前・戦中の侵略と植民地支配の誤った国策は、アジアの多くの人々に甚大な被害をもたらした。しかし、戦後半世紀を優に越えた今もなお、日本国家はその責任を果たし了えたとはいえず、そのため、被害を受けた個人から直接、補償や謝罪を求める訴訟が数多く提起されている。それは、「従軍慰安婦」や女子勤労挺身隊とされた人々、強制連行・強制労働の被害者、浮島丸被害者、BC戦犯等々の人々から提訴されており、それらが「戦後補償」と総称されている。

三・一独立運動についても、この角度から光が当てられるべきものと考える。この裁判で、日本国家は訴訟当事者の立場にあり、本来なら自らの姿勢を正す機会とすることが求められているのであるが、遺憾ながら、政府は、訴えを斥けることに汲々としている。こうした訴訟において争われる論点の中で、主として「国家無答責」の法理と立法不作為の責任というテーマをとりあげ、考察することにしたい[3]。

## II. 「国家無答責」の法理をめぐって

### 1. 法源性への疑問

ここにいう「戦後補償（請求）訴訟」は、先に記したように、旧植民地・占領地などにおける、日本の戦争により被害を受けた個人が補償や謝罪を求めている訴訟を指すが、こうした訴訟の原告たちは二重の意味で時間とのたたかいを余儀なくされている。すなわち、ひとつは、原告である

第15章 三・一独立運動と日本国家の「戦後補償責任」
　　　　――立法不作為違憲国賠訴訟の可能性

戦争被害者の高齢から、早期の解決が不可避であるという事情を指すが、もうひとつは、大日本帝国憲法下の法制度・法原則とされるものを持ち出して正当化しつつ遂行された国策によってもたらされた被害を、半世紀を越える今日において、日本国憲法の下で救済することに立ちはだかる障碍を意味する。

　すなわち、日本政府は、この隘路をいかにして切り拓くかに努力するのではなく、逆に、「時間の壁」に依拠して、除斥期間論や、とりわけ「国家無答責」の法理を持ち出して訴えを排除することに腐心してきた。日本では、民法724条後段について、除斥期間を定めた規定であると解することには強い疑問も出されているが、その点はここでは立ち入らずに、国家無答責の法理の問題を取り上げることとし、まずもって、それが法源性をもたないものであることを論じておきたい。

　すなわち、この法理の根拠規定として通例挙げられるものは、大日本帝国憲法61条（「行政官庁ノ違法処分ニ由リ権利ヲ傷害セラレタリトスルノ訴訟ニシテ別ニ法律ヲ以テ定メタル行政裁判所ノ裁判ニ属スヘキモノハ司法裁判所ニ於テ受理スルノ限ニ在ラス」）および行政裁判所法16条（「行政裁判所ハ損害要償ノ訴訟ヲ受理セス」）である。しかし、前者は、行政裁判所の管轄に属する事件は司法裁判所の管轄から除かれる旨を、また後者は、行政裁判所は損害賠償請求事件を扱わない旨を、それぞれ意味しているにすぎない。とすれば、上記両規定の解釈から導かれるものは、国・地方公共団体に対する損害賠償請求訴訟は司法裁判所の管轄に属する、との結論にほかならない。つまり、国家無答責は、実定法上の法理であるとはいえず、たかだか判例法の水準で語られるものでしかない。

　しかも、すぐれた分析[4]によれば、①国家無答責は、国の説くような、帝国憲法下の自明の法理であるどころか、1890年の時点でその採用が確立した基本的政策でさえなく、当時の歴史的背景・時代状況に影響を受けた一部の立法作業担当者ないし草案起草者らが抱いた立法指針に過ぎず、また、②この一部の起草者らの意図は、立法政策として実定法上完遂されたわけではなく、帝国憲法61条から導かれるとおり、行政裁判所の国家賠償訴訟の管轄を否定したものの、司法裁判所にそれを提起しうるか否かは明文化されず、司法裁判所の司法判断に委ねられていたのであり、そし

て、③帝国憲法下の司法裁判所は、公法上の行為の一部について民法不適用の扱いをしたが、その理由付けや範囲などをめぐって判例は区々の判断を示しつつ変遷・動揺し、全般的にはその範囲が縮減される傾向にあった、とされるのである。

したがって、国家賠償法附則6項の「この法律施行前の行為に基づく損害については、なお従前の例による」との規定は、国側がつねに主張するのとは異なり、国家無答責の法理がそのまま適用されることを意味するものではなく、国家賠償法が存在しない従前の法状態——そこでは、本来、国家賠償請求に民法の適用がありえたのである——で司法裁判所が判断すべし、という趣旨にほかならないことになる。それゆえ、国賠法制定後の裁判例が、「従前の例」とは国家無答責法理であるとの見地に立ってこの法理を追認したのは、同項の解釈を誤ったものであって、日本国憲法が拠って立つ法的正義の理念に反するものとして、判例変更がなされるべきである。そして、変更後の新判例の正当な法的見解は変更前に生じた事実にも遡って適用されるのが当然の理であるから、本件事案にかんしても、国家賠償責任について民法の適用が認められるべきことになるのである。

## 2．ポツダム宣言受諾による完全放棄

ただ、日本の多くの裁判例は、依然として、戦前においては国家無答責法理が判例として確定していたと認定し、それにもとづいて補償請求を斥けている。（なお、この点で、本年〔2003年〕1月15日に京都地裁が出した日本冶金工業大江山鉱山中国人強制連行訴訟の判決は、除斥期間の経過を理由に請求そのものは棄却したが、国家無答責については、その適用を排除する初めての司法判断を示して注目される。その趣旨は、「強制連行・強制労働は旧日本軍による何らの法的根拠もない単なる不法な実力行使であって、権力作用にはあたらず、国家無答責を適用する前提を欠き、国の主張は失当である」というにある。）

仮に、多くの判例のように、国賠法付則6項については、「従前の例」は国家無答責原則を意味するものと解釈するほかないものとすれば、次のように考えなければならないであろう。

すなわち、帝国憲法下では、国家無答責原則は、日本に特殊な前近代的

な形で、つまり、違法行為は公の行為ではないから国家は責任を負わないという西欧一般の理解ではなく、公の行為である以上国家に責任はないとの、まさに立憲政治以前の天皇制官僚思想の露骨な現れであったというほかないという形で判例法上成立しており、それが国家に対する賠償請求の前に立ちはだかっていた、というものである[5]。——筆者も、こうした理解を前提にしたい。

このような日本の国家無答責原則は、帝国憲法体制の崩壊とともに完全に放棄されるべき性質のものであり、そして、その時期は、日本国憲法施行時ではなく、遡ってポツダム宣言受諾の1945年8月14日に求められる。すなわち、同宣言は、日本に対して国民主権主義を採ることを要求したものであり、したがって、これを受諾した瞬間に、帝国憲法の天皇主権は否定されるとともに、国民主権が日本の政治体制の根本原理となったと解さなければならない。その意味において、ポツダム宣言は、日本国憲法の根本規範としての性質をもつといって差し支えない。それによって、利己的・独善的な国家主義は徹底的に排撃され、国は公権力主体としての特権的地位を否定されて、私人と同一の責任を負うに至ったのである。こうして、ポツダム宣言受諾によって、その時点で、国家無答責の原則は崩壊し、本来的に適用可能であったにもかかわらずそれまでこの原則によって封じられていた民法不法行為法の適用が復権したといえる[6]。

それゆえ、同宣言受諾以降も、なおも国家無答責原則を温存した——と読まざるをえないとすれば、そのような——付則6項は、違憲のものと解さなければならないことになろう。

# III. 立法不作為を理由とする国家賠償請求の道

## 1. 最高裁1985年判決による拒絶

日本国は、大日本帝国との間に法人格の連続が認められる限り、民事・行政上の法的な戦争責任を果たさなければならない地位にあり、戦後補償立法をする義務を負っているはずであるが、その義務を懈怠しつづけてきた。そのため、立法をしないでいることの違法を国家賠償請求訴訟によっ

て争う方途が考えられる。実際、日本では、こうした立法不作為を理由とする国賠訴訟が従来よりしばしば提起され、下級審判例と学説は、立法行為（作為・不作為）が内容的に違憲であれば国賠法上の違法が成立する、という論理でもってこの型の訴訟を積極的に受容してきた。

しかしながら、最高裁は、1985年11月21日の第一小法廷判決（民集39巻7号1512頁）において、これを一挙に覆した。すなわち、立法の内容の違憲性と立法行為の国賠法上の違法性とを切り離す二元論的理解を採って、立法行為の適否を国賠訴訟で争う道を、原則として閉ざした。つまり、明白な違憲立法をあえてするがごとき、「容易に想定し難いような例外的な場合」でない限り、こうした国賠請求は成立しない、と判示したのである。そして、それ以降、立法不作為を理由とする国賠訴訟は、きわめて萎縮させられるに至った。

しかし、こうした型の国賠訴訟にかんする、下級審諸判決・多数学説と1985年最高裁判決（以下、85年判決ともいう）との対照的相違をもたらした決定的分岐点は、違法性を二元的に捉えるか否かという法律論それ自体ではなく、その議論の基底をなすものであるところの、事案における権利侵害状況とその救済の必要性および救済手段としての国賠訴訟の意義をどのように評価するかにあった、と考えられる。これにかんしては、最高裁も、実のところ、議員定数の不均衡にかんする1976年の大法廷判決（76年4月14日民集30巻3号223頁）では、定数不均衡を公職選挙法204条の選挙無効訴訟によって争うという、法の本来の趣旨からははずれた便法を認め、その理由として、同条にもとづく訴訟が、現行法上選挙人が選挙の適否を争うことのできる唯一の訴訟であること、および、「およそ国民の基本的権利を侵害する国権行為に対しては、できるだけその是正、救済の途が開かれるべきであるという憲法上の要請」があることを挙げていた。

もし、こうした憲法上の要請に応えようとする姿勢に立ちつづけるのであれば、最高裁は、85年判決の事案でも、立法作用の違憲を理由とする国賠請求の容認へと進むべきだったといわざるをえないのである[7]。

## 2．三・一独立運動についての成立可能性

85年最高裁判決の先例としての価値については、これを限定的に評価

第15章　三・一独立運動と日本国家の「戦後補償責任」
　　　　——立法不作為違憲国賠訴訟の可能性

するのが私見である。三・一独立運動にかんして立法不作為を理由とする国賠訴訟が成立しうる可能性を追究する際にも、同判決にとらわれる必要はないものと考える。その場合、この最高裁判決の後で出された下級審判決の中で、いわゆる関釜訴訟およびハンセン病訴訟のそれぞれ第1審判決に示された論理が、きわめて傾聴に値するものと思われる。

　この点をやや詳述しておきたい。すなわち、85年最高裁判決以降の裁判例は、こぞってこれを引用し、ほぼこれに従うことになったのであるが、反面、85年判決の「例外的な場合」を緩やかに適用することで、あるいは、その射程距離を限定的に解して同判決の拘束を免れることで、立法不作為の違憲を積極的に肯定する判決も登場した。上記の2事例は、その代表的なものである。

　まず、関釜訴訟第1審判決（山口地下関支判1998. 4. 27判時1642号24頁）は、85年判決の「結論部分における『例外的な場合』についてはやや見解を異にし、立法不作為に関する限り、これが日本国憲法秩序の根幹的価値に関わる基本的人権の侵害をもたらしている場合にも、例外的に国家賠償法上の違法をいうことができるものと解する」とした上で、立法不作為が国賠法上違法となるのは、「当該人権侵害の重大性とその救済の高度の必要性が認められる場合であって（その場合に、憲法上の立法義務が生じる。）、しかも、国会が立法の必要性を十分認識し、立法が可能であったにもかかわらず、一定の合理的期間が経過してもなおこれを放置したなどの状況的要件、換言すれば立法課題としての明確性と合理的是正期間の経過とがある場合にも、立法不作為による国家賠償を認めることができる」との判断を示したものである。これは、控訴審によって覆されはしたが、人権の基本的価値とその保障に任ずる裁判所の役割を正面から論じた、憲法感覚に富む判示であるといえる。

　また、ハンセン病訴訟判決（熊本地判2001. 5. 11判時1748号30頁）は、85年判決の論拠は異なった事案には妥当しない、と言い切っている。すなわち、85年判決の事案は「もともと立法裁量にゆだねられているところの国会議員の選挙の投票方法に関するものであり、患者の隔離という他に比類のないような極めて重大な自由の制限を課する新法〔＝らい予防法〕の隔離規定に関する本件とは、全く事案を異にする。〔85年〕判決は、そ

233

の論拠として、議会制民主主義や多数決原理を挙げるが、新法の隔離規定は、少数者であるハンセン病患者の犠牲の下に、多数者である一般国民の利益を擁護しようとするものであり、その適否を多数決原理にゆだねることには、もともと少数者の人権保障を脅かしかねない危険性が内在されているのであって、右論拠は、本件に全く同じように妥当するとはいえない」と、まことに妥当な判示をしたものである。なお、この判決は、国側の控訴断念により確定している。

こうした、基本的には立法内容の違憲性と国賠法上の違法性とを区別する二分論を踏襲しつつも、具体的な適用において最高裁に従わない有力な下級審判決が出されたことは、85年判決が先例として根本的な限界をもつものであることを物語っている[8]。

三・一独立運動への抑圧事件は、まさに憲法上の、人間の尊厳にもとづく重要な基本的人権の侵害が放置され、その司法による救済の高度の必要性が認められるケースである。すなわち、日本国憲法に照らせば、前文が全世界の国民がひとしく有するものとして宣言した、「恐怖と欠乏から免れ、平和のうちに生存する権利」、13条の「個人の尊重」と「生命、自由及び幸福追求の権利」、14条の法的平等、そして31条以下の適正手続、とりわけ刑事手続きの保障、32条の公正な裁判官による裁判を受ける権利など、要するに日本国憲法の拠って立つ基底的原理を直接に具体化している各権利と相容れず、これを救済する立法措置が緊急に求められているのである。

ここには、85年判決のいう、立法不作為が国賠法違反になるのは憲法の特定条項が一義的に国会に立法義務を課している場合に限られる、との要件はあてはまらない。国は、重大な人権侵害を伴う先行行為の結果、これを回復すべき法的作為義務を負っているといわなければならない。加えて、国会は、この補償立法の義務を自らが負っていることを十分認識することができたにもかかわらず、戦後半世紀以上、合理的是正期間を遥かに過ぎてなお、過失により補償立法をなしていないのであるから立法不作為の違憲に陥っている旨、論ずることができよう。

また仮に、85年最高裁判所判決との抵触を避けて、その枠組みを前提にしたとしても、本件は、同判決のいう「例外的な場合」に該るから、立

第15章　三・一独立運動と日本国家の「戦後補償責任」
　　　　——立法不作為違憲国賠訴訟の可能性

法不作為国賠訴訟の成立は可能であろう。本件三・一独立運動抑圧事件では、日本国憲法が、過去の侵略戦争と植民地支配への歴史的反省に立って、帝国日本が世界の人々に与えた苦痛を除くことを戦後国家の立脚点としたことが、補償立法義務の存在を疑問の余地なく明らかにしている。具体的規定としては、前文の「自国のことのみに専念して他国を無視してはならない」ことの宣言と、全世界の国民がひとしく有する平和的生存権の保障、17条および29条3項の国家補償規定、40条の刑事補償の趣旨、さらに、98条2項の、戦後補償を求める国際慣習法の遵守規定等が補償立法を一義的に命じている、と解釈することができるのである。

## IV．むすびに
——2002年平壌宣言と歴史的総括の課題——

　2002年9月17日、平壌において日本国の小泉純一郎首相と朝鮮民主主義人民共和国の金日成国防委員会委員長（朝鮮労働党総書記）との間で、歴史的とされる日朝首脳会談がおこなわれ、国交正常化交渉の再開がとりきめられた。国交正常化の実現のためには、拉致問題を含めて解決されるべき事柄は山積しており、またその後今日までの間に、同宣言をとりまく環境は——遺憾ながら悪化の方向へ——大きく変わったが、本稿との関係で見落とすことができないのは、同宣言の中の次の点である。
　すなわち、「日本側は、過去の植民地支配によって、朝鮮の人々に損害と苦痛を与えたという歴史の事実を謙虚に受け止め、痛切な反省と心からのお詫びの気持ちを表明した。」とし、それにつづけて、日本側は、北朝鮮側に、「無償資金協力、低金利の長期借款供与及び国際機関を通じた人道主義的支援等の経済協力を実施し、また、民間経済活動を支援する見地から国際協力銀行等による融資、信用供与等〔を〕実施」することを約束したのちに、「双方は、国交正常化を実現するにあたっては、1945年8月15日以前に生じた事由に基づく両国及びその国民のすべての財産権を相互に放棄するとの基本原則に従い、国交正常化交渉において具体的に協議することにした。」と述べた文脈がそれである。

第Ⅴ編　日本の植民地支配と「過去の清算」

　植民地支配のもたらした損害と苦痛についての反省と謝罪の意思表明は、当然になされるべき必須事である。しかし、この宣言は、それは諸々の経済援助で補填すればよいとし、国民個人の賠償請求には門戸を閉ざしてしまったかのごとくに読める。これが日朝間の問題を真に解決することになるのか、筆者にははなはだ疑問である。歴史的総括は、1910年の韓国併合に遡って、日本と韓国・北朝鮮との間で時間をかけ、事実にもとづいてなされなければなるまい。経済援助などだけで「解決」をはかることは、過去を封じてしまうものであって、そうであればまた、未来を拓くことにも資さない。とりわけ、両国政府がその「国民の」すべての財産権と請求権まで放棄したことには、国民を顧みることのない国家の姿勢がうかがえる。

　過去に目を塞ぐことなく、歴史に深い分析を加えた上で、人々の新しい関係をつくり出していく努力が、国民＝民衆の側に託されているのである。

【注】
（1）笹川紀勝研究代表の手になる2002年12月4日付企画書による。
（2）2001年7月14日、専修大学で開催された第2回トヨタ財団研究助成による日韓共同学術会議（「三・一独立運動をめぐる裁判例の総合的研究について」）において、筆者は、「三一独立運動犠牲者の日本国家に対する補償請求の可能性——私に可能な研究テーマの模索——」と題する報告をおこなった。それは、「朝鮮女子勤労挺身隊訴訟」（国・三菱重工に対する損害賠償請求訴訟）を参考にしての論点として、①韓国併合の違法・無効、②日本国の植民地支配・運動抑圧の不法行為責任、③立法不作為による国家賠償責任、④行政不作為による国家賠償責任、⑤国際法にもとづく請求、という各論点を挙げ、その上で、三・一独立運動裁判にかかわるその余の論点を摘示したものである。
（3）本稿は、当初は、次のような項目を含めることを予定していた。
　　　はじめに
　　Ⅰ　「戦後補償」訴訟共通の争点
　　　1＊　除斥期間の問題

第15章　三・一独立運動と日本国家の「戦後補償責任」
　　　　　——立法不作為違憲国賠訴訟の可能性

　　　　2　「国家無答責」の法理
　　　　3＊　国際法にもとづく請求
　　　Ⅱ　立法不作為国賠訴訟の道（付、行政不作為）
　　　　1　最高裁85年判決による拒絶
　　　　2　三・一独立運動についての成立可能性
　　　　3＊　行政不作為による国家賠償責任
　　　Ⅲ＊　三・一独立運動「戦後補償」訴訟の特徴点
　　　　1　韓国併合自体の違法・無効
　　　　2　再審への道
　　　むすびに
　　ただ、ここでは、テーマを絞り、＊をつけた項目は扱うことができなかった。それらは、ひきつづく検討課題としたい。
（4）一例であるが、現在名古屋地裁に係属中の「朝鮮女子勤労挺身隊訴訟」において原告側が提出した2000年5月12日付準備書面（七）。同書面は、理論的示唆に富むものである。
　　なお、筆者は、原告である勤労挺身隊とされた人々の側からの需めに応じて、同地裁に、2002年8月15日付で鑑定意見書を提出している（その全文は、南山大学アカデミア人文・社会科学編76号（2003年）393頁以下に所掲）。
（5）今村成和『国家補償法』（法律学全集9、有斐閣・1957年）47頁。
（6）参照、下山瑛二『国家補償法』（現代法学全集13、筑摩書房・1973年）40、45各頁。
（7）詳細については、小林武「立法の不作為に対する国家賠償請求訴訟・続」南山法学6巻2号（1982年）37頁以下への参照を請う。
（8）こうした下級審判決が相次いだ後、最高裁は、2005年9月14日の大法廷判決（民集59巻7号2087頁）において、一般的な判断枠組みは85年判決を踏襲しつつ、「例外」に該る場合にかんして、そこにあった過度の厳格さを緩和した見解を示した。すなわち、「例外」を、立法内容が国民の憲法上の権利を違法に侵害していることが明白であるか、当該権利の行使機会を確保するために必要不可欠であることが明白な立法措置を長期にわたって怠っている場合など、へと大きく緩和させたのである。この点において、最高裁は実質的な判例変更をしたといえる。これにつき、参照、小林武「刑事訴訟法199条1項ただし書の括弧書を改廃しない立法不作為の違憲性——憲法学の観点からの

鑑定意見書」愛知大学法学部・法経論集173号（2007年）21頁以下。

[追記]

　筆者は、2007年12月、かねてからの念願であった、ソウル市内タブコル公園（パゴダ公園）への訪問の機会を得た。三・一独立運動の開始を告げる「独立宣言文」が発せられたこの公園に佇んで、ここから朝鮮全土に拡がった抗日運動が、9条をもつ日本国憲法を生み出すひとつの底流をなしているとの思いをあらたにした。

第16章

# 日本の戦後補償裁判と植民地支配
―― 日本国憲法と植民地主義 ――

内藤　光博

## Ⅰ．序論

### 1．戦後補償裁判と「過去の清算」

　1990年代以降、日本では、いわゆる「戦後補償裁判」が噴出し、大きな法的・政治的問題となっている。戦後補償裁判では、アジア太平洋戦争で被害を受けた韓国・台湾の日本の旧植民地の人々、および中国、フィリッピンなどアジア諸国の軍事占領地域の人々から、日本政府の法的責任が問われ、被害回復と謝罪が求められている。「日本軍慰安婦訴訟」、「強制連行・労働訴訟」に代表されるこれらの裁判では、多岐にわたる解決困難な法的論点が焦点となっている。

　戦後補償裁判は、とくに「日本軍慰安婦問題」にみられるように、国際連合人権委員会でも調査・議論が進められ、いまや国際人権問題（重大な人権侵害）として世界中の注目を集めている。

　これらの戦後補償裁判を通じて、戦争被害者が求めていることは、日本政府の過去の植民地支配と侵略戦争の帰結としての戦争被害に対する個人賠償（補償）と謝罪であるが、その根底にあるものは、日本が明治維新以来の近代化の過程の中でとり続けてきた「植民地主義」と軍事的対外膨張主義（侵略戦争）に対する断罪である。

　こうした戦後補償裁判の噴出は、戦前の日本の「植民地主義」および「武力による侵略主義」に対する責任感と反省の欠如を示すものであると

第Ⅴ編　日本の植民地支配と「過去の清算」

ともに、アジア太平洋戦争に対する「戦後処理」の不充分さを表すものであり、それを放置してきた戦後の日本政府の無責任さを示すものである。

私は、これらの戦後処理問題の根底をなす本質は、日本政府の抑圧・差別・暴力を基礎においた「植民地支配」、それと密接不可分の関係にある「侵略戦争」の開始・遂行・結果に対する「戦争責任論」であると考える。

日本では、90年代以降の戦後補償裁判の噴出とともに、内外の戦争被害者の被害回復（補償）を図ることにより、「植民地支配」と「侵略戦争」に対する「謝罪」と「償い」を実現し、「過去の清算」を行うために「戦後責任」という新たな概念で「戦後補償問題」あるいは「戦後処理問題」をとらえようとする議論がなされている。

こうした議論の背景には、東アジア地域をめぐる次のような平和構想の追究があるように思われる。

現在、東アジア地域には、日本や韓国がアメリカと締結している安保条約に代表されるアメリカの軍事的プレゼンスの問題、台中問題、朝鮮半島の分断問題、核開発問題など、不安定要因が存在するが、東アジア地域の国々の平和的共生のためには、将来的に、東アジアの平和保障の仕組みの構築、さらには「アジア共同体（AU）」の構想が検討されることになろう。その前提をなす条件として、日本の過去の「植民地主義」の清算、その具体化としての戦後処理・戦後補償責任の遂行と謝罪が求められているのである[1]。

## 2．「植民地主義」と東アジア諸国の憲法

「植民地主義」については、日本の植民地支配や軍事侵略を受けたアジア諸国の第2次大戦後の憲法では、これに強く反対する意思を示し、反植民地主義を憲法の基本的原理に据えているものが見られる。

韓国では、1948年の大韓民国憲法制定以来、幾度の改正を経ているものの、一貫して1919年に日本の植民地支配に反対して韓国民衆が蜂起した「3・1独立運動」を国家の基本に据える理念は変えることなく「独立精神を闡明」している[2]。また、1982年の中華人民共和国憲法前文でも「帝国主義、覇権主義および植民地主義に対する反対を堅持し」とうたい、植民地主義への反対と抵抗を憲法の基本に据えている。また、宗主国・侵

略国であった日本でも、1947年制定の日本国憲法前文1項で「日本国民は、……政府の行為によって再び戦争の惨禍が起こることのないやうにすることを決意」すると定めている。ここにいう「戦争の惨禍」とは、日本の歴史的文脈から見た場合、直接的にはアジア太平洋戦争（15年戦争）において、日本政府が国家政策として遂行した植民地支配と侵略戦争により、国内外の人々が被った甚大な戦争被害のことをさすものと言える。

このように東アジア諸国の憲法では、近代化の波の中で、大きな傷跡を残した日本の植民地主義・侵略主義について、侵略・被侵略いずれの立場においても、これを否定することを憲法の中で鮮明に宣言しているのである。この意味で、歴史の所産である憲法の規範内容は、歴史的文脈に即して理解・解釈されなければならないといえる。

本章では、「植民地主義」と「侵略主義」の「所産」である戦後補償問題について、日本国憲法の歴史的規範意味を解明することにより、その解決へ向けての論理を示す。

## II．戦後補償問題と「植民地主義」の本質

### 1．加害と被害の重層性

日本の戦後補償問題は、前述のように、「植民地支配」と「侵略戦争」を背景とする「戦争責任」の問題と不可分の関係にある。

この点について、歴史学者である家永三郎は、日本政府の戦争責任として、①国際的責任としての被侵略国・被占領国の人々に対する責任、②国内的責任としての未曾有の甚大な被害を与えた日本国民に対する責任に分けている[3]。①の国際的責任については、日本軍慰安婦にされたり、強制連行され労働を行うことを強いられるなど、生命・健康・自由を剥奪され、精神を蝕まれた旧植民地・占領地域の人々とその遺族に対する責任であり、戦後補償裁判として、現在多くの訴訟の中で日本政府の法的責任が問われている。②の国内的責任については、戦争により肉体的・精神的・財産的な被害を受け、現在なお被害回復がなされないままに放置されている日本国民の戦争被害者に対する責任である。

これらの日本政府の戦争責任については、同じく歴史学者である荒井信一が、「植民地支配」および「侵略戦争」にまつわる「被害と加害の重層性」[4]という特質を指摘し、「植民地支配」と「侵略戦争」にまつわる「過去の清算」と、内外の被害者に対する個人賠償の両者を含むとしている。

このような戦争責任・戦後補償の問題は、戦後の日本政府に課された「戦後処理」責任の履行問題と言いかえることができよう[5]。

## 2．戦後補償裁判と歴史認識問題

1990年代に入り、日本がこれまで怠ってきた、朝鮮半島や中国をはじめとするアジア諸国の戦争被害者個人により、過去の戦争加害行為についての告発が突きつけられた背景には、1989年の東西冷戦の終結や昭和天皇の死去により、これまで日本が戦後補償を免れてきた国際政治状況の変化と、戦争責任の追及の壁となってきた昭和天皇の存在という国内状況とが除去されたこと[6]、そしてアジア諸国の民主化の流れがあると思う。こうした諸状況の変化のなかで、戦争被害に対する補償請求という形で、癒えることのない戦争被害を受けたアジア諸国の人々が、戦後40年以上にわたり曖昧なままにされてきた日本の戦争責任を厳しく問うてきたものと思われるのである。

戦後補償問題により直接的に問われていることは、もちろん日本の戦争犯罪により被害を受けたアジア諸国の人々に対する日本政府による被害回復（補償ないし賠償）と謝罪である。しかし、それとともに重要なことは、明治以来、日本がとり続けてきた植民地支配および侵略戦争に対する日本の歴史的責任である。つまり、根本的に突きつけられている問題は、日本の植民地支配およびアジア太平洋戦争をどのように考えるかという「歴史認識」の問題なのである[7]。2001年の「新しい歴史教科書を作る会」により公刊された『新しい歴史教科書』の文部科学省による容認（検定合格）や、同年8月の小泉純一郎元首相による靖国神社公式参拝問題などにより、日本政府の「歴史認識」問題が内外から厳しく批判されたが、このことは、日本の誤った「歴史認識」がアジア諸国との間の最大の問題であることを物語っている。

## 3．戦後補償問題にとどまらない日本の「戦後処理」

しかしながら、日本の戦後処理の不履行は、戦後補償問題だけにあるのではない。筆者は、つぎの2つの問題もまた、日本の戦争責任・戦後処理問題であると考えている。

第1は、「在日韓国・朝鮮人の人権」問題である。日本の憲法学では、近年まで、「外国人の人権の享有主体性」の問題として、外国人一般の人権保障問題として理論的に扱われており、現在では、人権の性質に応じて外国人にも可能な限り日本国憲法が規定している基本的人権を保障すべきとする「権利性質説」が通説・判例の見解である。しかし、日本国憲法制定当時、外国人の人権保障問題は、日本国内に定住し、1945年8月の日本の敗戦および1952年4月のサンフランシスコ講和条約の発効をもって「日本国籍」を喪失した韓国・朝鮮の人々や、日本の侵略にともなって日本に定住していた中国人の人たちを、どのように憲法上位置づけるかという問題、あるいは日本政府の外国人管理政策という問題と深く関連するものであったと考えられる[8]。したがって、外国人の人権保障問題は、歴史的には日本の植民地支配や侵略戦争の結果、日本に居住することを余儀なくされた朝鮮半島の人々や中国人の人々の処遇問題であり、まさに日本の戦後処理問題そのものであったと考えられるのである。

そして近年の憲法学説では、このような歴史的背景を重視し、その生活実態に着目して、日本国籍をもたないが「永年にわたり日本で生活し、あるいは日本で生まれ育ち、日本に生活の本拠を置く外国人」を「定住外国人」という歴史的カテゴリーでとらえ、日本国籍保有の有無にかかわらず、参政権を含めたすべての人権を保障すべきであるという学説が、有力に説かれるに至っている[9]。筆者も、外国人の人権保障問題を、日本政府の戦後処理の履行問題としてとらえるとともに、基本的人権がもつ固有性・普遍性・不可侵性の性質から考え、この見解に賛成である。

第2の問題は、朝鮮半島における南北分断の問題である。民族の分断という朝鮮半島の人々の悲劇は、1910年の韓国併合にはじまる帝国日本の植民地支配の結末である。その意味で、日本政府は、南北分断に重い「歴史的責任」をもっているというべきである。したがって、日本政府は朝鮮半島の平和的統一に向けて、政治的努力を行う責務があると考える。

# Ⅲ．日本の戦後補償裁判の現状と問題点

## 1．「究極的人権侵害」としての侵略戦争・植民地主義

　戦後補償裁判における戦争被害の類型と被害回復請求の内容は多岐にわたるが、非人道的行為や虐待行為による生命の剥奪、身体や精神に対する侵害行為、および財産に対する侵害行為に対する賠償請求と謝罪要求に集約される。このことから「戦争及び武力による植民地支配は究極の人権侵害行為[10]」であるということがわかる。これらの具体的被害の実態は、以下の表のようにまとめることができる。

| |
|---|
| **生命・身体・精神に対する侵害と「人間としての尊厳」の蹂躙** |
| 　直接的には、被害者は、生命を奪われ、身体および精神に障害を負い、人間としての尊厳が踏みにじられた。多くの被害者は戦後も引き続き、身体障害や精神障害に悩まされている。 |
| **生存の基盤の消失** |
| 戦争は、生存の基盤を消失させた。<br>　(a)　財産の破壊・消失<br>　　　戦争は、被害者の生存の基礎である家屋をはじめとする財産を破壊・消失させ、生活の基盤を奪った。<br>　(b)　家族の死<br>　　　戦争は、人々から家族を奪った。とくに親を失った子どもたちは、戦災孤児となり、生存の基礎や教育を受ける機会を奪われた。<br>　(c)　街の消失<br>　　　戦争は、街を破壊した。このことは生存を確保する上で不可欠な共同体（コミュニティ）の崩壊を意味する。 |
| **被害の継続** |
| 戦前の日本帝国政府により引き起こされた戦争政策に基づく結果である戦争被害は、戦後も日本政府により権利回復が図られず放置され続けたことにより、身体的・物的被害と精神的苦痛が継続しているのみならず、人間の尊厳が踏みにじられ続けている。 |

## 2．立ちはだかる「法の壁」

　以上のように、植民地支配・侵略戦争による被害は多岐にわたるが、被

害回復のための戦後補償裁判には、次のような日本の法制度上の壁が立ちはだかり、多くの訴訟では、被害者側が敗訴している。
　①国籍条項
　わが国の戦争に関わる補償立法のほとんどには、「国籍条項」がもうけられており、補償金の受給資格を日本国籍の保有者に限っている。
　②国家無答責
　国家賠償法は、日本国憲法17条に基づき戦後制定されたものであり、遡及されないと考えられており、かつ戦前は国家の権力的行為については「国家無答責」の原則が通説・判例上確立されていたとされ、国家の責任は追及できないとされている。
　③時間の壁
　日本の民法724条は、除斥期間をもうけ、20年を経過すれば賠償請求が消滅するとされている。
　④国際法上の個人請求権
　現在の国際法では、国家に対する個人の請求権を認めていない。
　⑤戦後補償立法の不存在
　すべての戦争被害者に補償を認める「戦後補償立法」が存在しないことにより、補償請求への道が閉ざされている。
　⑥請求権放棄問題
　中国の被害者救済に関する訴訟上の問題として、1972年の「日中共同声明」における、請求権放棄条項の解釈をめぐる問題がある。同声明5項は「中華人民共和国政府は、中日両国国民の友好のために、日本国に対する戦争賠償の請求を放棄することを宣言する」と規定しているが、日本政府は、中国国民の請求権の放棄を意味すると解している。

## 3．戦後補償裁判で被害回復が図られた事例

　しかしながら、ごく少数ではあるが、日本の下級審判決において、日本政府および戦争に加担した企業の戦争責任を前提とし、戦争被害者への被害回復を認めたものがある。次に、下級審の2つの判例と和解について、原告の主張と判例の論理を見てみたい。

①慰安婦問題を「根源的な人権侵害」とした「関釜裁判」山口地裁下関支部判決

第1に、「日本軍慰安婦問題」を「根源的人権侵害」と認定した1998年の「関釜裁判」山口地方裁判所下関支部判決があげられる。

1998年に、韓国人元慰安婦らは、アジア太平洋戦争中、日本政府および日本軍が行った「従軍慰安婦」の制度について、日本政府に対し、つぎのような請求を求めて提訴に及んだ。

1）1943年のカイロ宣言、1945年のポツダム宣言、日本国憲法前文（平和的生存権）及び9条は、日本政府に対し、侵略戦争と植民地支配の被害者に対する謝罪と賠償を具体的内容とする「道義的国家たるべき義務」を負わせており、国家賠償法1条1項、民法723条の類推適用により、国会及び国連総会における「公式謝罪」および損害賠償（「慰安婦」については各1億円）の支払いを求める。

2）日本国憲法前文、9条、14条、17条、29条1項及び3項、40条及び98条2項の各規定を総合すると、同憲法は、被告国会議員らに対し、帝国日本による侵略戦争と植民地支配により被害を被った個人への戦後賠償と補償を行う立法を制定すべき義務を課していることは明確である。それにもかかわらず、戦後50年を経た今日に至るまで、このような立法をしないまま放置したことにつき過失がある上、右立法をなすべき合理的期間も充分経過しているのであるから、国家賠償法1条1項に基づき「立法不作為」による国家賠償の支払いと、民法723条の適用による「公式謝罪」を求める。

これに対して、1998年4月27日、山口地裁下関支部は、つぎのような判決を下した[11]。

第1に、日本軍慰安婦問題を歴史的事実として認め、「慰安婦」制度は「女性差別・民族差別思想の現れ」であるとともに、個人としての人格を踏みにじり、性的自由を奪った点で、まさに「根源的人権侵害」であった。

第2に、国の立法不作為に基づく違憲確認という手法を用い、国家賠償法に基づく過失責任を認定した。すなわち、1993年8月4日に河野洋平・内閣官房長官（当時）が行った、日本軍慰安婦の歴史的事実としての

認定と謝罪を内容とする「談話」以降、日本政府には補償立法を制定する義務が生じた、その準備期間としての合理的期間は少なくとも3年間であったが日本政府はそれを怠った、その義務を履行しなかったことに基づく精神的損害として原告に30万円の損害賠償を命ずる、とするものであった。

　日本軍慰安婦問題につき、裁判所が被害回復を図った唯一の判決として、画期的な判決であり、高く評価できる(12)。

②強制連行・労働事件に被害者救済を求めた「花岡事件」東京高裁和解

　中国人の強制連行・強制労働をめぐる、いわゆる「花岡訴訟」では、被害者らが鹿島建設（当時の「鹿島組」）を相手取り、強制連行・労働にともない虐待を受け、肉体的・精神的損害を被ったとして、不法行為および安全配慮義務不履行に基づく損害賠償として、ひとりあたり550万円、計6050万円を求めて、東京地方裁判所に提訴するに至った。

　第1審の東京地裁は、1997年12月10日、除斥期間の経過を理由に、事実審理も行わず、原告敗訴としたが(13)、控訴審である東京高裁では、2000年11月29日に、裁判所の「職権和解」により、つぎのような和解が成立した。

1）鹿島建設は、5億円の出資をし、信託法に基づき信託による基金を設立して、鹿島組による強制連行・強制労働により被害を受けた全被害者（986名）に補償ないし賠償を行う。
2）信託の受託者は、これまで中国の戦争被害者の救援にあたってきた「中国紅十字会」とする。
3）紅十字会は、信託金を「花岡平和友好基金」として管理し、適正な運用のために、「運営委員会」を設置する。基金は、日中友好の観点にたち、受難者に対する慰霊や追悼、受難者とその遺族の自立や介護、そして子弟育英などの資金に充てる。
4）和解は、花岡事件についてすべての懸案の解決を図るものであり、受難者とその遺族がすべて解決したことを確認し、今後国内はもとより他の国、地域での一切の請求権を放棄する。

　この和解は、いわば花岡事件の「全体解決」を図るものといえる。通常

の民事裁判における和解では（判決の場合もそうであるが）、その効力が訴訟当事者に限定されることを考えると、信託方式を用いた和解による補償ないし賠償は、訴訟に加わっていない全被害者に補償を行うことを可能にする画期的な司法的解決の方法であり、今後の戦後補償裁判のあり方や戦後補償立法の議論にも大きな影響を与えるものと考えられる[14]。

## IV. 日本国憲法の「平和主義」の原理と「植民地主義」の清算

### 1.「戦後責任論」と戦後補償問題

これまで日本が戦後補償問題をかえりみなかったことの背景には、前述のように、国際的・国内的諸要因があったほか、「教科書問題」に代表されるように、過去の歴史を消し去ったり歪曲しようとしたり、植民地支配や侵略戦争を正当化しようとする「歴史修正主義」の主張があったことも事実である[15]。こうした立場は、一部のナショナリストたちから、戦後一貫して主張されてきたし、日本政府の立場も基本的にはこれにかなり近いものであった。こうした諸状況は、日本人のみがアジア太平洋戦争の被害者である、あるいはアジア太平洋戦争は欧米からのアジアの植民地解放という「聖戦」であったという、歪んだ歴史認識を生み出し、旧植民地および占領地の戦争被害者の被害実態およびそれに対する責任を、わが国自らが主体的に取り組んでこなかったことも、戦後補償問題を無視ないし等閑視してきた原因となっているものと思われる。

他方で、戦後日本の憲法学においても、平和主義の理論構成に関わり、非戦非武装の原理や平和的生存権の確立という理論的探求や平和運動への寄与という点で、大きな成果をもたらしたものの、戦後補償に対する主体的な取り組みはなされてこなかった[16]。

この問題について、1980年代から、「戦争責任」に関する議論とともに、「戦後責任」という、新たな思考枠組みが提起されている。この「戦後責任」という考え方について、提唱者のひとりである国際法学者の大沼保昭は、「戦争責任論」自身が、戦後日本の行動様式を枠づけ、方向づけ、充

第16章　日本の戦後補償裁判と植民地支配——日本国憲法と植民地主義

足するという意味での戦後日本の思想たりえなかったとした上で、つぎのように述べている[17]。

　　他のアジア諸民族に対する社会一般の意識という観点からみるなら、日本は戦争中も、戦後も変っていない。私たちにとって、他のアジアの民族は、私たちがヨーロッパ、アメリカと肩を並べる地位にのし上がるための手段であり、自分たちはアジアの中で「別格」であるという優越意識を確認するための存在でしかなかった。……右のような発想＝脱亜入欧信仰が日本社会を支配している限り、同じくそのような発想にたつ台湾・朝鮮支配や十五年戦争にかかわる諸問題が真に解決されることはない。「戦争」はたしかに一九四五年八月一五日に終ったが、その戦争をもたらしたものは、八・一五をもってしても終っていない。そうした「戦争をもたらしたもの」＝脱亜入欧信仰にもとづく「欧米に追いつき追いこせ」運動の解体は、こうした「戦後」に残された仕事であり、課題なのである。逆に、未決の「戦後処理」問題にひとつひとつ取り組んでいくことは、明治以来の脱亜入欧信仰から私たちが解放されることである。……「戦後責任」とは、そのような自由、そのような解放を目指す考え方にほかならない。

　さらに戦後補償問題を、この「戦後責任」論から捉えなおそうとする議論が打ち出された。この考え方によれば、「戦争責任」が「戦争指導者への断罪の論理として刑事裁判的な、一回限りの決着の機能を果たしたのに対し、これによってカバーできなかったアジアの被害者の原状回復を重視し、日本とアジアとの関係を見つめ直そうとする視点から生まれたのが、戦後責任という言葉である[18]」とする。
　現在日本の人口の過半数は戦後生れの「戦争体験のない世代」となっている。そうであるとすれば、こうした戦後世代が直接的に関わらないが、曖昧なままにされてきた戦争責任と戦後補償の問題、つまり過去の「植民地支配」と「侵略戦争」に対する「謝罪」と「償い＝補償」の問題は、こうした「戦後責任」という視点から、「現代の問題」として新たに捉え直す必要があると考える。私は、こうした「戦後責任」の視点から、戦後補

償の憲法学的な理論構成が行われる必要があると思う。

## 2．憲法の歴史的解釈と「過去の克服」

　ドイツの法学者であるベルンハルト・シュリンクによると、「法による過去の克服」は可能であるが、「法は想起および忘却による過去の克服のために備えている道具性」を有するとしている[19]。つまり、法は、「過去の忘却」により、あるいは「過去の想起」により、過去の克服を果たすものとして機能するというのである。
　私見によれば、法というものは、本来、過去の過ちや不都合を「想起」し、その是正を行い、あるべき社会の未来像を提示しているものであと考える。
　憲法もまた歴史の所産であり、その歴史的意味について、歴史が進むなかで常に検証される必要がある。戦後60年を経ようとしている今日、東京裁判では裁かれることのなかった植民地支配および侵略戦争における非人道的・反人権的行為（人道に対する罪）が明らかになるにしたがい、日本の戦争責任の不充分さと、戦後補償問題に対する日本の憲法学の視点の欠落が明瞭になった。
　日本は敗戦により、明治憲法から日本国憲法に改正されるに際して、当然こうした歴史的誤りを克服し、世界平和を築くことが、その最大の課題とされたはずであった。このことは、日本国憲法前文が「人類普遍の原理」としての民主主義および自由の価値をうたい、そして何よりも9条とともに平和の達成に最大の価値をおいている点に明瞭に表れている。そして同時に、前文は、特殊日本的な歴史的問題状況を克服し、理想とすべき未来像を提示しているものと考えられるのである。

## 3．憲法前文の歴史的規範意味と平和的生存権

　以上のような視点から、日本国憲法の制定に至る歴史的過程をみると、つぎのような理解が可能であろう[20]。日本国憲法前文は、直接的にはポツダム宣言の趣旨にしたがって制定されている。戦後責任の視点からいえば、ポツダム宣言の受諾によりわが国は、カイロ宣言の内容を履行する義務を負うと同時に、戦争犯罪人の厳重処罰（戦争責任の追及）を受け入れ

## 第16章　日本の戦後補償裁判と植民地支配――日本国憲法と植民地主義

たのである。さらにカイロ宣言は「日本の侵略行為によって獲得した領土についての原状回復」と「朝鮮人民の奴隷状態からの解放」を求めており、具体的に植民地の原状回復と植民地の人々の人身の解放を日本に義務づけたのである。

　日本国憲法前文は、こうした日本の戦争責任と平和な国際社会の構築の責務を明瞭にしたものであるといえる。このことはとくに、日本国民は「政府の行為によって再び戦争の惨禍が起こることのないように決意し」（第1項）、「専制と隷従、圧迫と偏狭を地上から永遠に除去しようと努めている国際社会において、名誉ある地位を占めたいと思ふ」、「全世界の国民が、ひとしく恐怖と欠乏から免かれ、平和のうちに生存する権利を有することを確認する」（第2項）としている点に明瞭にあらわれている。こうした前文の規範内容は、わが国がもたらした過去の「戦争の惨禍」、すなわち植民地支配による強圧政治やカイロ宣言にいう「朝鮮人民の奴隷状態」をはじめ、中国（台湾）その他のアジアの人々に対する奴隷的強制や専制的支配により、多くの人々の生命を奪い、身体を傷つけ、財産を奪い、多大な精神的苦痛をもたらしたことへの反省の上に立ち、犠牲者への謝罪と補償を当然行うべきこと、すなわち「戦後補償の遂行義務」を要請しているとみるべきである。

　私は、こうした日本国憲法前文制定の背景を成している歴史認識を、「平和憲法史観」と呼んでいる[21]。

　日本国憲法前文が要請していることは、こうした「戦争の惨禍」がもたらした個人に対する人権侵害（国際法違反行為を含む）に対し、賠償（補償）と謝罪を誠実に行うことであり、国会は日本国憲法前文にもとづき、戦後補償立法の責務を負っているものというべきである。

　植民地支配および戦争被害者に対する被害回復の根拠となるのは、憲法前文が規定している「全世界の国民」の有する「平和のうちに生存する権利」、すなわち「平和的生存権」である。

　平和的生存権については、人権といえるほど明確な内容を持っているかどうかという点で、日本の憲法学の通説および判例では否定的な見解が出されている。その理由は、「平和」という文言自体が抽象的であり、何をもって「平和的生存」であるかが明らかではないので、平和的生存権の権

利の内容も明らかにされえないというものである。

　これに対し、有力な憲法学説では、日本国憲法前文の「全世界の国民が、平和のうちに生存する権利を有することを確認する」（第3項）という文言を基礎に、憲法9条、個人の尊重を規定する13条を媒介としつつ、「平和的生存」の内容は明らかであり、具体的権利であるとする見解が有力に唱えられている[22]。すなわち、日本国憲法における平和主義にいう「平和」とは、「あらゆる戦争の放棄と、あらゆる戦力を保持しないこと」をその具体的内容とするのであるから、平和的生存権とは、「戦争や軍隊が一切ない、あるいはそれらによる拘束や強制が一切ない状態で平和に生存し、生活しうる権利」と定義できるとするのである。

　また、平和的生存権の裁判規範としての具体的権利性を認めた近年の判例として、2008年4月17日に下された、いわゆる「自衛隊イラク派遣違憲訴訟」名古屋高裁判決[23]がある。同判決では、「平和的生存権は、すべての基本的人権の基礎にあってその享有を可能ならしめる基底的権利である。憲法前文が『平和のうちに生存する権利』を明言しているうえに、憲法9条が国の行為の側から客観的制度として戦争放棄や戦力不保持を規定し、さらに、人格権を規定する憲法13条をはじめ、憲法第3章が個別的な基本的人権を規定していることからすれば、平和的生存権は、憲法上の法的な権利として認められるべきである」として、直接的に平和的生存権の具体的権利性を認めた。

　私は、こうした学説・判例の見解を支持しつつも、さらに、平和的生存権については、前述の憲法前文の歴史的規範解釈を通じて、植民地支配・侵略戦争の反省の上に立ち、日本政府には、戦後処理・戦後戦後補償責任が課されているとする私見から、戦後の日本国憲法下でも、戦前の日本の戦争政策に起因する戦争被害をうけたすべての人々が、政府の政策に基づく戦争の帰結により被った生存を確保する権利の回復要求権を含むものと理解する。

　したがって、私は、平和的生存権に基づき、国内外のすべての一般市民の戦争被害者に対する被害回復措置を講ずる責任が、日本政府に課されているものと考える[24]。

## V．結論
―― 「植民地主義」の克服による真の和解と
東アジアの平和・共生に向けて――

　日本政府は、「戦後責任」の視点より、日本国憲法前文の歴史的規範的意味を考慮した上で、すべての戦後補償問題をカバーし、相当なる賠償（補償）の支払いと謝罪を行うことを内容とする包括的な「戦後補償法」を制定する義務を負っていると考えるべきである。被害者らはすでに高齢であり、まさに時間との闘いとなっている。また裁判所も、「憲法の番人」として、これまで述べてきた趣旨に添った司法積極主義に立った判断をすべきである。

　しかし、「戦後責任」の視点からみた戦後補償問題の解決は、それだけにはとどまらない。戦後補償問題が提起している問題の核心は、植民地支配および戦争というものが、人々の生命を奪い、身体を傷つけ、財産を奪い、家族や地域共同体を崩壊させ、民族や女性への差別や迫害を露骨に引き起こす、「究極的な人権侵害行為である」ことに対する文明史的断罪である。日本国憲法の平和主義は、こうした戦争や植民地支配の否定をその基礎におき、憲法前文は、全世界の国民が平和に生きる権利（平和的生存権、平和権）を保障している。「平和の保障は、現代における自由と安全の第一条件であり、その意味で平和権は、他のあらゆる人権とセットになって常に実現されなければならない[25]」権利であるといえる。

　このように考えると、戦後補償問題の解決のためには、金銭的賠償や謝罪だけではなく、人権侵害行為としての戦争の徹底的な否定と、過去の誤りの検証、戦争被害者のあらゆる面でのケア、そして将来同じ過ちを繰り返さないための手段を構築する必要があるといえよう。

　より具体的には、日本政府は、すべての戦争被害についての実態を可及的速やかに調査し公表すること、すべての被害者の肉体的・精神的障害に対するリハビリテーションの措置を講ずることが第一に要請されよう。さらに、後世に向けての「平和教育」、とりわけ歴史教育および憲法教育のなかで、過去の植民地支配および侵略戦争による加害行為と責任を明確に

し、再びこのような過ちを起こすべきでないことを法的・政治的・倫理的規範として教えること、が必要とされる。

こうした「過去を想起」し、「戦後責任」の思想を基礎にした戦後補償問題の解決のあり方こそが、植民地支配や侵略戦争といった「歴史的過ちの克服」であると同時に、アジア諸国との「真の和解」をもたらし、信頼関係を築き上げることにつながり、将来のアジアの平和保障システムの構築のための基本条件となるであろう。最後に、再びベルンハルト・シュリンクの言葉を引用して[26]、結びとしたい。

想起することは救済の奥義から和解の奥義になった。和解は生き延びた犠牲者や犠牲者の親族による赦しを前提とし、赦しは行為者とともに罪に巻き込まれた者たちがその罪を認め、赦されるチャンスにも断罪されるリスクにも身をさらけだすことを前提とする。それは社会的原状回復でもある。

【注】
(1) 本稿に関連する拙文として、「立法不作為に基づく違憲訴訟に関する一考察——戦後補償裁判における国家賠償責任の可能性」専修法学論集92号（2004年11月号）、「憲法訴訟としての戦後補償裁判」国際人権15号（国際人権法学会2004年報、信山社、2004年11月）、『東北アジアの法と政治』（古川純との共編、専修大学出版局、2005年）第2章「戦後補償裁判と日本国憲法」、「戦後処理問題と憲法学の課題——戦後補償問題を中心に」全国憲法研究会編『憲法問題17』（三省堂、2007年5月）、「戦後処理・戦後褒章問題と平和主義」浦田一郎・清水雅彦・三輪隆（編）『平和と憲法の現在——軍事によらない平和の探求』（西田書店、2009年）200頁以下、を参照願いたい。
(2) 金哲洙『改訂版・新稿憲法學新論』（博英社、ソウル、1992年）55頁。
(3) 家永三郎『戦争責任』（岩波書店、1985年、その後岩波現代文庫〈2002年〉に所収）「第三章　日本国家の戦争責任はどのような点にあるか」参照。
(4) 荒井信一『戦争責任論——現代からの問い』（岩波書店、1995年）251頁以下参照。
(5) このように戦後補償・戦後処理問題は、旧植民地の人々や軍事占領地域の

第16章　日本の戦後補償裁判と植民地支配——日本国憲法と植民地主義

人々だけの問題ではなく、日本人の戦争被災者の被害回復をも含んでいる。例えば、1957年に提訴がなされたアメリカの原爆投下の国際法違反確認と日本政府が被害救済を怠ったことに対する国賠訴訟（原爆訴訟）、2000年代に相次いで提起された中国残留孤児国賠訴訟や中国残留婦人国賠訴訟がある。また2007年3月には東京大空襲国賠訴訟が、2008年3月には大阪大空襲国賠訴訟が提訴されている。これらについては、紙数の関係で言及できないが、本章で展開する憲法論に基づく被害回復措置が妥当する。中国残留孤児・残留婦人訴訟については、拙稿「戦後処理問題としての中国残留孤児訴訟——憲法学の視点より」法と民主主義413号（2006年）11月号、13頁以下、同「中国残留婦人国賠訴訟における立法不作為違憲論」専修法学論集99号（2007年3月）57頁以下また東京大空襲国賠訴訟については、同「空襲被災と憲法的補償——東京大空襲訴訟における被災者救済の憲法論」専修法学論集106号（2009年7月）1頁以下参照。

(6)　しかし、昭和天皇の死により、昭和天皇の戦争責任が消滅したわけでは決してない。サンフランシスコ講和条約には天皇の戦争責任についての言及がなく、東京裁判でもアメリカの対日占領政策および東西冷戦の影響という政治的理由から、検察官が訴追しなかっただけであり、「天皇の戦争責任の問題は、法的にも現在にいたるまで未決着のまま残されているということができ」、「むしろ天皇の死去前後に、昭和天皇の戦争責任があらためて噴出したのは、この問題が未決の課題として残されていたためであった。」（荒井信一・前掲『戦争責任論』152頁。）

(7)　日本の戦争責任の全体像を、史実と理論の両面から体系化した研究書として、すでに引用している家永三郎・前掲『戦争責任』、荒井信一・前掲『戦争責任論』が有益である。

(8)　この点につき、古川純「外国人の人権」同『日本国憲法の基本原理』（学陽書房、1993年）56頁参照。

(9)　たとえば、浦部法穂『全訂・憲法学教室』（日本評論社、2000年）58－61頁参照。

(10)　拙稿「『従軍慰安婦』問題と平和憲法の原理——関釜裁判一審（山口地裁下関支部）判決をめぐって」専修大学法学研究所紀要25『公法の諸問題Ⅴ』（2000年3月）161頁。

(11)　山口地方裁判所下関支部1998年4月27日判決、判例時報1642号24頁。

(12) 関釜事件の内容と意義について、拙稿・前掲「『従軍慰安婦』問題と平和憲法の原理」113－163頁参照。
(13) 東京地方裁判所1997年12月10日判決、判例タイムズ988号250頁。
(14) 花岡事件訴訟和解についての経緯と法的意義については、新美隆「花岡事件和解の経緯と意義」季刊戦争責任31号（2001年春季号）、専修大学社会科学研究所月報459号（2001年9月20日）の特集「花岡事件訴訟和解の歴史的・法的意義」に掲載の論文、石村修「花岡事件の周辺」、新美隆「花岡事件和解研究のために」（同『国家の責任と人権——軍隊規律論・安全配慮義務の法理』結書房、2006年、所収）、拙稿「戦後補償裁判における花岡事件訴訟和解の意義」等を参照。

　なお、2009年10月23日、いわゆる「西松建設中国人強制連行・強制労働事件」に関し、西松建設と中国人被害者との間で、西松建設が、①強制連行・強制労働の事実を認め、その歴史的責任を認識し、深甚なる謝罪をなし、②後世の歴史教育のため記念碑を建立すること、③受難者に対する補償、慰霊、記念碑建立等のために和解金として2億5000万円を支払うとする和解が成立したことが注目される。この和解は、2007年4月27日最高裁第二小法廷判決（民集61巻3号1188頁）が、西松建設の法的責任を否定しつつも「上告人を含む関係者において、本件被害者らの被害の救済に向けた努力をすることが期待される」との指摘に応えたものである。

(15) 現代日本の歴史修正主義とその批判については、さしあたり高橋哲哉『歴史／修正主義』（岩波書店、2001年）、山田朗『歴史修正主義克服——歪められた"戦争論"を問う』（高文研、2001年）参照。
(16) しかし90年代以降、憲法学者による戦後補償問題についての主体的取り組みがなされてきている。代表的な文献を挙げておく。古川純「憲法と戦後補償——個人補償の実現を求めて」『専修大学法学研究所紀要20・公法の諸問題』（専修大学法学研究所、1995年）54－55頁、石村修「戦争犯罪と戦後補償——戦争犠牲者への補償」全国憲法研究会編『憲法問題10号』（三省堂、1999年）132－133頁、同「戦後補償の実現に向けて」山内敏弘編『日米新ガイドラインと周辺事態法』（法律文化社、1999年）226頁。
(17) 大沼保昭『東京裁判から戦後責任の思想へ　第4版』（東信堂、1997年）210－211頁。
(18) 高木健一『戦後補償の論理』（れんが書房新社、1994年）53頁。

(19) ベルンハルト・シュリンク（岩淵達治・藤倉孚子・中村昌子・岩井智子訳）『過去の責任と現在の責任――ドイツの場合』（岩波書店、2005年）67頁以下。
(20) 詳しくは、拙著・前掲『東北アジアの法と政治』43頁以下参照。
(21) 拙著・前掲『東北アジアの法と政治』27頁、同「戦後処理問題と憲法学の課題」57頁。
(22) 山内敏弘『平和憲法の論理』（日本評論社、1992年）245－281頁。
(23) 名古屋高等裁判所平成20年4月17日判決、判例集未掲載。
(24) 拙稿・前掲「空襲被災と憲法的補償――東京大空襲訴訟における被災者救済の憲法論」44頁。
(25) 小林直樹『現代基本権の展開』（岩波書店、1976年）72頁。
(26) シュリンク・前掲『過去の責任と現在の責任』78頁。

第17章

# 「東アジア共同体」構想
―― 幻想か現実か ――

石村　修

## Ⅰ．出発点

　「東アジア共同体」構想が、日本国でもさまざまなレベルでかなりポピュラーに語られるようになった。財界・政治家から、学者レベルで語られる個別の議論が、統合されるようになり、意識的な政策論・戦略論を経て、やがて実現に向けたシナリオが提示されるようになり、これをマスコミも意欲的に追いかけるようになってきている。おびただしい数のシンポジウム開催とその成果である啓蒙的な出版物は、本来、その具体化から恩恵をうけるであろう、「アジア市民」（We Asian）にどのように受け止められることになるのであろうか[1]。しかし、こうした構想への一般の人々の理解度は、まだ高くはなってはいないと思われる。上から示される共同体構想に、他の空間とは比べようがなく膨張し続ける人口過密地帯の人々はどのように対応することになるのであろうか。その日の生活を保障してくれるものに関心を集約している多くの者にとって、国家も共同体も関係ないことであるかもしれない。しかし、「グローバリゼーション」という21世紀の「妖怪」がアジアにも色濃く現れている国際環境を前にして、この共同体はすでに存在していると認識すべきなのであろうか、それともさらなる意欲的な共同作業を通じてアジアの人々の「コンセンサス」をえることが必要なのであろうか[2]。さらに、それはいかなる利益をこの地で生活を営む人々に与えてくれることになるのであろうか。
　ことはアジアの一部であったとしても、この空間の統一に関しては課題

が大きすぎることははっきりしている。論者によって、さらに、各国によって、東アジアという空間に求める利益はさまざまであり、それが障害となって、結局は、幻想のままに終わってしまう可能性が十分にある。ヨーロッパ共同体が、国境の壁を突き崩し、さらに東へと進行している様子を横目で見つめながら、それでもその現象はあくまでもヨーロッパでの事例とし、アジアの国々は全く共同体形成に馴染まないところであると諦観することになる。本書が扱うテーマの内容からすれば、「共同体論」を語る前に、かつての「植民地支配」への総括をまず行わなければならないはずである。つまり、別の形を借りた「新植民地主義」という形態が表われている現状を認識した上で、構想される「共同体論」がかつての植民地主義の形を変えた繰り返しになってはならないことの確認が必要である。この地の歴史を簡単に辿れば、中国を中心にした「冊封体制」があり、ヨーロッパ諸国によるアジアの地への「共有、行政占領、租借、割譲」に名を借りた「植民地支配」があり、これに近代化を形式的に実現した日本国が加わった、アジア内の侵略の歴史があった[3]。国際法に基づく戦争とその後の冷戦の継続は、ヨーロッパとは別の型式で続いてきたアジアの特性であった。ヨーロッパで早くから「共同体」が構想できたこととは明確に異なって、国家間の確執とヘゲモニー争いが継続してきた（いる）状態のアジアにあって、「共同体」を形成すべき共通の価値をもてなかったこと、これが最大の悲しむべき障壁となってきている。このアジアに特有の問題について少し言及することから、本稿は進めることとしたい。

　議論の出発点として、話を明治維新にまで遡ることが必要であろう。思想的に、勝海舟や福沢諭吉が早くもこの時期にあって、中国・日本・朝鮮との連合国を構想していたことにわれわれは注目しないわけにはいかない。とくに、勝がこの時点で、いかなる覇権もこの地では認めないという趣旨でこの議論を展開していたことの先見力を認めることが必要である[4]。この構想が実現していたならば、今次の戦争も回避できたのかもしれない。しかし、彼らの意欲は、日本の西洋に対する脅威論によって、直ちに逆方向の「脱亜論」へと舵取りをすることになった。産業資本を上から育成する「富国強兵政策」を推し進め、国際法のルールに従った、偽の法治国家を形成し、そこで海外進出を正当化することとなった。明治維新から日

第17章　「東アジア共同体」構想──幻想か現実か

清・日露戦争を経ることで、猛烈な勢いで経過していったアジアの支配者になろうとするプロセスの中には、日本を中心にした特殊なアジア論が育成されていた。頭山満、北一輝や大川周明による「大アジア主義」がこれであり、東亜経済調査局は政界・財界がスポンサーであった。ここでの思想は、ナショナリズムの意図的な覚醒を促すことであり、国内の不満を外に向け、あるいは孤立政策を進める隣国に過剰な反応を示し、余計な干渉を繰り返すことであった。二つの戦争前にナショナリズムを煽ったのはジャーナリストであった「政教社グループ」（三宅雪峰、陸羯南、志賀重昂）に顕著であり、彼らは政府の欧化政策に反対し、自国の伝統を過剰に評価することになる。ナチスのとった選民思想とまではいかないが、アジアの中での日本人の優秀さと日本神話の特異性は、他者の否定へと連動していた。こうして、宥和政策も連帯観念もアジアでは生まれることはなく、軍事的な利害に絡んだ外交政策を遂行していくことになる。その証明が「日英同盟」（1902年）であり、領域理論に基づく「日独防共協定」（1936年）であった。アジアの盟主にならんがためには、他国の領土を法的に支配する独自な論理が必要であったことになる[5]。

## Ⅱ．萌芽

　戦後のアジアには、植民地から脱却し独立を勝ち取った国が多数排出し、それぞれ立憲主義的な憲法制定を踏まえた上で、近代法治国家を実現できるかの状況にあった。しかし、これを阻んだのは、朝鮮戦争に代表される冷戦であり、アメリカ合衆国とソ連邦とのヘゲモニー争いは、その後もベトナム戦争（1960～75年）にまで継続することとなる。ヨーロッパにも確かに冷戦はあったが、冷戦の線引きが明確であったこと、西側の連帯が早い時点で実現したこと、とくに、フランス・ベネルックス３国と西ドイツとの和解が必然的であったこと、統合を熱心に推進した人物が登場したこと、といったこともあって、緩やかな共同体形成に成功した。とりあえず合意できる範囲で、各国で国有化されていたエネルギー問題（石炭・原子力）の集約を図り、文字通り火種を無くす努力から始めたことも、成功の

原因であったと思われる。西側ヨーロッパを政治的（軍事的）にまとめることの利益を、西側は早くから自覚したのであった。

ところが、アジアには13世紀においてフビライ率いるモンゴルがアジアの広域を支配した程度で、国家統合の経験がなく、貿易の利権を争う程度の国際関係を維持してきた。また、仏教やイスラム教を通じての交流はあったとしても、これらが統合を促す源流となるものでなかったのは、これらの宗教の特性によるものであったといえよう。一国の支配を正当化するイデオロギーとして機能するにしても、宗教による共通感覚はもともとアジア人にはなかったことになる。地域としてもっとも近いといわれる、中国・韓国・日本国がある東アジアに限定しても、歴史的には交流関係があったとしても、友好関係を徹底的に破壊した、今次の戦争における日本の責任は重い。西ドイツが西側の周辺諸国に対して対応できた、正確には、対応しなければならなかった状況は、東アジアにはすぐには現出しなかった。もっとも大きな原因は、戦後処理が変則的にしか進行しなかった事情があったにしても、日本も戦争被害者である「総被害者論」によって、実は戦後処理が国内向けに厚く実行されてきた問題である[6]。

確かに、中国と台湾政府、韓国と北朝鮮、インドとパキスタンの対立は依然として継続しており、これが解決に至るまでは、アジアにおける緊張関係は留まることを知らない。これにアメリカの思惑が大きく重なってきており、アジアにおける軍事的プレゼンスを確保すること、これが強国アメリカの至上命題となってきている。東アジアにおいても戦後は、旧来の国家利益をベースにした国際関係論が幅を利かせてきたのであり、空間の圧縮を促すグローバル化は、かなり遅れて現れることとなる。その主たる原因は、アジアにおいては、西洋の指標である「自由と安定」に欠けたところがあり、とくに、自由の問題としては、近代立憲主義の低いレベルが続いていること、安定の問題としては、（軍事）クーデター・テロ行為の連続という現象が続いてきた[7]。憲法があったとしてもこれの実効が確保されず、警察・軍部による政治支配、思想・表現の自由の確保といった、自由保障が実現しないところでは、国家間の連帯は確保されるものではない。

近代立憲主義にとって基本的人権の実現度が重要であるが、アジアには

## 第17章　「東アジア共同体」構想——幻想か現実か

地区を横断する人権条約は依然として実現されることはなく、したがって、共通の司法機関も欠けている。こうした人権条約を作成するための努力はたびたび試みられてきたが、いまだ実現されるものではない[8]。そこには、人権感覚を大きく隔てている要素がある。最もこうした状況に消極的であった中国が、最近、社会権規約、女子差別撤廃条約といった人権条約に参加し出したことは、将来のアジア人権条約の実現に向けてのプラス要因と考えることもできよう。しかし、ヨーロッパでは「死刑廃止議定書」がほとんどの国で認められているのに対して、アジアでは東チモールとネパールだけで認められているにすぎない。同じく、「拷問禁止条約」に関しても同様の傾向があるということは、警察力に対する歯止めのなさが依然として窺われるところである。近代立憲主義の到達度が、実は、その国の市民社会の安定的な発展とも密接な関係があることは、アジアの中でも多くの国で実証されるところである。

　国際化を有効に実施できるための前提としては、国内の民主的な安定と他国との関係を円滑に遂行するための市民社会の成熟が必要とされよう。民主的な安定には、政治の運営が民主的になされることが最も重視され、具体的には公正な選挙の結果誕生した国制が機能し、権力の分割がなされ、その権力行使のプロセスの公開と議論への参加の契機が十分に保障されていることが必要である。他方で、市民社会を支えるのは、教育や社会保障に裏付けられた教養ある市民層の育成であり、これが国家の経済力である財産の形成に寄与することとなる。

　こうした二つの前提を逸早く実現できた国家として日本国があった。したがって一時期は、米・欧州・日本という三極構造で世界が色分けされた時代があり、この構造を支えたのは、米の政治・経済的な世界戦略であった。とくに、80年代の日本の経済成長率ははなばなしいものがあって、米の抱える「双子の赤字」（財政赤字と貿易収支赤字）、欧州の抱える高失業率、高インフレ率と比較すると、東アジアの時代を予測させる瞬間が訪れることとなる。日本の高成長に合わせる形で、それに続く諸国の健闘が顕著となってくる。それは、NICsないしNIESと称される「工業化国家群」の80年代以降の急成長である。四つの龍と称される、「台湾・韓国・シンガポール・香港」に共通していえることは、先に指摘した国家構造の変革

第Ⅴ編　日本の植民地支配と「過去の清算」

を比較的早く成し遂げたことである。例えば、韓国での民主化の訪れは、87年憲法において軍部に支えられた従来の大統領独裁型から脱したところにあり、憲法裁判所の復活に見られるように、立憲主義を国家全体で意識したことにあった。後発ではあるが、農業国家から都市を中心とする工業国家に転化できたのは、教養ある市民層の成熟があったことによる。そこには一部の資産家による財の寡占化という現象も現れているが、国の全体の財政を押し上げてきたことは確かであった。NICsが成功した他の理由は、工業化での後発であるが故のメリットを活かしたこと、豊かな労働力と儒教精神に位置づけられた勤勉さと上昇志向が指摘されている。

　日本、NICsだけではなく、これに続く諸国の台頭がこの80年代から90年代にかけて顕著となってくる。この状態は、順次発展したという意味で「雁行型発展」として表現されている。ポスト・ベトナム戦争後のASEAN（東南アジア諸国連合）諸国、英語力とIT技術を活かすインド、改革・開放路線が進行中の中国が、経済成長の名乗りをあげる。なかでも中国は憲法の上で「法治国家」を指向し、2004年の改正では「三つの代表」と私有財産権の憲法への書き込みがなされた。こうして、地理的な空間としての東アジアが形成される条件が整ってきた。

## Ⅲ．発展

　「BeSoTo」と表記された儒教文化圏は東北アジアの統合を意図するものであって、80年代に構想されたものである。これの提唱者の表現を用いるならば、M．ウェーバー的な精神構造分析をもって「儒教の伝統は、個人の精神的成就を、個人による社会と国家に対する責任の遂行と密接に結びつける」と分析する[9]。しかし、この時期は、中国ではなくもっぱら台湾が対象であった。東北アジアという狭い範囲ではなく、東アジアという範囲でアジアを考えるという変化を促したのは、第三のグループとしてのASEANの台頭であった。この空間にまで広げることのメリットは、海と空を経由することによって、製品の安易な移動が可能な範囲に収まっていること、消費者・労働力の両面から判断してみても、人口の多さが将来

第17章 「東アジア共同体」構想——幻想か現実か

の発展を予測させること、これらの諸国に伏在する華人・華僑資本を多面的に利用できること、等が考えられる。

儒教文化圏とは異にして、ASEANの諸国には、第三の流れであるが故に当初からまとまる必要があり、ちょうどヨーロッパでのベネルックス連合が形成された経緯と似通ったものがあった。ASEANは67年、冷戦の渦中で結成された（東南アジア諸国連合宣言）[10]。元加盟国は、タイ、マレーシア、シンガポール、インドネシア、フィリピンであり、84年にブルネイ、95年ベトナム、97年ラオス、ミャンマー、99年カンボジアが加盟し、今日ではアセアン10の通称で呼ばれている。ASEANは経済的には、元加盟国と後発4カ国（CLMV）との間に格差が存在し、政治的な安定度に関しても差があるものの、政治指導者間の統合への意欲は大きい。ASEANが結束しえたのは、強者、とくに軍事的な脅威であり続けている中国を意識してのことであり、経済的にも共通の市場をもつことの意味は大きかった。

世界のあらゆる地域で生起している「地域連合」の主たる契機は、「自由貿易ゾーン」の形成にあるが、グローバル化する市場への反発という側面もありうる。その意味では、海域に挟まれているとはいえ、ASEANの空間は比較的接近している。その魅力は、ベネルックス3国と比べようもない大きな人口を抱えている（1500万人対5億6000万人）ことにあるが、国内の交通網の未整備の克服等、今後の課題も大きい。GATT以降のWTO体制においては、こうした地域協定が、ほぼフリーパスで認可されてきており、ASEANとすれば、その地域協定の幅を広げることが課題となってきていた。

ASEANの重要なもう一つの顔は、大国の覇権を排除し、旧来の安全保障の枠組みに異論を唱えてきたことであった。核保有国に囲まれているインドシナ半島の軍事的な安全をえるためには、軍事的な中立の姿勢を明確にする必要があった。設立の5カ国には、過去の植民地支配への反発もある関係で、その点での合意がなされ、ベトナム戦争の渦中であった71年には「東南アジア平和・自由・中立地帯宣言」を採択し、その延長上に、76年には「ASEAN協和宣言」「東南アジア友好協力条約」（TAC）を採択した。この条約が連合加盟国の相互の友好関係を確認するだけではなく、

さらに、紛争の平和的解決（第4章）を志向している点に注目しなければならない。常設機関として「紛争解決理事会」を設け、紛争当事国の同意を前提としていても、紛争を未然に解決しようとする意欲的な内容を含んでいる。ASEANは組織への加盟に関して開放政策をとっている関係で、この条約へも中国（03年）、日本（04年）、ニージーランド、モンゴル（05年）が加わっている。本を正せば、54年のネール・周恩来が構想した「平和共存5原則」に基づくものであり、独立まもない新興諸国が作り出した知恵であり、同じく71年に元加盟国が出した「東南アジア平和・自由・中立地帯構想」（ZOPFAN）とこれを確認した「アセアン協和宣言」（バリ宣言）と一体のものとして、全体を見渡す必要がある。

　主目的である自由貿易圏の構想は、97年のアジア通貨危機を経ることによって本格化し、ASEANの組織強化が図られることになる。ここで一気に現実的な話になるが、統合を促す危機が現出したことで、緊張感がこの地に漂った。結局、皮肉にもIMFを頼りにした諸国が危機を増長させたのに比して、独自の路線で乗り切ったマハティール率いるマレーシアが国内金融秩序を逸早く安定化させたことは、アジア内の解決網を早期に確立することを促した。アメリカの反対があったにも拘わらず、この時点では日本も主体的に動き、「アジア通貨基金」（AMF）が97年段階で早くも提案されている。ASEANを母体としてなんらかの共同体を形成しようとする提案は、マハティールが90年に表明した「東アジア経済グループ」（EAEG）構想にあるが、当初は批判される中で、トーンダウンしてきた経緯がある。形になった成果は、「アジア太平洋経済協力会議」（APEC）の延長として、「アジア・ヨーロッパ会議」（ASEM）が設置された。こうした経緯の中で通貨危機があったわけで、AMFに代わってやがて実現することになるのが、2006年の「通貨スワップ協定」であり、将来の共通通貨制度をにらんでのこととなる[11]。

## Ⅳ．展望

　ASEAN発の共同体構想が、さらにどのような拡大の道を選択するかと

第17章 「東アジア共同体」構想——幻想か現実か

いう政治的駆け引きは、2000年には一気に活発になってくる。具体的には、日本国・中国・韓国の政府首脳がそれぞれの具体案を提案するという段階を迎えるが、それぞれの国益が絡んでいることによって、内容は微妙に異なっていた。それはすでに慣行化されてきた、アセアン＋日・中・韓国による首脳会議（APT）に、さらに近隣諸国を招聘するのかということと、アメリカが参加するAPECとの調整にあったといえよう。中国の朱容基が2000年に示したのは、中国とASEANの自由貿易構想であり、2004年には、胡錦濤が、ASEAN＋3＋インドによる「アジア債権市場」を提案している。韓国の盧武鉉は、2003年に儒教文化圏に依拠して、韓・日・中によってなりたつ「共同体論」を論じた。そして小泉純一郎は、02年に「東アジア・コミュニティー」構想を、さらに、04年に国連において、小文字の「東アジア共同体」構想を述べている。こうした流れの中で、05年に第1回目の東アジアサミットが始まり、その後毎年開催されてきている。ここにさらにどの国を招待するかでもめてきたが、「民主主義の価値観を共有する国」ということで、インド、オーストラリア、ニュージーランドが参加している。ここでは将来の「共同体」形成が俎上に乗っているが故に、この参加国の問題は深刻である。中国がASEAN＋3に拘っているのは、アメリカの影響をできるだけ排除しようとする思惑があるはずである。他方で、日本はその拡大を考えており、とくに、西アジアとの連携としてインドを、そして太平洋との関係でオーストラリア、ニュージーランドを重視している。「共同体形成で重要な役割を果たす」（第1回サミット確認）のは、確かにASEAN＋3であるとしても、当初から他の3国を含めておくことの意義はあると思われる。

　最後のまとめとして、「東アジア共同体」に向かう展望とそれへの期待に言及しなければならない。この共同体へ向かうシナリオは百家争鳴の段階にあり、幻想の繰り返し段階にあることは過去の会議の結論からして明らかである。会議は行われるけれども、後には何も残らないということであった。しかし、94年の朝鮮半島の政治危機を乗り越えた今、少しだけ出口が見えてきた感がする。共同体に求められる必要性は、少なくとも緊急に東アジアの地において同一歩調をとらなければならない分野が見えていることからして、その内容は優先順位を付けて決定しなければならなく

なっている。各国首脳が衆議・協議して合意に到らなければならない点は、例えば、「テロ犯罪、海賊行為、麻薬規制、禁制品規制、難民」といった従来型の警察対応分野を超えて、「金融、食品・農産物安全、エネルギー、環境、安全保障、領土権紛争、人権」といった国益が絡み、さらに政策的な配慮が必要な分野へと進行しつつある。前者は、定期的に開催されるようになった閣僚級の会議（例えば、東アジア・サミット）で調整可能となった。むしろ、「共同体」としてのまとまりは後者の局面において求められる。

理想的には、アメリカの影響力をできるだけ小さくすること、他方で、緊張の源泉である北朝鮮との本格的な対話も求めること、この二つが実行できた段階であらゆる構想が動き出すことが予測される。つまり、アメリカとの二国間で結ばれている糸をできるだけ細いものとする中で、アジアの多国間安全保障協力体制を早く構築し、これを中心にして各国の軍事力を押さえ込んでいくというシナリオを早く作成することである[12]。このシナリオでは、同時に、すでにある「東南アジア非核兵器地帯条約」の構想を広げることでもあり、「核拡散防止条約」（NPT）の実行を北朝鮮でも維持することを意味している[13]。

「幻想」状態にある「東アジア共同体」に対する評価はさまざまありうるであろう。そこにはこの構想に新たな覇権を求めようとする動きがあることも確かであり、これを避けるあらゆる努力が必要であろうが、主役は「アジア市民」であること、そして具体的な推進役はこれまでの経緯からすれば、ASEANの諸国であるということが望ましいのではないだろうか。その意味で、誰でも参加できる「アジアの大きな家」を作るというイメージが必要と思われる[14]。

【注】

(1) その代表的なものだけを指摘しておく。森嶋通夫『日本にできることは何か――東アジア共同体を提案する』岩波書店、2001年、谷口誠『東アジア共同体』岩波新書、2004年、小林直樹「東アジア共同体の構想と問題」内藤光博・古川純編『東北アジアの法と政治』専修大学出版局、2005年、329頁以下、進藤榮一『東アジア共同体をどうつくるか』ちくま新書、2007年。

第17章　「東アジア共同体」構想——幻想か現実か

(2)「グローバル化と憲法」が検討する俎上にあり、これへの論点は多様である。阪口正二郎編『岩波講座　憲法5』岩波書店、2007年。
(3) この点について、石村修「戦後補償を考える視点」注（1）、内藤・古川編『東北アジアの法と政治』3頁以下、参照。
(4)「それに少なくとも、これまでのような偏狭な考えを捨てて、亜細亜の舞台にたって世界を相手に、国光を輝かし、国益をはかるだけの覚悟が必要だ。」『日本の名著　勝海舟』中央公論社、1978年。
(5) その典型的な正当化論は、前川晃一『国土学』朝倉書店、1943年、に見られる。石村修「憲法における領土」法政理論39巻4号（2007年）。
(6) この点については、本書の内藤報告（第Ⅴ編第16章）を参照。
(7) この点について各種の指標化がなされている。例えば、W. Merkel, *Demokratie in Asian*, Bonn, 2003.
(8) 稲正樹「アジア人権機構の設立にむけて」山内敏弘編『日米新ガイドラインと周辺事態法』法律文化社、1999年、229頁以下。
(9) リトル、池田訳『儒教ルネッサンス』サイマル出版会、1989年、さらに、石村修「儒教文化圏の意味」専修大学社会科学研究所月報408号（1997年）、31頁以下。
(10) これへの基本文献として、萩原宜之『ASEAN』有斐閣、1990年、安田信之『ASEAN法』日本評論社、1996年、がある。
(11) さまざまな提言がすでにあるが、その一つとして、一橋総合研究所　通貨戦略部会編『円、元、消滅』ダイヤモンド社、2005年、が興味深い。
(12) 豊下楢彦「東北アジア安全保障機構の構想に向けて」武者小路公秀監修『東北アジア時代への提言』平凡社、2003年、283頁以下。
(13) こうした方向を志向するものとして、山内敏弘「東北アジア非核地帯条約の締結に向けて」注（8）の243頁以下、稲正樹「アジアにおける平和・安全保障体制の構築」全国憲法研究会編『憲法と有事法制』法律時報増刊、2002年、246頁。
(14) この発想は、姜尚中『東北アジア共同の家をめざして』平凡社、2001年、にある。

# あとがき

　「はしがき」で触れたように、本書は、日本の植民地支配の総合研究を主題とする、日・韓・中・台・米の他分野にわたる研究者から構成された国際共同研究の研究成果である。

　私たちの共同研究は、トヨタ財団2000年度研究助成に基づく「朝鮮における植民地支配と裁判――判決の収集と分析」（研究代表：笹川紀勝教授）をテーマに発足した日韓両国の研究者による共同研究に始まる。その後、さらに研究の発展を求めて、国際基督教大学21世紀COE研究プログラムの研究助成を受け、本書の出版に至った。

　約10年にわたる日本の植民地支配についての私たちの共同研究は、主として朝鮮半島の植民地時代の判例の実証的分析に主眼に置きつつ、日本の植民地支配がどのようなものであったのかという総合的な理解と、日本に求められる「植民地支配」「侵略戦争」に対する「過去の清算」、さらには、将来的な東アジアの平和構築と共生社会の実現を模索するものであった。

　以下では、私たち共同研究グループが行ってきた研究活動の足跡をまとめておきたい。

- 2000年12月25日～26日、韓国・ソウル特別市の國民大学校で、トヨタ財団研究助成により、「三・一独立運動の判決の分析」をテーマに、日韓の共同研究者20名の参加をえて、第1回国際学術会議を開催した。
- 2001年7月14日に、東京の専修大学で、トヨタ財団研究助成により、「日本の植民地支配と三・一独立運動」をテーマに、日韓の共同研究者21名の参加をえて、第2回国際学術会議を開催した。
- 2001年9月23日に、ソウル市郊外の東アジア未来研究所研修センターで、日韓の共同研究者12名のほかに台湾・中国の研究者3名を交え「日本の植民地支配」をめぐるフリーディスカッションが行われた。翌24日には、ソウル市内のプレスセンター国際会議場で、トヨタ財

団研究助成をもとに、韓国国家報勲処、韓国新聞協会、そして高句麗出版社の後援をえて、「3・1独立運動の判例に関する分析と検討」のテーマの下に、第3回国際学術シンポジウムを開催した。このシンポジウムは一般に公開され100名ほどの参加があった。
- 2003年2月27日～28日、ソウル市の建國大学校において、「3・1独立運動を中心とする裁判と判例」をテーマに、トヨタ財団研究助成により、韓国国家報勲処の後援をえて、日韓の共同研究者40名ほどが参加し、第4回国際学術会議を開催した。
- 2004年3月3日～5日、アメリカ合衆国オレゴン州のポートランド州立大学において、「植民地支配下の法と文化」をテーマに、トヨタ財団研究助成と国際基督教大学21世紀COEプログラムの研究助成により、日韓台米の研究者20名の参加をえて、第5回国際学術会議を開催した。
- 2004年、国際基督教大学21世紀COEプログラムとトヨタ財団研究助成により、『3・1運動関係判決一覧表　中間報告　2004年』(笹川紀勝編）を公刊した。
- 2005年3月1日～3日、ソウル市の國民大学校において、「3・1独立運動を中心にする裁判と判例」をテーマに、トヨタ財団研究助成と国際基督教大学21世紀COEプログラムの研究助成により、日韓米の共同研究者8名の参加をえて、第6回国際学術会議を開催した。
- 2006年3月2日～3日、中国の上海龍建大酒店会議室において、「在殖民・半殖民地支配下的法和思想・文化」をテーマに、日韓中の共同研究者15名の参加をえて、第7回国際学術会議を開催した。

　以上のような長期にわたる国際共同研究の成果として本書が編まれることになった。これまでご協力を得た実に多くの共同研究者に心より感謝したい。

　日本の植民地支配の実態に関する研究は、いま緒についたばかりであり、その全貌を明らかにするためにはかなりの時間を要するものと思われる。私たちは、私たちが進めてきた地道な実証研究こそが日本の植民地支配の実態を解明でき、日本の過去の清算を引き出し、ひいては東アジア地域の平和構築と共生社会の実現に向けて幾ばくかの寄与ができるものと確信す

あとがき

る。本書が、こうした研究の発展に少しでも寄与し、後に続く研究者の研究の導きの糸ともなれば望外の幸せである。

内藤光博

〔編者〕

笹川紀勝（明治大学法学部教授、憲法）　　　　　　　　　　　　　第8章
金　勝一（東アジア経済研究院首席研究員、東アジア交流史）　　　第6章
内藤光博（専修大学法学部教授、憲法）　　　　　　　　　　　　　第16章

〔執筆者〕（掲載順）

鄭　肯植（ソウル大学校法科大学院教授、韓国法制史）　　　　　　第1章
李　昇一（漢陽大学校講師、韓国近現代記録管理制度論）　　　　　第2章
朴　井源（國民大学校法科大学教授、憲法・南北韓統一法制論）　　第3章
韓　相壽（建國大学校教授、韓国独立運動史）　　　　　　　　　　第4章
芹川哲世（二松学舎大学文学部教授、韓国文学）　　　　　　　　　第5章
王　泰升（国立台湾大学法律学院特聘教授、台湾法史）　　　　　　第7章
リー・マージ　クリスティン（元・ポートランド州立大学教授、現・早稲田大学
　　　国際教養学部教授、教育学・法学〔国際法・税法〕）　　　　第9章
趙　成雲（京畿大学校講師、韓国近代史）　　　　　　　　　　　　第10章
後藤武秀（東洋大学法学部教授、法制史）　　　　　　　　　　　　第11章
河　世鳳（韓国海洋大学校教授、東アジア現代史）　　　　　　　　第12章
晋　永美（元・北京大学客員教授、中国文学・韓中比較文学）　　　第13章
金　大烈（東國大学校教授、美学・芸術学）　　　　　　　　　　　第14章
小林　武（愛知大学法科大学院教授、憲法）　　　　　　　　　　　第15章
石村　修（専修大学法科大学院教授、憲法・比較憲法）　　　　　　第17章

〔翻訳者〕

田中俊光（ソウル大学校大学院Ph.D取得候補者、韓国法制史）　　　第1章
阿部由理香（国立台湾大学法律学院博士課程後期、台湾法史）　　　第7章

［ICU21世紀COEシリーズ　第8巻］
日本の植民地支配の実態と過去の清算
――東アジアの平和と共生に向けて

2010年3月10日　初版第1刷発行

編　者　　笹 川 紀 勝
　　　　　金　　勝　　一
　　　　　内 藤 光 博
発行者　　犬 塚　　満
発行所　　株式会社 風 行 社
　　　　　東京都千代田区神田小川町3-26-20
　　　　　Tel & Fax 03-6672-4001
　　　　　振替 00190-1-537252

印刷・製本　モリモト印刷株式会社
装　丁　　狭山トオル

©2010 笹川紀勝・金勝一・内藤光博　Printed in Japan
ISBN978-4-86258-012-2

# 「ICU21世紀COEシリーズ」刊行にあたって

＊＊＊

　9・11事件、アフガン戦争、イラク戦争を経て、21世紀初頭の世界は、「戦争と革命の世紀」であった20世紀の繰り返しであるかのような様相を呈し始めている。今日、戦争と平和の問題はますます複雑化の一途を辿っているようにみえる。こうした時代にあって「広域平和研究」は、その理論的および実践的必要性をさらに増し加えており、学術的にも政策的にも不可欠な課題となってきたことは自明であろう。複雑化した戦争と平和の問題は、学際的および多分野的アプローチによる分析と考察によってのみ十分な解明が可能となるであろう。

　国際基督教大学（ICU）は、2003年から2008年3月までの5年間、文部科学省の21世紀COEの拠点大学（学際・複合・新領域）として採択を受けた。その主題は「『平和・安全・共生』研究教育の形成と展開」というもので、常時、15〜21名程の事業推進担当者および30〜40名程の研究協力者を得て、大学院を中心としてその研究教育の課題を担ってきた。このCOEプログラムは大きく三つのプロジェクトに分かれている。それらは以下の通りである。プロジェクト1「平和・人権・ガヴァナンス」、プロジェクト2「安全・環境・サスティナビリティ」、プロジェクト3「共生・教育・ジェンダー」。われわれはこの学際的かつ多分野的アプローチを「広域平和研究」（comprehensive peace studies）と名づけた。

＊＊＊

　本COEプログラムの最終段階にあたる2006年後半から2008年にむけて、英語と日本語とによって25冊程（論文を除き著作だけをとってみても）の研究成果が刊行される予定である。そのなかでも特筆すべきは、風行社のご協力とご厚意を頂戴して、「ICU 21世紀COEシリーズ」（全9巻の予定）が出版されることになったことである。このことを心から感謝している。これらの著作のテーマはそれぞれ、前述のプロジェクトのどれか一つに帰属している。すなわち、平和のグランドセオリーの模索、近代化と寛容、心の安全空間の生成、共生型の教育と社会、共生型マネジメントの探求、分権・共生社会における森林政策、アジアにおけるジェンダー、東アジアにおける日本の戦争責任と平和構築、現代の平和運動と平和主義、と多様である。

＊＊＊

　これら一連の著作は、本COEプログラムが当初かかげた二重の課題のいずれか、つまり、（1）平和のグランドセオリーの模索、あるいは（2）「平和・安全・共生」にかかわる具体的政策の提言、と取り組んでいる。21世紀初頭の日本と東アジアと世界にあって、少しなりとも和解と平和をもたらすのに資するという喫緊の課題に、僅かでも学術的に寄与することができれば、私どもにとって望外の喜びである。

国際基督教大学COEプログラム
拠点リーダー　　村上陽一郎

## ［ICU21世紀COEシリーズ］
（全10巻・補冊2巻）

＊既刊

第1巻　植田隆子／町野朔編『平和のグランドセオリー　序説』
2100円

第2巻　村上陽一郎編『近代化と寛容』
2100円

第3巻　小谷英文編『ニューサイコセラピィ
　　　　──グローバル社会における安全空間の創成』
2625円

第5巻　宮崎修行編『共生型マネジメントのために
　　　　──環境影響評価係数JEPIXの開発』
2310円

第6巻　西尾隆編『分権・共生社会の森林ガバナンス
　　　　──地産地消のすすめ』
2310円

第7巻　田中かず子編『アジアから視るジェンダー』
2415円

第8巻　笹川紀勝／金勝一／内藤光博編『日本の植民地支配の
　　　　実態と過去の清算──東アジアの平和と共生に向けて』
2625円

第9巻　千葉眞編『平和運動と平和主義の現在』
2835円

第10巻　村上陽一郎／千葉眞編『平和と和解のグランドデザイン
　　　　──東アジアの共生を求めて』
2835円

補冊1　指田吾一著『A Memoir of the Atomic Bombing
　　　　原爆の記』
【品切】
1260円

▽以後続刊（いずれも仮題）

第4巻　藤田英典編『共生の教育と社会──構成原理と実践課題』

補冊2　ヴィルヘルム・フォッセ／下川雅嗣編『「平和・安全・
　　　　共生」の理論と政策提言に向けて』

Ａ5判上製（補冊は並製）＊価格は税（5％）込み